本研究为"一带一路"视域下汉语国际教育本土化发展研究
（上海外国语大学校级重大科研项目）的阶段性成果

主　编：张艳莉
副主编：亓海峰　朱建军　黄健秦
编　者：陈慧忠　缪　俊　杨　彬　郑振贤

汉语国际教育
案例分析与点评

上海外语教育出版社
外教社 SHANGHAI FOREIGN LANGUAGE EDUCATION PRESS
www.sflep.com

图书在版编目（ＣＩＰ）数据

汉语国际教育案例分析与点评 / 张艳莉主编. -- 上海：
上海外语教育出版社, 2020 (2023重印)
ISBN 978-7-5446-6073-0

Ⅰ.①汉…　Ⅱ.①张…　Ⅲ.①汉语－对外汉语教学
－教学研究－案例　Ⅳ.①H195.3

中国版本图书馆CIP数据核字（2019）第238428号

出版发行：上海外语教育出版社
　　　　　　（上海外国语大学内）　邮编：200083
电　　　话：021-65425300（总机）
电子邮箱：bookinfo@sflep.com.cn
网　　　址：http://www.sflep.com
责任编辑：杨莹雪

印　　　刷：苏州市古得堡数码印刷有限公司
开　　　本：787×1092　1/16　印张 16.75　字数306千字
版　　　次：2020 年 8 月第 1 版　2023 年 9 月第 2 次印刷

书　　　号：ISBN 978-7-5446-6073-0
定　　　价：49.00 元

本版图书如有印装质量问题，可向本社调换
质量服务热线：4008-213-263

序

　　"世界正面临百年未有之大变局"，世界语言格局亦将如此。语言传播与国家实力呈正相关关系。随着构建"人类命运共同体"理念的提出和"一带一路"倡议的实施，中国正以前所未有的速度迈向世界舞台的中心。汉语这一"民心相通"的桥梁承载着服务"走出去""提升文化软实力"等国家战略重任，这些因素构成了汉语加快走向世界的必然逻辑和动力源泉，此乃汉语国际传播难得的"天时"。中国经济持续发展，科技快速进步，社会繁荣稳定，国民素质稳步提升，国家形象日趋改善，世界各国与中国经济文化交流的日益深入，拉动了全球汉语人才的大量持续需求，这些因素共同形成了汉语国际传播的现实动力，此乃"地利"与"人和"。一言以蔽之，国家实力的决定性影响，国家战略的现实需要，世界各国对汉语人才的刚性需求，将持续推动全球"汉语热"不断升温。随着新兴技术的快速迭代突破，语言传播的速度将呈几何级数提升。经过几代人持续不断传播，汉语完全有可能成为一门全球性语言。

　　千里之行，始于足下。汉语国际传播需要中国与世界各国密切合作，深入细致地做好各项工作。汉语走向世界的渠道多种多样，但汉语国际教育实乃首要途径。办好汉语国际教育、推动汉语加快走向世界是广大从业者肩负的职责和使命。面对崭新的事业，我们面临许多困难和问题，其中师资乃核心与关键所在。

我国汉语国际教育硕士人才培养中存在培养方式单一与国际需求多元之间的供需脱节问题。许多人缺乏赴国外教授汉语的勇气，导致对口就业率不够理想，尤其是海外就业比例较低，这主要源于对国外政治、经济、文化、社会生活缺乏了解。案例教学在解决此类问题时具有独特价值。

经验传承是推动人类社会发展的重要因素，有志于赴海外发展的汉语国际教育从业者需要海外先行者的经验滋养。由上海外国语大学国际文化交流学院张艳莉教授领衔编写的《汉语国际教育案例分析与点评》一书顺应汉语国际教育事业发展需求，凸显区域国别特色，重视跨文化交流案例，关注海外汉语教师工作和生活适应问题，精选出一批孔子学院教师和汉语教师志愿者撰写的海外工作、生活的鲜活案例，加之汉语国际教育行业专家和学者的精心点评，可谓可读性与启发性俱佳，实为汉语国际教育师资培养和培训可资利用的生动素材，也是汉语国际教育硕士及其他有志于赴国外从事汉语教学教师提升自身海外适应能力的重要学习材料。

全球化时代需要大批国际化人才，国际化人才需要国际化历练。我想借此机会鼓励汉语国际教育专业的学生充分利用专业优势，勇于走出国门，走向世界，历练自己，不断提升国际化能力。外面的世界很精彩，值得我们去体验、感悟和升华；汉语国际传播事业很伟大，值得我们去参与、奋斗和献身。海外工作和生活经历将成为人生的宝贵财富。我们应不忘初心，投身汉语国际教育事业，为汉语和中华文化国际传播做出自己应有的贡献。当汉语成为一门全球性语言之时，我们将为自己的贡献而倍感自豪。搁笔之际，我想起了浙江师范大学徐丽华教授关于非洲汉语教学的报告中讲过的几句话，"没去非洲怕非洲，去了非洲爱非洲，离开非洲想非洲"。其实，把非洲换成其他任何一个大洲、任何一个国家又何尝不是如此呢！

　　谨以此为序，与大家共勉。

吴应辉

北京语言大学汉语国际教育研究院

2020年5月22日

前言

　　历经数十年发展，汉语国际推广取得了一系列令人瞩目的成就，也面临着许多前所未有的机遇。随着海外汉语学习者规模日益增长、学习需求不断扩大，海外汉语教师面临的挑战日趋多元化、复杂化。尤其是2013年"一带一路"合作倡议的提出，在全球各地受到热烈响应，越来越多的海外民众希望通过学习汉语接触中国，了解中国文化，分享中国发展红利，乃至融入21世纪"中国梦"的崭新世界格局之中。这给未来汉语国际的推广与发展提出了新的课题。

　　收集和分析汉语国际推广案例是了解汉语和中国文化的海外传播过程、研究现状和探索创新道路的有效途径。而以往出版的多部案例集大都仅专注于汉语教学本身，旨在探讨困扰海外汉语教师的普遍性问题，对区域国别差异则关注不够，也无法反映当前海外汉语教师被赋予的新职责、新使命，难以适应新形势下汉语国际推广与发展的需要。

　　有鉴于此，我们致力于提出新的思路，汇集新近资料，编选一部具有针对性的汉语国际教育案例集。本书依托上海外国语大学汉语国际教育专业的资源，全部案例均来自汉语国际教育研究生、汉语教师在海外开展汉语教学、文化传播的真实经历，内容涉及当前汉语国际推广的主要方面和热点问题，并邀请海内外知名专家进行案例点评，立足于专业领域的前沿发展探讨案例得失，根据不同区域、国别特色提出有针对性的建议，使读者深入了解汉语国际推广的现状，看清未来的挑战和发展机遇。

具体而言，本书主要具有以下特点。

一、关注海外汉语学习的多元需要，反映汉语国际推广的发展趋势。与以往案例集大多针对汉语教学的微观过程不同，我们的目标不仅仅是帮助读者提高汉语教学技巧，还要满足读者与汉语国际推广相关的多方面的需求。汉语国际推广经历十数年的发展，已迈入提质增效、内涵发展的新阶段，汉语教师所肩负的使命和面临的挑战正在发生深刻的转变。着眼于新的发展趋势，我们致力于精选一批新的案例，以满足海外汉语教师日益多元化的新需要。本书将收集案例的眼光延伸到汉语国际推广的各个方面，如汉语知识的讲授和技能训练、课内外活动的设计和组织、文化活动的策划与实施、班级管理、中外合作教学、教师发展、师生沟通、跨文化交际等等。其中许多案例都涉及了近年来海外汉语教师志愿者反映强烈的热点问题。通过一个个完整的案例，多角度、多层次地展现了海外汉语教师志愿者面对这些问题的心路历程，带领读者以亲历者、案例叙述者的眼光观察具体事例的前因后果，体认汉语教师、学习者的经验得失。

二、突出区域国别视角，聚焦"一带一路"国家。本书案例来自近年不同国家、地区开展汉语教学和中国文化推广的真实事例。案例编选兼顾典型性和针对性，既包括海外汉语教师普遍关心的主题，也注重反映海外不同环境下对汉语国际推广的不同需求，凸显区域国别特点，尤其是"一带一路"国家"汉语热"的现实情况。上海外国语大学汉语国际教育专业历年招收的留学生汉硕约有76%来自"一带一路"国家；中国学生60%以上均有派往海外孔子学院、孔子课堂担任汉语教师志愿者的经历，赴任国包括保加利亚、波兰、韩国、克罗地亚、罗马尼亚、摩洛哥、斯洛文尼亚、泰国、土耳其、乌克兰、乌兹别克斯坦、新西兰、匈牙利、印度等"一带一路"国家，为我们收集案例提供了丰富的第一手资料，也可以作为海外汉语教师、师资培训机构及相关专业人士的参考资料。

三、邀请专家、名家对每个案例进行点评，充分发掘案例的价值。点评专家均拥有丰富的一线教学经验，或为孔子学院、孔子课堂院长，或长期担任海外汉语教师，在专业领域内享有良好的学术声望和广泛的影响力。他们从各自的视角重新解读案例的内涵，突破作者立场的局限，深入分析现象背后的来龙去脉，结合案例中的具体情境阐述对汉语国际推广现状和发展趋势的精辟见解。尽管有些问题在案例中最终并没有找到圆满的解决之道，但提出问题、进行分析乃至反复试错的过程本身就足以发人深省。读者将通过专家点评进一步深化对案例的认识，清楚地看到随着形势发展不断涌现出来的新要求、新课题，从一次次成功的经验或失败的教训中获得有益的借鉴和启迪。

实践表明，结合工作实际进行学习是成年人自我发展最有效的途径之一。无论在汉语国际教育专业研究生的培养中，还是在海外汉语师资培训方面，历来都十分注重学以致用，推崇案例教学。本书收录的案例反映了海外汉语教学和文化传播在"一带一路"国家取得的新进展、呈现的新趋势。而专家点评进一步丰富了案例的内涵，拓展了其研究价值，能够引导读者了解海外汉语教学、文化传播的特点和规律，领悟理论原则如何在具体工作中付诸实践。

综上所述，本书在广泛收集当前海外汉语教学和文化推广真实案例的基础上，进行遴选和挖掘，进一步凝练主题、去芜存菁，将典型案例汇集成册；突破以往同类图书偏重教学案例的局限，以更开阔的视野发现当前海外汉语教师面临的新变化、新挑战；关注汉语国际推广面临的区域国别差异，填补"一带一路"国家相关案例研究和成果出版方面的空白。本书也可作为汉语国际教育专业案例教学的教材使用，为展开研究和撰写论文提供方法指导，具有广阔的应用前景。

目录

三、中华文化传播案例 /223

一

海外汉语教学案例

亚洲篇

用韩文学习的初级汉语

作　　者：吴知映（上海外国语大学）
赴任国家：韩国
教学对象：成人
点 评 人：邵菁（上海外国语大学）

　　我曾在 2012 年修读过韩国首尔孔子学院开设的"汉语作为外语的儿童教师进修课程"，得知儿童母语习得的机制及结果与成人学习外语截然不同。其中最吸引我的是儿童习得母语时没有任何畏惧感，能够大胆开口。到底是什么机制让儿童如此轻松地习得语言呢？能不能将这种机制借用在对成人学习者的外语教学上呢？怎么借用呢？我对此产生了极大的好奇心。因为许多韩国学习者的汉语虽然已达到了高级水平，但口语交际能力与听、读、写能力相比，仍然较差。他们不是不知道"怎么说"，而是"不敢说"。

2015 年，我开始在上海外国语大学攻读汉语国际教育硕士专业学位。在老师们的指导下，我积累了多方面的理论知识和一些间接的教学经验，开设了针对韩国初级成人学习者的汉语教学博客"两岁汉语"（博客网址：http://blog.naver.com/imojy80）。我按照自己设计的教学内容录制视频，上传至博客，供学习者免费观看。学习者可以随时登录博客学习汉语。2016 年开始，我着手进行教学设计。2017 年 2 月至 10 月，开始进行口语课教学，每堂课包含三个环节。

我总结出韩国学习者"不敢说"的两个原因：其一，复杂、陌生的汉语要素造成了他们对汉语的畏惧心理；其二，韩国学习者习惯从"读、写"入手，学习外语。据此，我在两个假设的背景下，进行了相应的教学设计。

假设一：在对韩国汉语学习者初级口语教学中，输入最简短、最基本的语言材料，有助于鼓励学习者大胆开口。

假设二：消除汉语的复杂要素，有助于缓解学习者对汉语的畏惧感。

首先，我参考已有的口语教材和大纲，筛选了最常用的、贴近生活的、具体的语料。然后，用"韩文＋声调"代替"拼音＋汉字"的方法来进行教学。我认为，学习者根据"韩文＋声调"可以减少学习者对汉语的畏惧感和焦虑感，能即时开口说汉语。然而，我对这种假设型策略没有任何把握，因为缺乏理论依据，难以预测可能带来的负面作用。但经过与我导师和韩国一线汉语教师的讨论，我们认为，为了寻找针对韩国学习者的有效的口语教学方法，值得一试。因此，我放下顾虑，怀着好奇心开始授课了。

在学习了一个半月的"两岁汉语"第一阶段课程之后，学习者已学会了汉语声调及"你好！""我爱你！""你吃饭了吗？""你爱我吗？""你叫什么名字？"等最常用的问候语和基本句型。通过该阶段学习者的反馈，我对教学方法越发自信了。以下以《我是学生》一课为例，来说明我的教学设计。

第十五课《我是学生》。授课时间约 20 分钟。

环节一：导入

学习者上课之前容易有厌烦、紧张、疲劳等负面情绪，因此，我将开始 2 分钟的时间安排为导入环节，让学习者熟悉一下上节课已学过的知识。我先说"你们记得上节课我们学过什么吗？"，然后给学习者短暂的回想时间。接着给学习者看第十四课学过的"认识你我很高兴",并和他们一起朗读两遍。

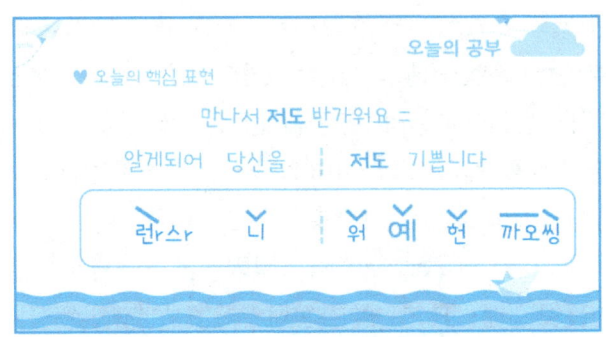

图1

有一位学习者在观看了这一视频后提出意见说:"老师,您好。我是刚开始学习汉语的初级学习者。我很喜欢您的教学方法。通过您的课,我有了和中国朋友交往的勇气。可是,我一直都在韩国,所以我先要在网上找中国朋友。如果在您的课上还能学习拼音的话,对我会有更大的帮助。"

我没有立即回复他,因为我不想挫伤学生的学习积极性。但如果我接受他的反馈将拼音教学加进去的话,我的教学理念就会变得模糊。他的意见让我苦恼了很久。其实,我觉得他的要求是合理的,却不符合我的教学目的和理念。后来,我详细地跟他解释了我的教学目的,让他理解为何我没有增加拼音教学的计划。

环节二:生词学习

在导入阶段中简单地介绍本节课要学习的主要话题"我是学生",激起学习者的好奇心,并强化其学习动力。我对学习者说:"首先我们一起看一下今天要学的生词,它们是在实际生活中比较常见的4种职业。"我展示了4个名词——学生、老师、老板和公司职员。为了帮助学习者了解生词、提高记忆效率,将它们组成两对生词圈——学生和老师,老板和公司职员。首先,展示"老师-学生"的生词圈。将生词的发音写成"韩文+声调"展示给学习者看,参看下图(上:"lǎoshī"的韩语音译;下:"xuéshēng"的韩语音译):

图 2

对其中的卷舌音，我仔细地解释了发音方法。我对学生说："韩语里没有这种发音，所以应该要注意。先把你们的舌头卷起来，然后发音。"虽然在上节课已学过了"rènshi"中的"r"和"sh"两个卷舌音，但对韩国学习者来说，这些卷舌音是很不容易的，因此，我再次仔细解释发音方法，向学习者反复地示范标准发音。我先领读，让学习者跟读。展示卷舌音时，我在韩文后面加拉丁字母"r"（如"老师"中的"sh"展示"ㅅr"），提醒学习者看到它时需要把舌头卷起来。"老板"和"公司职员"也用同样的方法进行教学。

为了检查教学效果，我跟几位学习者保持着联系。其中一位学习者反馈说："看韩文学生词比看汉字更容易，比较容易开口。但是，这些卷舌音比较难。而且，为什么'学生'的发音这么难？我觉得我怎么发都不准。"我以为使韩国学生困扰的发音是卷舌音，可是我发现"学生"中的"xué"也是韩语中不常见的发音，再加上陌生的卷舌音，"学生"就变成更难发音的词了。我把"xué"和"shēng"分开，用更慢的速度再说给他听。在我的鼓励下，他通过十几次的练习逐渐掌握了发音，有了自信。

环节三：句型学习及操练

本节课主要语法点为"是"字句的句型。它的语序为"主＋谓＋宾"，与韩语的"主＋宾＋谓"不同。许多韩国汉语学习者受到母语的影响，在语序方面往往产生偏误。我先展示出"我是学生"的韩语翻译，把它的句子成分拆分为"主｜谓｜宾"，将谓语和宾语的顺序调整成"主｜宾｜谓"。再展示汉语句子，帮助学习者比较语序（参看下图）。我接着说，"我们学习'我爱你'的时候学过了汉语的动词与韩语的动词语序不同，你们都记得吗？今天要学习的'是'也是动词，因此，'我是学生'这一句的语序也与韩语不同。"参看下图（上："我是学生"的韩译；下："我学生是"的韩译）：

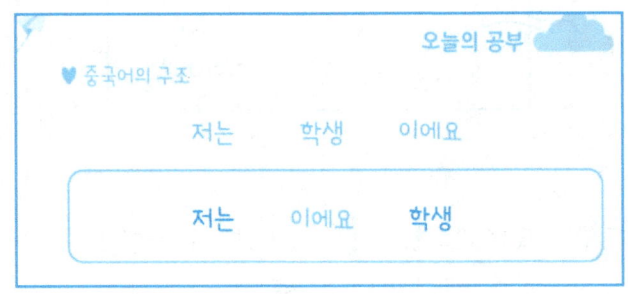

图 3

熟悉基本句型后，进入生词运用和句型操练阶段。"我是学生"中的"学生"用生词"老师""老板""公司职员"替换。我先给学生展示韩语句子，让学习者即时回答与它符合的汉语句子。过一段时间给学习者展示用"韩文＋声调"标示的汉语句子，一起朗读几遍。参看下图（上："我是学生"的韩译；下："wǒ shì gōngsī zhíyuán"的韩语音译）：

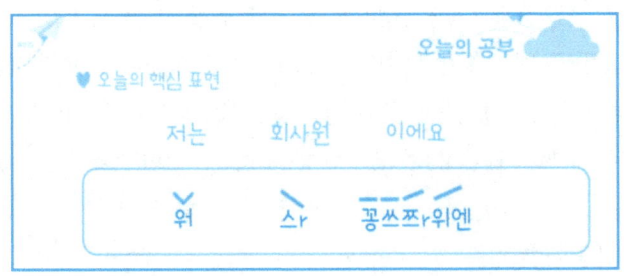

图 4

据学习者反馈，由于句型比较短，而且生词和句型前期已经掌握，因此能够无障碍地进行句型操练。

思考题：

1. 韩国学生学习汉语口语中存在的主要问题是什么？
2. 案例中这位老师在口语教学中使用了哪些方法？效果如何？

专家点评：

　　儿童习得母语和成人习得二语在情感因素方面存在明显差异。与成年人相比较，儿童在习得母语的过程中无需承担心理压力，他们敢于开口，积极参与各种活动。成人则往往受到害羞、胆怯、焦虑等心理因素的困扰。案例设计者基于儿童母语习得和成人二语习得情感因素的区别，希望通过降低汉语入门阶段的学习难度，从而减轻学习者的压力和焦虑，让学习者能轻松、自然地学习一种新的语言。

　　用韩文代替拼音进行汉语入门阶段的教学是本案例的一个创新点。对于在非目的语环境下学习汉语、且学习密度低，特别是上了年纪的学习者而言，在入门阶段减缓学习者压力和焦虑是明智的做法。通常先用拼音代替汉字，即"先语后文"，是减缓压力和焦虑的方法之一。设计者用本身就是拼音文字的韩文来拼写汉语的音，降低了韩国学生对拼音的陌生感，学生一看就能拼读出来。这确实是一个具有创新意识的尝试。在实际教学中，设计者对这种方法遇到的一些问题也做了补救。例如，有些韩语中没有的音用韩文无法标注，设计者就用拉丁字母标注来解决这一问题，声调也保留了汉语声调的符号。这些具体的操作方法既减轻了韩国学习者的负担，又避免了韩文标注与汉语的实际发音相差过大的问题。

　　其实，本人在美国孔子学院教学过程中，对那些学习者发音有困难的音也会尝试用英语拼写来标注。比如说"zh、ch、sh、r、z、c"这些发音难点。第一步我们借用英语拼写出近似音，让那些模仿有困难的学生先发出近似音，如下图：

z(zi)	c(ci)	s(si)
yards	its	sing
zài jiàn		sān kuài
zǎo	shū cài	sì
zuǒ	cèsuǒ	yìsi
left	toilet	meaning

zh(zhi)	ch(chi)	sh(shi)
drink	tree	shrimp
zhè ge	chī jǐ	shí
zhū ròu	chá	shuǐ
zhuōzi	chuáng	shénme
table	bed	

图 5   图 6

在学生能够发出这些并不准确的音时，进行第二步：纠音。可以让学生看老师的发音动作，然后模仿。也可以展示舌位图，讲解发音部位和发音方法。如下图：

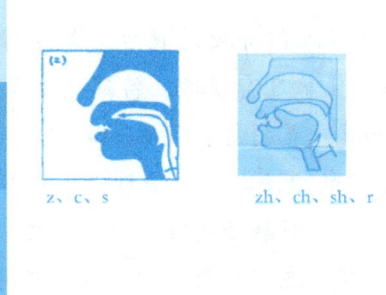

z、c、s   zh、ch、sh、r

图 7

教师告诉学生发"z、c、s"时舌面较平，舌尖的位置靠前；而发"zh、ch、sh、r"时舌头稍卷曲，舌位靠后。然后，再让学生体会舌位，练习发音。有了纠音这一步骤，相信本教案设计的方法就不会是一把双刃剑。而对那些具有长期学习目标的学生来说，拼音学习是必要的，因为以后要用电脑输入汉语必须有扎实的拼音基本功。

本案例的第二个特点体现在国别教学上。母语是韩语的汉语教师更能了解和体会韩国学生在学习过程中可能会遇到的困难，更能比较母语与汉语的异同，在备课时有的放矢地帮助学习者攻克学习难点。本案例在教基本句型时不同于通常做法，先出现韩语译句，即韩语语序，然后按照汉语语序调整句子成分，再让学生根据调整过的韩语句说出汉语句子。这样做降低了汉语入门学习的难度。原本学习者说出一个汉语句子既要在大脑里搜索汉语词，又要将这些词根据与自己母语不同的语序排列，加工难度很大。设计者帮助学习者在母语句子的基础上调整到汉语语序，只要在句子相应的成分位置填上汉语词，就可以了。在将韩语句子调整到汉语语序时对学习者是一次刺激，再根据调整过的韩语句子生成汉语句时又是一次刺激。这样做既降低了学习难度，也同样起到了句型操练的作用。学习者给予积极的反馈也在意料之中。

另外，设计者创建了自己的博客，利用社交媒体进行汉语教学，不受地域、时间的限制，让学习者可以根据自己的情况随时随地学习，也可以反复观看和听练。汉语常规课堂教学与网络多媒体等各种教学方式结合正是新时代教育发展的方向。

儿童母语习得和成人二语习得理论向来存在本质差异说和非本质差异说或共性说。本质差异主要表现在语言习得的过程和最终水平上。另一方面，母语习得和二语习得研究又显示，两者在习得顺序和习得过程方面既有相同的地方又存在差异。如何将母语习得和二语习得的研究成果应用到外语教学中是一项非常有意义、非常值得投入的工作。本案例在这方面的一个角度做了一点尝试，更多工作有待有志投身汉语国际教育事业的同仁们来完成。

我在韩国的第一节课

作　　者：宋臻怡（上海外国语大学）
赴任国家：韩国
教学对象：高中生
点 评 人：亓海峰（上海外国语大学）

　　罗州高中是韩国全罗南道罗州市的一所公立高中，这所高中开设汉语和日语作为语言选修课程，学生可选择其一进行学习。我的学生是以韩语为母语的高中生（15—18 岁），覆盖 3 个年级，共 10 个班。其中高一年级 6 个班每周一次课，每次50 分钟；高二年级 3 个班和高三年级 1 个班每周两次课，每次也是 50 分钟。韩国中小学的汉语课堂多采用本土教师和汉语为母语的教师合作授课的形式，具体授课方式由两位老师共同商议决定。我和我的教学搭档以合作上课为主，一般由我主导课堂，教学搭档则针对学生的学习难点进行翻译和解释。我们也有单独上课的情况，如某段时间我负责一年级的课程，教学搭档负责二、三年级的课程。学校选用的教材是韩国忠清南道教育院编订的《高中汉语》。本案例介绍的是我在学校第一节课的教学过程。

我面对的学生来自3个不同的年级，人数较多；其中有一些学生在小学、初中时代就已经接触过汉语，有的则没有，学习水平存在较大差异；课程设置较少，尤其是高一年级，每周只有一节课，教学进度比较缓慢。除此之外，由于学制差异，9月份开学时已是韩国学校的第二学期，我也需要对学生第一学期的学习进度和状况进行了解。

在上课之前，我进行了很多思考，我认为第一节课要实现这样几个目标：一、让学生认识老师，了解老师的风格，拉近师生之间的心理距离；二、老师也应借此机会对学生有一定的了解，虽然学生人数较多，在一节课的时间里难以了解学生的个体差异，但应该初步把握班级的整体特点、学生的总体面貌；三、调动学生对汉语的学习兴趣，营造轻松的学习氛围，帮助学生树立学习信心；四、大致摸底，了解学生的学习水平，以便及时调整教学安排；五、介绍本学期大致的课程安排，征求学生的意见和建议。综合这些考虑，我与教学搭档商量后决定采用"有奖问答"的方式开始第一节课。

上课铃响后，本土搭档老师先与同学们相互问好，介绍了本学期的课程安排，强调了课堂规则，并征求了同学们的意见。这一环节结束之后，她向同学们说明，接下来我将进行一段有趣的自我介绍。走上讲台后，我先和同学们用韩语相互问好，然后告诉他们我将以问答的形式进行自我介绍，请大家猜猜下面这些问题的答案，举手回答问题，答对的学生可以获得我从中国带来的小礼物。抛出"小礼物"这个诱饵，学生们的积极性果然提高了很多。

打开幻灯片，我的第一个问题是："老师今年多大了？"汉字的上方标有拼音，学生们都开始积极地拼读。我用韩语问他们这句话是什么意思，大部分同学都能用韩语回答出来。接着下面出现了四个选项，也都标注了拼音，几个积极的男学生举手喊着"A""C""B""D"，我用韩语强调要用中文回答，他们又开始尝试拼读中文。答对的学生获得了我准备的熊猫筷子架礼物——熊猫既可爱又是中国的标志，学生们都很喜欢。

接下来是第二个问题："老师家有几口人？"经过拼读以后学生们又开始乱猜答案，我再次强调要说中文，在正确答案出现之后，我同样送出了小礼物，并在幻灯片中展示了一张家庭照片。同学们对家庭照片非常感兴趣，我向他们介绍，在中国我们把全家人一起拍的家庭照片叫做"全家福"，并告诉他们中国所经历的"计划生育"政策到"二胎"政策的变化，学生们也都很感兴趣。

接下来是第三个问题："老师喜欢什么颜色？"这个问题对他们来说好像有一些难度，尤其是"颜色"这个词的读音，很多同学都读不对。在他们理解了问题之后，四张不同颜色的图片出现在幻灯片上，同学们大部分都用韩语说着颜色的名称，只有少数几个同学能说出中文。接着，每张图片的旁边又出现了对应的中文和拼音，同学们举手拼读出不同的答案，出现正确答案以后我再次送出了小礼物。

最后一个问题是："下面四句话中，只有一句话是真的，其他三句话都是假的，请猜一猜哪一句是真的？"也许是因为这句话比较长，一出现在幻灯片上同学们就面露难色，拼读以后也不能完全理解，于是本土搭档老师用韩语向学生们进行了解释。下面出现的四个选项分别是"老师有一个亲姐姐""老师的爸爸是老师""老师没有男朋友""老师在西安上大学"。每一个问题学生们都花了一些时间来理解，理解后又举手喊着"A""B""C"来回答。我强调要用中文回答，但可能因为句子较长，学生读起来有一定的心理负担，他们往往都很快速、粗略地读完，便开始等我的反馈，看自己是否能获得小礼物。因此，在学生单独回答完问题以后，我又带着全班同学一起拼读，并在幻灯片上展示出了相关的图片，如我爸爸在工作中的照片，我所就读大学的照片等等，学生们对音像资料表现出浓厚的兴趣。最后，我给回答正确的学生送出小礼物。这个问题结束后，我的自我介绍环节也就结束了。

图1　同学们积极回答宋老师的问题

图2　宋臻怡老师在韩国的汉语课

思考题：

1. 案例中的学生有什么特点？
2. 案例中的老师在第一堂课上主要进行了哪些教学活动？
3. 你认为这些课堂活动的目的是什么？对顺利开展第一堂课有什么帮助？

专家点评：

这个案例真实、生动地展示了一位志愿者教师在韩国的高中课堂开展的第一堂汉语课。第一堂汉语课一般包括师生互相认识、介绍课程要求和课堂规则等环节。第一堂课是否成功、能否调动学生的兴趣直接影响着学期内课程的顺利开展。

案例中的教师是位刚赴任韩国孔子课堂的志愿者教师，学生是水平不一的韩国高中生。所以，案例中的这堂课对这位教师来说有几个"新"：新手教师、新课堂、新学生，这堂课要想顺利开展有一定的难度。

案例中教师第一堂课的重点放在了师生互相认识和初步了解学情上。面对班级人数多、学生水平参差不齐的情况，教师希望通过第一堂课初步了解学生的语言水平。针对高中学生的年龄特点，教师选择了有奖问答活动来了解学情。

作为一位新手教师，这堂课开展得有声有色，课堂气氛轻松，达到了师生初步了解的效果，有以下几点启示：

第一，所采取的课堂活动有助于师生拉近距离、互相了解。

案例中的师生问答活动虽然问题设置都与教师相关，但学生在抢答、竞猜的过程中，所体现出的语言水平、班级氛围都能被细心的教师捕捉到；而学生在活动的过程中，也很自然地了解了教师的一些特点。这种活动形式比传统的自我介绍更符合高中生的特点，比较受欢迎。

第二，问题设置由易到难，采用抢答的形式适合混合班的特点。

教师设置了四个问题，最后一个"找真相"的问题比较难，需要学生理解完整的句子，使不少学生面露难色，这对教师了解学情有一定帮助。教师通常在第一节课的准备阶段，通过查阅学生成绩、访谈教师和学生等形式了解学情，还有些教师通过摸底考试来了解学情。面对中学生这类低龄学习者，案例中教师采用了问答活动来了解学情，其实是一种形式更为灵活的摸底测试。

第三，具有中国特色的小礼物能活跃课堂气氛，也能调动学生对汉语的兴趣。

教师为抢答活动准备了熊猫筷子架等小礼物作为奖品，吸引学生积极参与活动，也以这种富有中国特色的小礼物使学生对中国文化、汉语产生一定的兴趣。当然，作为激励学生参与课堂活动的方式有很多，比如口头表扬、同伴激励或积攒奖章等，都适用于中学课堂。如果教师为课堂准备奖品，需要做精心的准备，有些礼物不一定适用于课堂，特别是食品。

当然，案例中教师的做法也有一些不足之处，比如问答环节可以增加一些跟学生有关的问题，给学生更多展示自我的机会，更有助于活跃课堂气氛。另外，课堂的重心仅在于师生相识，而关于介绍课堂规则和课程安排的部分，作者的做法则比较简单。

如何上好第一堂课，应引起教师足够的重视。

我在"亚洲人间天堂"的汉语教学时光

作　　者：张高杰（战略支援部队信息工程大学洛阳校区）
赴任国家：老挝
教学对象：成人
点　评　人：张进军（湖南大学）

　　记得是十年之前，我刚完成博士学业回到原单位，就领受了一项任务，到以前从来没有关注过的一个东南亚内陆国家、我们的友好邻邦——老挝，从事对外汉语教学工作。

　　老挝以农业为主要产业，水利资源丰富，盛产柚木、花梨等名贵木材。约九成的老挝人信仰佛教，性格温和、与世无争。特定的自然环境和文化的浸染，形成了老挝独特的自然和人文景观。

怎么也没想到的是，短暂的异域生活却给了我挥之不去的人生记忆：浓厚的佛教文化和殖民地文化交融形成的独特气质，铺满鲜花的带有原始风貌的锦绣大地，悠闲的生活节奏和随遇而安的生活态度，使这个美丽的热带小国成为我永远的精神之乡。

我们此次汉语教学的目的地是位于首都万象的凯山·丰威汉国防学院。

万象，位于湄公河中游北岸的河谷平原上，与泰国廊开府隔河相望，是世界上少有的位于边境的首都。走出万象的瓦岱机场，汽车奔驰在街道上，首先映入眼帘的是金碧辉煌的寺庙，在朝阳的映射下，让人眼花缭乱，几乎生出佛国天堂的幻象。

万象，意为"檀木之城"。新马泰一带华侨更习惯把她称作"永珍"，一个女孩般温柔的名字。

万象城有百般的人间风情：一面是湄公河岸边浪漫优雅的餐厅，时尚个性的酒吧，掩映在椰子林中的法式公馆，漫步河边的各色的观光客，她是欧洲人向往的旅游休闲胜地；另一面是城市中心低矮杂乱的民居，狭窄拥挤的街道，纵横交错的电线，五颜六色的广告牌，川流不息的进口轿车、摩托车、嘟嘟车，她又像个生机勃勃的小城镇。

塔銮是老挝的佛教胜地，也是老挝国家的象征。她是一组大型群塔建筑，由一个主塔和30个附塔组成。主塔的下部三层是方形，上部为圆形，塔尖如锥，塔身通体金色，光辉夺目。塔銮造型独特精美，是佛教文化和建筑艺术的结晶，老挝人视之为国宝。每年11月，这里会举行盛大的塔銮节，时间达半月之久，来自全国各地的高僧和信徒在此诵经祈福、顶礼膜拜。

凯旋门是万象最有名的建筑之一，她位于万象市中心，对面就是总理府，前边是中国政府援建的音乐喷泉广场。凯旋门由法国工程师设计，外观形似法国凯旋门，是20世纪60年代为纪念反殖民战争中牺牲的老挝烈士而建。建筑主体传统风格浓郁，东西南北分别有一道拱门，拱门基座采用典型的老挝寺庙装饰纹样，穹顶内侧雕刻精美的佛教故事。登上凯旋门，放眼万象城，都市风光一览无遗。

也许是受小乘佛教的影响，老挝人乐天知命，善良纯朴。虽然当地物价很高，他们并不富裕，却酷爱喝啤酒，男孩女孩都喝。我亲眼见过我们所住招待所的女服务员醉后呼呼大睡的憨态。每逢节日，亲朋好友会聚在一起，有院子的就在院子里，而住在路边的就干脆占据半条马路，摆上桌子，打开音响，放起音乐，喝起啤酒，不醉不归，甚至天不亮不散。

他们现在还处于前现代时期，或者现代化刚刚起步的阶段。他们没有太多的心思，生活节奏也比较慢。这里最动人的表情，是真诚友好的笑脸；这里最让人难忘的地方，是当地人面对物欲横流的尘世表现出来的那份从容淡定、泰然自若。

泼水节是老挝人的"春节"，也是"狂欢节"。在万象，无论大街小巷，无论男女老少，无论是否相识，大家相互泼水、祝福，让纯洁的水洗刷掉过去的疾病、灾祸，祈求来年雨水充沛，五谷丰登。欢快和谐的氛围裹挟着鸡蛋花的香气，溢满全城。

老挝国防学院汉语专业有两个班：预科班和一年级班。我们主要担任综合基础课的教学工作。教学中，我们经常跟学生沟通，了解他们对我们授课的意见，及时调整教学进度和教学方法。力求做到精心施教，上好每一堂课。

学生感到汉字难写，笔画难记，我们就给学生讲解中国的象形文字，通过形象的图画展示汉字的笔画特点，这样学生就容易记住一些字的写法；解释词语时，我们也尽可能使用贴近老挝社会、老挝人生活的例子，让学生感到亲切有趣。

我们采取沉浸式教学的方式，专门编排、设置了学生熟悉的老挝人生活中的诸多情景来进行会话训练，还教学生唱中国歌，通过学唱中国歌来激发学生学习汉语的兴趣和热情。

在将近十个月的教学工作中，我们与老挝学生结下了深厚的友谊。他们勤奋好学，为人善良，非常尊重中国老师。我们一起欢度节日、聚餐、旅游，开展丰富多彩的第二课堂活动，生动的情景历历在目。

十年过去了，每每从电视里看到万象街头奔跑的小汽车，看到荒草地上正在修建的大楼，看到路上闪现的穿着入时的姑娘，我知道这个国家也正在缓慢步入现代化。也许用不了多久，记忆中的一切都会改变。由此我也就理解了 20 世纪 30 年代沈从文先生对"湘西世界"的忧虑。真心祈愿这个佛光笼罩下的田园之国诗意永存！

思考题：

1. 老挝被联合国列为全世界最不发达的国家之一，但它拥有茂密的原始森林、优美的自然景观、丰富的历史文化遗产，宛如一个失落的天堂。老挝人既传统，又很开放，虽贫穷但幸福感很高。请问，老挝人的这种民族特点是如何形成的？
2. 老挝是个多民族国家，具有丰富多样的风俗习惯。老挝传统中有关行为规范的习俗共十四条，称为"十四俗"，请问其具体内容是什么？
3. "东盟"有哪些成员国？中国与"东盟"的关系经历了怎样的历史发展过程？

专家点评：

　　展开阅读这篇案例，像是欣赏一篇优美的游记或札记。作者是文学博士，有很强的语言文字驾驭能力，文辞优美，给人以较强的冲击，可读性强。如"老挝浓厚的佛教文化和殖民地文化交融形成的独特气质，铺满鲜花的带有原始风貌的锦绣大地，悠闲的生活节奏和随遇而安的生活态度……"，几句话，就把老挝的文化渊源、人情风土、自然风貌和老挝人与世无争、随遇而安的形象呈现给了读者，有闻其声、见其人、临其境之感。

　　其次，该案例谋篇布局合理，结构紧凑。文章开门见山，三言两语就交代了去老挝万象的目的——教汉语。紧接着，用"怎么也没想到"承接下文。写万象见闻，给读者打开另一扇窗户。先介绍"老挝首都的人间风情"，一边是浪漫优雅、时尚的都市建筑，欧洲人的旅游休闲胜地；一边是狭窄的街道，低矮杂乱的民房，像是一个虽生机勃勃、但仍较为落后、亟待开发的小城镇。然后粗线条地描述老挝最具代表性的建筑，佛教文化和建筑艺术的结晶——塔銮，以及为纪念反殖民地战争中牺牲的老挝烈士，在20世纪60年代兴建的凯旋门。再采撷几段老挝人的生活日常，表现其在殖民文化和佛教文化熏陶下的乐天知命、醇厚善良、随遇而安。如老挝人酷爱啤酒，男孩女孩都喝，不择场地，醉酒当歌。老挝人最爱泼水节，无论老幼男女，都相互泼水，洗刷掉疾病灾祸，祈求风调雨顺、五谷丰登。老挝学生为人善良，勤奋好学，非常尊重中国教师，经常和中国教师一起聚餐、旅游，开展第二课堂活动。结尾处，用沈从文先生对20世纪30年代"湘西世界"的忧虑，祈愿佛光笼罩下的田园之国诗意永存。作者把城市风貌、建筑和人情风俗巧妙地融合在一起，既是写实，写景，也给读者展现了老挝的历史文化、风土人情和经济发展现状，构思独具匠心。

文章通篇采用素描方式，粗线条勾勒，简繁得当，重点突出。如通过对万象城市的概括性描写，反映老挝的经济社会发展水平；通过对标志性建筑塔銮、凯旋门的描写，展现老挝的历史文化和社会信仰；通过对老挝人生活情趣和节日的介绍，挖掘老挝人民质朴、善良、友好的性格特征、思想素质和随遇而安的生活态度。三者环环相扣，密切联系，从概括、抽象到具体，从物到人，层层深入。全文一气呵成，无半点拖沓。

了解一个国家应从了解她的文化开始，汉语教师和志愿者们多读一些这样的文章，其跨文化交际能力就会越来越强。

拓展阅读：

谭延桐：《老挝：遍开塔树花》，广西民族出版社，2006年。

我在蒙古乌兰巴托教汉语

作　　者：裴姗姗（西北师范大学）
赴任国家：蒙古
教学对象：高中生
点　评　人：杨同军（西北师范大学）

　　蒙古国，地处亚洲中部的蒙古高原，东、南、西三面与中国接壤，北接俄罗斯西伯利亚。国土面积为 156.65 万平方公里，是仅次于哈萨克斯坦的世界第二大内陆国家。首都乌兰巴托，官方语言为蒙语。

一、初见篇

"有一个地方，很远，很远，

那里有风，有古老的草原，

骄傲的母亲目光深远，

温柔的塔娜话语缠绵。

……"

一首《乌兰巴托的夜》悠扬绵长的韵律让人对策马奔腾、一望无际的蒙古无比向往。想象中的蒙古，应该是有"风吹草低见牛羊"的大草原和随处可见的蒙古包。在国内碰见一个蒙古同学，就会问人家会不会骑马射箭。

2018 年 8 月 27 日，我们一行 19 人从北京首都机场出发，前往乌兰巴托。随着飞机缓缓下降，那与天相接的草原也越来越清晰，绵延起伏，已分不清是平原还是高地。一出机场，瞬间被明晃晃的阳光刺到睁不开眼，下意识地用手去遮挡这份乌兰巴托的"见面礼"，透过指尖缝隙，看到明媚的蓝天白云，顿时心生欢喜。

二、教学篇

我任教的学校是蒙古国育才广播孔子课堂，一所全中文学校，1997 年建校，在校生 1 100 多名。

育才学校共 12 个年级，小学、初中、高中学部兼备。1 至 9 年级所用的教材是国内人教版语文课本，10 至 12 年级用的是《时代》报刊阅读。我负责 10 年级 2 班的汉语教学工作，学生共 35 名。

育才学校被誉为"汉语学习的魔鬼训练营"，是因为它严格的教学管理模式。每位新老师都要接受"育才模式"的培训，比如每天必讲生词的数量及上课的流程等。考核合格之后，才能正式上岗。在岗期间，还会有各种各样的公开课评比，促使每位老师不断提升自己的教学能力。

而对于学生来说，若每天的测试成绩不及格，笔记、作业、听写有一项成绩不好，就会被留校补课。如此严格的要求之下，教学效果位居全国首位。

蒙古学生上课时是一群"小恶魔"，有时会吵得我头疼；下课则是一群"小天使"，可爱到想抱抱他们。学生的创造能力、动手能力很强。每次上口语课前，他们会自己主动查好资料，做好道具。上课时，学生则以组为单位进行小品、话剧、演讲等多种形式的练习和展示。

上课时，会有学生来到我面前说："老师，我爱你！"还没等我反应过来，他就回到座位坐好了。寒假补课时，有个学生不好好学习，我问他："为什么不想学习还要来补课？"他扬起脸认真回答："因为我想每天看到你。"

教师节时，我收到学生送的礼物，很开心，全班同学就问："老师，今天可以没有作业吗？"放学的时候，他们会"凑"到我的面前说："老师再见，好好休息，明天见！"

我还在文艺比赛时见识到了"马背上民族"的能歌善舞，感觉非常震撼。连平时不太爱说话的学生，只要一上台，就像换了一个人，充满自信与阳光。

每次想到学生的这些举动，我都会心头一暖，泛滥起"母爱"。在我带学生了解中国、给学生讲中国故事的同时，他们也给我展现了可爱的青春气息。我们互相学习，共同成长，这可能是作为教师最大的幸运吧！

蒙文分为老蒙文和新蒙文。老蒙文属于印度字母，从上往下竖着写，从右往左读。仔细看，每个字母都像一个人，有头有身有脚，顶天立地。20 世纪 40 年代，蒙古转用以西里尔字母为基础的拼音文字，俗称新蒙文。共 35 个字母，20 个辅音，7 个阳性元音，6 个阴性元音，2 个特殊字符。只要会读字母就会读蒙语，这和日、韩语近似。因此，蒙古学生面对意音型的汉字，识记和书写都有相当的难度。（蒙古政府计划在 2025 年全部恢复老蒙文。）

三、文化篇

蒙古国虽与中国接壤，但文化习俗与中国截然不同。初次见面，蒙古人会赠送黄色的菊花，以示对对方的尊敬。白色的花在蒙古代表纯洁无瑕，女孩子会将白花戴在头上，天真可爱。如若不小心踩到别人的脚，必须同对方握手，并示歉意。

很多蒙古人没有"守时"的概念，经常会比约定好的时间迟到一小时以上。据说，在很久以前，蒙古人只有早上、中午、下午三个时间段，没有具体的时间点，因此不太有时间观念。

蒙古人非常重视仪式感，经常开派对，所有人都要盛装出席，男士西装，女士礼服，就连几岁的小姑娘，也要去做个头发。今年学校的新年晚会上，连平时蹲在地上擦地板的保洁阿姨也是一身红色裙装礼服，头发也精心盘过。看到他们的认真劲儿，真是自叹不如。

蒙古的"春节"叫"白月节"，跟中国春节差一两天。过节的时候，蒙古人不吃饺子，而吃包子，全是牛肉馅儿和羊肉馅儿的。这些包子需提前一周准备，数量根据自家成员及亲戚的数量而定，少则五六百，多则两三千，过节期间用来招待客人。拜年时，晚辈给长辈发红包，祝愿老人健康长寿，而老人会以小礼物作为回礼。

四、生活篇

乌兰巴托貌似不是很大，以成吉思汗广场为市中心，四周群山环绕，似乎可以用双脚丈量这座城市，其实不然，那只是错觉罢了，正所谓"望山跑死马"。

这里出租车很少，大都由私家车兼任，挥手即停，很便宜，1公里才1 000蒙图（约人民币3元），没有起步价，所以来到这儿之后，打车的次数不知不觉多了起来。

喜欢吃巧克力、糖果，喝咖啡、牛奶的小伙伴们，来到蒙古可以放心大胆地吃喝。在蒙古，无论大人还是小孩，都非常喜欢吃甜食，所以有很多物美价廉的巧克力、咖啡和糖果。

蒙古人每顿必吃肉，经常会自己杀牛宰羊，将肉存进冰箱，这样一家人一个月都不用去超市买肉了。超市里的牛羊肉也非常便宜，人民币几块钱就能买一堆肉回来。

蒙古人也很喜欢喝酒，晚上9点之后，街上还有很多流浪汉、醉汉，有时候他们会向路人要钱买酒喝。

蒙古的冬天真的太冷了！乌兰巴托的气温会低至零下40℃，外省温度会更低。冬天最适合滑雪，但一定要注意安全。

乌兰巴托四面群山环绕，在天气晴好的时候，可以去爬山，站在山顶，定会被那辽阔的草原所震撼。

蒙古的很多旅游景点都离乌兰巴托很远。最著名的是库苏古尔湖，位于蒙古西北部，临近俄罗斯，是蒙古最大的淡水湖。夏天去那儿度假的人非常多，当然冬天也有人去，主要是去滑冰、钓鱼。

万里晴空，辽阔草原，碧野红花；服饰鲜明，牛羊成群，肉乳飘香……这便是蒙古最宏阔与典型的风情。

思考题：

1. 作为一名汉语国际教师，除了汉语教学和中国文化传播工作之外，也有机会欣赏到美丽的异域风光，感受到奇特的异国文化。试分析作者是如何成功地将叙事、绘景、抒情结合在一起，为我们展示蒙古国的绮丽风光和汉语教学的情况？
2. 文中提到的蒙古国育才学校 10—12 年级学生的汉语教材是《时代》报刊阅读，你觉得其优点和不足是什么？

专家点评：

　　蒙古国离我们很近又很远，这篇文章把蒙古国的异域风情和汉语教学情况向我们拉近了许多，更重要的是作者热爱汉语教学事业，立志为汉语国际传播贡献一份力量，希望汉语之花开遍世界的每个角落，作者这份情怀让我们深深地感动。

　　作者行文情深意长又活泼风趣，开头以"有一个地方，很远，很远，那里有风，有古老的草原，骄傲的母亲目光深远，温柔的塔娜话语缠绵……"这样优美的歌词开篇，一下子把我们带进了绵远悠长、"风吹草低见牛羊"、有母亲般胸怀的蒙古大草原。而"透过指尖缝隙，看到明媚的蓝天白云，顿时心生欢喜"又把镜头对准了英姿勃发、奋发有为的汉语国际教育志愿者青年教师，这才是在全世界传播汉语与中华文化的志愿者教师的风采！

　　更重要的是，作者是个有心人，对自己任教的蒙古国育才学校了解得非常清楚——"1997 年建校，在校生 1 100 多名。……学校被誉为'汉语学习的魔鬼训练营'，是因为它的教学管理模式。每任新老师，都要接受'育才模式'的培训，比如每天必讲生词的数量以及上课的流程等。"正因为怀着对汉语国际教育事业的热爱和执着，才会对如下的情节有细腻的体会："上课时，会有学生来到我面前说：'老师，我爱你！'还没等我反应过来，他就回到座位坐好了。寒假补课，有个学生不好好学习，我问他：'为什么不想学习还要来补课？'他扬起脸认真回答：'因为我想每天看到你。'"这是多么感人的语言、多么温馨的画面！也唯有这些，才让我们这些汉语教师和志愿者更加义无反顾地行走在传播汉语、推广中国文化的每一个国度。

当然，作者也不忘观察不同文化习俗中的细微差别："初次见面，蒙古人会赠送黄色的菊花，以示对对方的尊敬。白色的花在蒙古代表纯洁无瑕，女孩子会将白花戴在头上，天真可爱。如若不小心踩到别人的脚，必须同对方握手，并示歉意。"是的，跨文化交际可不只是在课堂上和教材里，更重要的是在实际的教学工作和生活中体察入微，并与之交融。

但细心的读者也不要忘了"乌兰巴托的气温会低至零下 40℃，外省温度会更低"的严酷环境对我们汉语教师和志愿者的考验。惟其如此，也才显示出"万里晴空，辽阔草原，碧野红花，服饰鲜明，牛羊成群，肉乳飘香"的蒙古之美，以及我们这些汉语教师和志愿者对这份事业的热爱。所以，也希望更多的有志之士投身到这风光旖旎而又具有挑战性的汉语国际教育事业中来！

拓展阅读书目

[美] 杰克·威泽弗德：《成吉思汗与今日世界之形成》，重庆出版社，2017 年 9 月。

在丝绸之路上撒播汉语的种子

作　　者：刘宇（战略支援部队信息工程大学洛阳校区）
赴任国家：吉尔吉斯斯坦
教学对象：大学生（本科生）
点　评　人：刘伟乾（新疆师范大学）

吉尔吉斯共和国，通称吉尔吉斯斯坦，是位于中亚的内陆国家。东邻中国，北接哈萨克斯坦，西连乌兹别克斯坦，西南为塔吉克斯坦，首都比什凯克。主体民族为吉尔吉斯族，其余为乌兹别克族和俄罗斯族等，吉尔吉斯语为国语，俄语为官方语言。70% 居民信仰伊斯兰教。

吉尔吉斯共和国是我国的近邻，与我国新疆维吾尔自治区相邻。奥什市是吉尔吉斯斯坦南部的最大城市。

在"一带一路"倡议的影响下，近年来，奥什这座千年古城也焕发出了新的光彩，当地的汉语教学事业蓬勃发展，奥什孔院成了一所特色示范孔子学院，在全球范围内率先开展了本科学历教育。

离开奥什快两年了。在孔院工作时，我的办公室在孔院大楼的二楼，每天下班后，楼道被太阳映照，裹上了一层淡橘色的亮光，十分耐看。闭上眼睛，仿佛又站在了那里。我忘不了那里的人们，忘不了壮丽的苏莱曼山，川流不息的阿克布拉河，开阔大气的列宁广场，还有风景如画的大小阿莱、乌兹根、巴特肯。

一、出了国，回到家

我相信很多有志于汉语国际教育的同道都怀揣着一个出国教学的梦，而奥什孔院，就是我圆梦的地方。

2017 年的 8 月 26 号那天，我作为志愿者教师终于迈出国门，踏上了吉尔吉斯斯坦的土地。孔院院长刘伟乾老师已经在奥什机场外等了我们很久。我们拿好了行李，走出机场。刘老师话不多，跟我们一一握手，然后给了每个人一张当地的电话卡，告诉我们装上卡槽就可以立即使用。几位同学给家里报着平安，而我，站在树荫下，看着周围的景物，听着身边的新同事们和院长的谈话，一时竟忘记了自己已身在异国，反而如同回到了母校一般自在、安定。这种感觉一直伴随着我，直到我离开奥什的那一天。

二、新奥什，新孔院

在我们来之前的几个月，孔院搬了新家，新孔院面积大、设施全，而且"独门独院"。崭新的五层教学楼，在当地知名度很高，以至于打电话约车时，只需告诉司机"奥什大学新孔院"就可以了。

特别值得一提的是，孔院大门的设计具有典型的中国传统建筑风格，牌匾上书"孔子学院"四个金色大字，由刘伟乾院长亲自设计，把吉尔吉斯的传统毡帽和毡房图形巧妙地融入四个篆书汉字，匠心独具，包含着两个国家文化交流互通的美好寓意。

奥什孔院是与奥什市一起发展起来的，原来的孔院坐落在奥什国立大学主校区的一座教学楼内。听说，几年前的奥什是一个不时停水停电、安全形势严峻、基础设施落后的欠发达城市，而且当地人对中国人缺乏了解，有的人甚至态度很不友好。

但我们那年看到的是一个安全稳定的奥什。停水停电前，微信群中都会提前通知。走在路上，再没有当地警察对你盘问；在公园里，路人偶尔还会用中文向我们问好。每次家访，家长都会称赞中国的迅速发展，他们很乐意让自己的孩子学汉语，将来去中国深造、发展。我来奥什的第二天，在孔院遇见了一个吉尔吉斯学生，他告诉我，他是今年孔院的大四毕业生，九月初就要去中国读研了。

三、我的学生

第一次见我的学生，是到奥什后的第三天，那天全城停电。我现在还记得那时的心情：淡定的表情下掩盖着纷乱的思绪，满怀期待又感到茫然。

梅亭（伊斯兰姆）衣着朴实，总是戴着一顶传统的吉尔吉斯毡帽，作业写得漂亮工整；班长鸿渐（阿斯勒别克）学习努力、成绩优秀，而且腕力惊人，是一个深藏不露的大力士；草莓（她的名字"库布娜依"翻译成中文就是"草莓"的意思）在刚开学时回答问题时略带羞涩，总是埋头记着笔记，后来才发现是个性格豪放的吉族少女，我在课上讲到什么好玩的东西时，她总是第一个哈哈大笑，引得旁边的若兰也哈哈大笑起来；明珠和秀丽总是坐在一起，她们像很多市里的孩子一样，性格沉稳、安静，柔佳则相对活泼好动些。

还有一个叫"王子"（伊瑟）的小伙儿，他学习好，很谦虚，有热情，不高冷，能坚持，不懒惰，还画得一手好画。他跟我说，他今后的志向是在吉尔吉斯外交部工作，在我离任时他刚获得赴华东师范大学学习的机会。

我很喜欢他们，熟识以后，我发现他们每天都精力充沛，他们旺盛的青春气息也常常是我工作中的动力。

四、"大谢谢""不工作""老师请"

场景一：农历大年初二，学生到老师家拜年，老师们用传统中国美食招待他们。临走时，学生成龙特意来跟我说："老师，大谢谢！"（他想说的是"非常感谢"）

场景二：一次，在孔院礼堂排练节目，梅亭拿着话筒跑过来跟我说："老师，这个不工作。"（他想说的是"话筒不响"。）

场景三：我要在课上听写，学生们都没准备好，就由班长带头开始请求我改到第二天听写，此时草莓说了一句："老师，请……"（草莓想"请求"我今天别听写。）

这三个例子都是真实的，在不同学生的口语表达中都出现过多次，因此我记得特别清楚，这些偏误都是语言负迁移导致的。

吉国学生的母语是吉语，官方语言为俄语，这两种语言不论是在语种的亲属关系上，还是在语法结构的类型上都和汉语有着相当大的区别。初级阶段是学习者从用母语思维逐渐转化到用目的语思维来思考和表达的重要时期，我在实际教学中体会到，此时他们的汉语未成系统，常常由于母语干扰而出错。关于"非常感谢／很感谢"这个短语，吉语为"Чон рахмат"，俄语为"большое спасибо"而初级学生学过了"谢谢"这个词，但没有学习"非常"之类的程度副词，因此他们往往用汉语对吉／俄语进行直译，如把"Чон"和"большое"直译为"大"，因此会说"大谢谢"，把"пожалуйста"直译成"请"，把"не работа"直译为"不工作"。

学习者会把母语中熟悉的词汇或语法规则套用到汉语中来。针对这种情况，教师要做好功课，尽量了解学生母语和汉语相应语法点的语义差别和搭配规则，提前预测学生可能出现的问题，在教学中多举带有场景的实例，进行同义词和近义词的辨析，避免学生造成混用、误用。这样可以降低负迁移的影响，提高学习效率。

五、"融入"是一把钥匙

作为一个孔院教师队伍中的新兵，如何将课教好是当务之急。而由于我初来乍到，如何克服沟通障碍，融入当地生活成了首要问题。来奥什不久，我就发现居民们在交流中说得更多的是吉语，而不是官方语言俄语。亲历了他们的"国家语言日"活动后，我更体会到南方居民对母语的热爱。

因此，我参加了孔院组织的吉语培训课，学了吉语字母和发音，掌握了一些简单的问候语和生活用语。逐渐用"Саламатсызбы"（吉语的"你好"）代替了"здравствуй"（俄语的"你好"）；用"Рахмат"（吉语的"谢谢"）代替了"спасибо"（俄语的"谢谢"）；用"бир-эки-үч"（吉语的"1、2、3"）代替了"один-два-три"

（俄语的"1、2、3"）。虽然直到离任，我也只是掌握了很少的常用表达，但已经有很多当地居民夸我的吉语"Жакшы"（吉语的"好"），这让我内心十分高兴。

语言承载着一个地区的文化，尊重当地的习惯很有必要，而适当学一点当地的语言也是一种认同和融入，有助于志愿者更好地开展教学工作，提高生活幸福感。

六、吃在奥什

在奥什，下班后逛巴扎或超市是一种享受，有助于放松心情，有利于身心健康，我就是在那儿发现了很多的当地美食。

吉尔吉斯人在饮食上延续了游牧民族的习惯，主菜以各种奶制品和肉制品为主，如烤肉、马肠、奶酪等，主食有馕、烤包子、抓饭和拉面等。饮料我比较喜欢"квас"（味道偏甜，由面包发酵而成，口感像啤酒或碳酸饮料）和"шоро"（谷物发酵而成，味道发酸，里面会有一些磨碎的麦子糊糊）。

吉尔吉斯南方地区盛产水果，如杏子、草莓和樱桃等，很多人家的院子里都有果树，每到果实成熟的季节，奥什大街上就会出现很多水果小摊。我最喜欢那儿的草莓和樱桃。深紫色的樱桃口感脆嫩，肉厚汁浓，酸酸甜甜。李希老师的学生曾送给她一大罐樱桃汁，她带回来后与我一同分享，不出一周，一大罐就被我们享用完毕。

七、回忆激起我们的奋发之心

我深深怀念在奥什工作和生活的那段时光，总想写点东西出来，作为纪念。但我也知道，作为孔院的后辈新人，实在经历太少，只能把自己的所见、所感尽力回忆、记载下来，如果可以让更多人窥斑见豹地了解奥什孔院，了解那里的生活，那就更好了。

在奥什，我与同事们一起工作和生活。谈到本专业的发展和对就业现状的无奈，我们也曾彷徨过、犹豫过。但无论如何，我们都是把一段青春留在奥什的孔院人。无论何时何地，那段时光之于我，都是一段阳光灿烂、酸甜交织的幸福日子，也是我前行的动力之源。

祝我们的孔院越办越好，永远向前进！

思考题：

1. 中亚五国与中国的地缘关系是怎样的？
2. 吉尔吉斯斯坦独特的人文环境有什么特点？
3. 中亚地区的孔子学院建设情况如何？

专家点评：

跨文化冲击和跨文化适应是每个孔子学院老师不能回避的过程，刘宇作为一个第一次来到异域吉尔吉斯斯坦奥什的天津小伙子，可以想象当时他内心的忐忑和震荡。奥什的冬天会停水停电，夏天会蚊虫肆虐，地震多发，灾害频繁，无定居移民诱惑，无淘宝网购，人身安全问题也很严峻。但刘宇老师的字里行间充满了对吉尔吉斯风土人情的赞美，充满了对志愿者工作的热爱，充满了对那段时光的怀念。从文学角度来说，这是一篇感情真挚的游记散文，从汉语国际教育专业角度看，这恰是一份成功的、典范的汉语志愿者教师跨文化交际案例。

著名的设计大师 De Lucchi 先生曾说过一句名言："一个人永远不会再有第二次机会给人以第一印象"，一个人如此，一个地方如此，一个孔院也是如此。当刘宇踏出国门，人生无数个"初见"将等着他，那山、那水、那座城市，就在那儿，不会比国内了解、想象的更好，"听说，几年前的奥什是一个不时停水停电、安全形势严峻、基础设施落后的欠发达城市，而且当地人对中国人缺乏了解，有的人甚至态度很不友好。""到奥什后的第三天，那天全城停电。我现在还记得那时的心情：淡定的表情下掩盖着纷乱的思绪，满怀期待又感到茫然。"这是每个志愿者老师出国后的心路历程，从跨文化交际的专业角度来讲，这就是个体到新文化环境中的初期阶段，个体由于感受到与母文化的差异而引起生理、心理和行为上的反差、不适或失控感。主要是感知到的文化差异所引起的情绪、认知和行为层面的混乱、不知所措。如何调整自己、保持良好的跨文化精神成为成功与否的关键。乐观、幽默、向上、主动、好奇、容忍、接受，这些积极的反应有些是性格自带的，有些是可以通过后天培养和塑造的。

　　与院长和同事初次接触就有了"出了国，回到家"的感叹；对学生如数家珍的介绍；汉语教学中对学生语言偏误的洞察；对当地语言文化学习的兴趣；家访的收获和对当地美食的探究……那里的学生，那里的同事，那里的孔院给了刘宇美好的第一印象，而且这一美好的印象在不断地加深，直到他离开回国。"无论何时何地，那段时光之于我，都是一段阳光灿烂、酸甜交织的幸福日子……"刘宇是一个成功的跨文化交际者，是一名优秀的汉语志愿者教师，一年的孔院经历让他收获满满。对我们而言，在汉语国际教育事业中或是传播者，或是组织者，或是研究者，海外的教学经历都是宝贵的人生财富，促使我们思考人生的意义与价值。

拓展阅读书目：

赵常庆：《中亚五国概论》，经济时报出版社，1999年。

马大正、冯锡时：《中亚五国史纲》，新疆人民出版社，2005年。

一

海外汉语教学案例

欧洲篇

对匈牙利小学生的汉语数字教学

作　　者：黄璐（上海外国语大学）
赴任国家：匈牙利
教学对象：小学生
点 评 人：缪俊（上海外国语大学）

匈牙利赛格德大学孔子学院的孔子课堂分布于琼格拉德州各市的各所中小学，本案例涉及其中的一所音乐小学，学生是以匈牙利语为母语的 7—10 岁的汉语零基础小学生，人数为 17 人，每次课 45 分钟，每周 1 次课，汉语课为兴趣课。汉语课由一名该校资深的英语老师担任助教，她已连续担任汉语助教多年，懂得简单的汉语，也了解汉语零基础学生的学习特点。

考虑到教学对象的年龄和他们活泼好动、纪律性不强、专注力不够、自我约束力不强的特点，我采用了"全身反应法"，遵循趣味性、快乐性的原则进行教学。"全身反应法"注重以肢体动作进行教学，符合儿童的生理特点。这一教学法强调二语教学在内容上的直观性和在教学活动上的丰富性与趣味性。

根据学生的年龄特点，我选用了国家汉办规划教材《YCT标准教程1》。本案例教授的内容是《YCT标准教程1》第一课数字教学部分，分为2个课时。

这节课的教学重点是让学生学会数汉语数字"1—10"，并知道相应的数字手势，明白其与匈牙利数字手势的不同。

首先，我播放了上节课学的《你好歌》，学生立刻跟着一起唱，唱完我再跟他们一个个打招呼，用"你好""你好吗""下午好"进行问候与复习。这是一所当地较为著名的音乐学校，助教说他们对音乐很敏感，所以我在课堂上就尝试利用唱歌这一活动形式。

接着，我播放了视频《数字歌》来引出今天要学的内容。学生们盯着屏幕，"咿咿呀呀"想跟着一起唱、但又不会唱的样子真是可爱极了。事先了解了匈牙利语的数字读法与手势，我和学生一起用匈语从"1"数到"10"，学生听到我能说他们的语言，一个个都惊呆了，但同时又很高兴。我在黑板上写数字"1"，同时做手势伸出食指代表"1"，学生跟着读"yī"，并且也伸出手指，他们笑了起来，因为匈牙利"1"的手势是伸出一根大拇指。助教立刻给学生说明中匈数字手势的不同。接着，我带领学生读3遍"yī"，然后在黑板上写下"2"，问学生："你们想知道'2'的手势吗？"不少学生伸出大拇指和食指（匈牙利手势"2"），我便问他们，你们拍照的时候最常用的手势是什么？这个时候没有学生回应，我便演示给他们看，他们争相模仿起来。带读3遍后，我拿出手机并打开相机，学生保持着"2"的手势，我说要拍照，学生很激动地争着要到手机最前面来，场面有点控制不住，还好助教及时制止了。学习数字"3"也是一样，我先在黑板上写下数字，然后比出"3"的手势，教他们这就像"OK"，学生们觉得很有趣，同样带读3遍。每个数字都给出一个容易联想记忆的点，有趣且便于记忆。学完"1—5"，我带领学生复习，并伸出相应的手指告诉他们要读的次数，接着做出手势选同学读，读对了我就大声表扬，其他学生便会说："棒，棒，你真棒！"（之前教过），这个方法能很好地激励学生。学到"6"，我就做出打电话的手势，并教他们"喂"。学到"7"，就比赛谁的气息最长。

总之，每个数字都强化手势，让他们的肢体动起来，吸引他们的注意力。"1—10"都学完后，带领学生齐读一遍复习。

接着，是状况频出的活动练习环节。我给学生们播放歌曲《数字歌》视频并领唱，边唱边做手势，3 遍下来，学生们就差不多能跟着唱了。我便叫他们自愿两两一组唱歌，唱得好，其他人就表扬。刚开始，前面两组唱的时候秩序还很好，但慢慢地，其他还没有轮到唱歌的学生或者唱完了的学生就不听了，开始说话或者玩笔、玩橡皮擦，我便叫这些同学唱歌，但是其他同学又不听了，于是我只能放弃唱歌环节，开始做手势单独问学生这是几，我发现没有被问到的学生仍然在说话或者做自己的事情，这时助教管了一下纪律，但是学生还是不听。我便叫学生全体起立，让他们和同桌两两一组比赛。我做手势学生说汉语数字，谁说得又对又快就赢了，输的那个同学就要坐下去。我以为这个游戏很简单，学生都已经学会唱数字歌了，应该也知道每个数字怎么读。但是，竟然很少有学生能说出我的手势是数字几，几乎全靠我的提示。我只能重新将数字从"1"到"10"带领大家复习，并乱序教读，不断重复，并走到每个学生身边提示跟读。接下来，进行下一个游戏：数字抱团。我让学生都走出自己的座位，围成一个圈走，播放《数字歌》并跟着唱，音乐停了之后，根据听到的数字和相同数量的学生抱在一起，如听到"3"，3 个学生就要抱在一起，落单的学生就输了。考虑到学生的自尊心，我没有给出任何的惩罚措施，输了的同学还是可以继续参与游戏，学生们个个活力四射、积极参与，氛围很好。在听到一个数字后，有的学生反应不过来，而反应快的学生则立刻找伙伴抱在一起，效果很好。

我下课后才想明白，这么小的学生一节课记住 10 个汉语数字的发音本来就很困难，还要记住相应的 10 个手势，这对他们来说记忆负担太重了。他们还没真正掌握每个数字的读法，自然回答不出有些问题。这堂课给我以后的汉语教学带来很好的启发。在匈牙利的这一年我常使用"全身反应法"，在了解了学生的特点和接受度以后，我的汉语课堂更受欢迎了。

思考题：

1. 面对青少年零起点汉语学习者，该如何制定合适的教学目标？
2. 孩子们天性活泼好动，怎样在顺应孩子天性的同时管好课堂纪律？
3. "全身反应法"是不是等同于"又唱又跳"？怎样让教学方法真正服务于教学目标，发挥实效？

专家点评：

和成年学生相比，青少年学生往往活泼好动，自控能力较弱，注意力集中时间短，行为表现更情绪化，这给汉语教师带来了独特的挑战。

本案例中，作者面对匈牙利 7—10 岁小学生教汉语数字"1—10"，着实动了不少脑筋。从解释手势的含义到教唱《数字歌》、边唱边做手势，从跟读模仿到两两一组比赛，再到数字抱团游戏，不断翻新花样，唯恐学生感到枯燥，失去学习兴趣。课堂上出现的问题也大都及时得到了处理，总体说来比较顺利。

如果以吸引学生参与、上一堂有趣的汉语课为目标，上述教学活动取得了不错的效果。然而，如果进一步追问"这些活动有没有帮助学生掌握汉语？""它们在教学中发挥了怎样的作用？"答案或许差强人意。

究其原因，一方面是教学目标值得商榷。正如作者课后反思的那样，对小学生来说，一节课记住 10 个数字的汉语发音和相应的手势动作有一定困难。同时，这些手势、动作并不符合当地人的习惯，需要学生们花一定力气来学习、记忆，因此构成了额外的负担。

另一方面，从教学方法看，作者一开始打算采用"全身反应法"，在实际教学中则出现了偏差。"全身反应法"是 20 世纪 70 到 80 年代兴起的一种语言教学理论。这种理论认为，成年人学习第二语言的过程与儿童习得母语类似，学习者面对目的语输入时右脑的反应早于左脑反应；前者主要表现为身体动作，左脑可以通过察觉这种身体动作进行学习；当右脑反应反复发生并累积到一定程度时，左脑就会受到触发，产生语言学习的效果。因此，"全身反应法"不是单纯强调肢体动作,而是注重在语言学习初期学习者以肢体动作对目的语输入做出反应。本例中教师用汉语说数字、学生做手势,以及最后数字抱团游戏,都符合"全身反应法"的训练模式;而另一些活动,如作者边说边做手势带领学生跟读模仿,或者让学生看视频学唱《数字歌》等等,尽管也都涉及身体动作,却并非针对汉语输入做出反应,显然难以达到"全身反应法"预期的教学效果。

上课过半,作者发现许多学生无法按照手势说出正确的汉语数字。这表明之前跟读模仿的过程中学生们很可能是囫囵吞枣,并没有准确识记每个数字的汉语发音。从"全身反应法"的理论看,学习第二语言在起步阶段以强化理解为主,学习者本来就应该用肢体动作对目的语输入做出反应。作者却反其道而行之,有急于求成之嫌。

通常,汉语教学并不刻意追求符合哪一种理论流派的做法,对各家各派大可采取"拿来主义"的态度,而不必严守"家法"。尽管如此,在"拿来"之前弄清楚这些理论、方法的内容仍然十分必要。此案例的教学目标、教学方法都有值得斟酌的地方,但作者充分考虑到青少年学生爱玩的天性和学习风格,尽量把汉语课上得生动有趣,则可圈可点。在"教会学生说汉语"和"让学习变得轻松愉快"之间如何找到一个平衡点,对于每一位汉语教师来说都不是一件容易的事,有待我们和案例作者一起不断探索、孜孜以求。

攀登声调"大山"

作　　者：贺莉娇（上海外国语大学）
赴任国家：匈牙利
教学对象：成人
点 评 人：亓海峰（上海外国语大学）

　　我于 2016 年 9 月赴匈牙利赛格德大学孔院任汉语教师志愿者，负责 1 所小学、2 所高中的汉语兴趣班和一个成人业余班的教学工作。而最令我"心虚"的班级是成人班，成人班只有 3 个学生，都是职场人士，每周下班后有 4 个课时的汉语课。他们已经学习了几年的汉语，而我只是一个仅有几个月国内教学经验的新手教师，当时的教学对象也只是初级水平的留学生。

在和上一任志愿者在微信上进行课程交接时，她曾安慰我说，学生们的水平很高，性格很好，让我不要太紧张。出国前只有 3 个月汉语强化班听力课教学经验的我听后更加紧张了，学生们已经学到了《新实用汉语》第三册的 33 课，而除了教学进度外，我一无所知。在新的国家，面对新的学生，拿着新的教材，我忐忑地迈进了成人业余班的教室，开始了我的第一堂课。在第一节课上，我发现学生的阅读和识字水平很高，可以读几百字没有拼音标注的课文。但是学生们一张嘴，我发现最令我头痛的竟然是他们的声调问题。

第一节课上我认识了我的三个学生，年龄都是 30 多岁：秘书芳菲，大学音乐老师 Zoltan（以下简称"小 Zoltan"）和 IT 工程师 Zoltan（以下简称"大 Zoltan"）。做完自我介绍后，我问了他们学习汉语的初衷。我心里想，他们的水平这么高，应该十分喜欢汉语吧。没想到，大 Zoltan 腼腆一笑说："我学汉语的原因就是一个笑话。"说完便不愿多说。芳菲说她是因为喜欢韩语，后来赛格德大学没有人继续教她，她发现韩语里面有很多汉字，孔院开了汉语课堂，就干脆学习汉语了，学习了几年，越来越喜欢。小 Zoltan 说他也是想更多了解中国。因为暑假志愿者归国换届，他们的汉语课停了几个月，为了衔接新课，我就给大家上了一课《保护环境就是保护我们自己》，让他们讲讲对环境保护的认识，没想到大家相视一笑，静默不言，气氛尴尬。"完了，"我心想，"这么腼腆，教学气氛堪忧啊。"结果一语成谶，当我们学习新课《神女峰的传说》一课时，学生们回答问题都很不积极。"有问题吗？""懂了吗？"当我这样问的时候，芳菲笑着说"懂了"，小 Zoltan 严肃地点点头，大 Zoltan 举起一只手，放平，挑着眉毛左右摆摆手，意思是"马马虎虎"。到读课文的环节时，我发现声调问题还是最大的问题。《新实用汉语》第 3 册的课文没有拼音，大家学习了几年汉语，居然声调这么不标准，我在黑板上画上 5 度标记法的图，大家似懂非懂地听我讲完，读的时候十分腼腆，我也不好多次纠正，一堂课就这样迷迷糊糊地结束了。

几次课后，我开始思考要不要对这个班级的学生重新进行声调教学，以及应该如何教学。声调学习是汉语学习的重要部分，贯穿始终。虽然学生们的识字能力很强，但是声调的标准与否直接影响交流，甚至决定了意义的表达是否准确，所以一定要进行强化训练。但是应该从最开始就强调的声调拖到现在再去重新反复练习，可能会使学生有一种"我学了这么久，连基本的声调都不会"的挫败感。同时，因为性格内敛，学生们不常大声朗读，上课也总是点头居多，跟读和表达较少，所以读课文的速度较慢，把认识的词语连在一起读出的句子听起来很生硬，加之声调不准确，种种原因导致学生对出声朗读课文产生了很大的心理压力。怎么解决这个问题呢？如何能让学生在练习声调时愿意发声，同时避免被纠正而产生的挫败感呢？我陷入了沉思。

《神女峰的传说》一课的第 2 篇课文引用了李白的诗"两岸猿声啼不住，轻舟已过万重山"。课上我把全诗展示在幻灯片上，介绍了这首诗的写作背景，让大家感受诗句中寥寥数字所描绘的景色和表达的心情。学生们对唐诗产生了浓厚的兴趣，这使我灵光一现，既然大家喜欢唐诗，干脆就在朗读唐诗中练习声调吧！于是我找来中国艺术家朗诵唐诗的视频给大家欣赏，他们第一次看中国人朗诵诗句的节目，觉得很有趣。我趁机带领大家模仿视频里的语速和语调，读起了加了拼音的《早发白帝城》，提醒大家不要着急，慢慢读，认真体会作者的心情，这样学生便不介意一遍一遍随我一起朗读，我在朗读的过程中引导他们练习声调。

之后，我在课前加了一个诗词欣赏的环节，没有进度要求，有时几周都在学习同一首诗。学生们对中国文化都比较感兴趣，通过对诗人的了解和对诗词的分析，可以更加了解中国文化。同时为了体验诗中蕴含的情感，在分析之后我们坚持大声朗读、背诵。在练习有感情朗读的同时，将声调练习一并完成，效果特别好。之后，我们学习了匈牙利著名爱国诗人裴多菲的名诗《我愿是激流》，让大家在朗读中体会一首诗用不同语言翻译而带来的不同感受；学习了马致远的《天净沙·秋思》，体会作者独在异乡的孤独苍凉；学习了毛泽东的《沁园春·长沙》，体会万类霜天竞自由的壮丽景象。虽然学生们似懂非懂，但他们的声调却在诗词的练习中进步了很多。学生们在这种从没体验过的、"夸张"的朗读中，不知不觉收获了很多，朗读的时候比之前更加放得开，不拘谨了。加强声调和朗读练习的同时不仅没有使学生感觉枯燥，课堂气氛也轻松了起来。

到我任期结束时，大家都有了很好的声调意识，不会觉得被纠正声调是学习不好的表现，而是十分配合，知道在往前学习的时候需要及时修补不足的部分。最令我感动是，大 Zoltan 有一天笑着说："不管我之前因为什么学习汉语，但是我现在学习汉语不是一个玩笑了。"有什么能比这句话更让我开心呢？

思考题：

1. 案例中学生们声调学习的主要问题是什么？
2. 教师是怎么提高学生声调学习的兴趣的？
3. 除了案例中提到的古诗朗读，你认为声调教学还有哪些好办法？

专家点评：

这是一篇比较典型的声调教学案例。案例描述了匈牙利赛格德孔子学院一位志愿者教师的教学过程，内容详实，以真实生动的教学经历展示出这位志愿者教师声调教学中的困惑、思考和解决问题的过程。案例中的问题具有典型性，作者解决问题的方法具有启示性。

面对几位发音有问题，且汉语学习动机不明确、读写能力明显好于语音能力的成人学生，这位教师最初的感觉是头疼、无所适从，"如何能让学生在练习声调时愿意发声，同时避免被纠正而产生的挫败感"是她在中级阶段语音教学中遇到的问题。

案例中这位教师的做法值得肯定。首先，在教学中善于发现学生的兴趣点。在教学中发现学生对唐诗有浓厚的兴趣，因势利导，利用唐诗抑扬顿挫的韵律特点开展声调练习，符合声调教学的要求。这是这位教师语音教学取得成功的第一步。

其次，在诗词赏析环节，除了学习唐诗，还加入学生们熟悉的各国诗歌，比如裴多菲的名诗《我愿是激流》，进一步调动学生的兴趣，为课堂带来了轻松的学习气氛，有利于持续进行声调教学。根据语音教学的长期性、持续性特点，把声调训练与语义相结合，进行有意义的语音训练，符合这部分学生的学习特点。

教师的教学过程看似简单，却体现出较好的语音教学意识。同时也提示我们在语音教学中如何进行"以内容为依托"的有意义的发音训练。案例中，经过教师一段时间的训练，学生的发音水平明显提高，并且对练习发音产生了兴趣。

语音怎么教才有效？——学生说"我现在学习汉语不是一个玩笑了"，给出了明确的答案。

我在英国教汉语的三年时光

作　　者：杨青箐（美国德州国际领袖学校）
赴任国家：英国
教学对象：中小学生、成年人
点 评 人：张全生（新疆师范大学）

　　3 年公派教师的生活有若一瞬，英国归来转眼又是一年有余，前辈、同行和好友多次鼓励我将这段经历整理成文，怎奈日日忙碌，迟迟未曾动笔。

　　如今，我回到高校读研，静心学思，感觉自是不同，终可重拾笔墨，向大家讲述那 3 年的点点滴滴，有渐悟，有顿悟。

一、初识英伦

历时半年的准备，包括汉办的公派教师考试、出国前培训，办理各种相关材料，经历了等待签证的焦急，采买各种生活必须用品……我终于来了，英国！

经过一整天的飞行辗转，我抵达了英国曼彻斯特机场。这是我平生第一次坐这么久的飞机，旅途劳顿差点消耗掉了我的一大半激情。

在海关，和蔼可亲的官员问我，您来这里多久？做什么？您的邀请函呢？大拇指，按个手印，"啪"的一声，护照上多了个戳，我才从梦游中惊醒。

入关后不禁有些茫然和忐忑，好在孔子课堂英方负责人南薇女士来接我，才让我安心了许多。

认识的第一个英国人是司机 Russ，他与南薇女士一块儿来接我。他风趣幽默，一路上，我惊讶于他对中国的了解之多。后来才知道，历届汉办教师都是他负责从机场接送到课堂的。所以，当第二年休假结束，回英国再见到他时，竟然有种英国亲友的感觉。

抵达公寓已是晚上 11 点多了，南薇女士已提前安排好了一切。3 年间，她的照顾与陪伴让我减少了许多乡愁与焦虑。在异国他乡，遇到一位朋友般的好上司，真是一种幸运！

通过网络给家里报了平安，本以为会激动得睡不着，但很快，身体的疲惫把我带入了沉沉的梦乡。一觉醒来已是第二天上午 10 点，这时差（冬令时 8 小时）算是差不多倒过来了。

二、职场生活

我任教于威根雷学院孔子课堂，学校是我们在电视上经常看到的那种红色砖墙外观，别具特色。

威根雷是 Wigan 和 Leigh 两个镇最大的学院，位于英国西北，属于大曼彻斯特郡，6 个分校区都设在镇中心的位置。

我们的孔子课堂是陕西省在英国建立的第一家孔子课堂，也是全英的第二家孔子课堂，2008 年建立，至今仍独立运作，从最初的只有 1 名专职教师，发展到今天有 4 名专职教师的规模。

这里的人都非常热情，但这并不影响他们的严谨。他们做事一丝不苟，严格遵守每一条规定，若有一条不过关，手续就办不成。而且，手续办理加上预约，需要半个月甚至一个多月的时间。

入职初期，我办理的手续主要有曼彻斯特警署的居留许可，以及严格的 DBS 检查（英国的无犯罪记录检查）。在这里，需要接触未成年人的工作都要做这项检查，孔子课堂的教学点大都是中小学，所以我也需要接受检查。过程还算顺利，12 月，我终于拿到了合格证书，有资格前往教学点任教了。

通过负责人介绍，我认识了主要上司，意识到这是一个层级体系非常分明的国家，如果你有问题，首先得和主管领导沟通，主管领导决定不了的，再向其上级汇报。

每天，我需要将自己的工作计划详细填写在系统的办公日历上，领导要每天查看。如有外出，需说明情况，并且必须在门上贴上离开的标识，留下紧急联系方式，因为学校会有环境与服务部门的巡查，如果办公室的使用率低，将会被分给其他更有需要的部门。

在教学方面，我与当地的中小学取得了联系，3 年中，发展了 7 个新的教学点，包括当地中小学和少年宫，并保持着长期联系，这都得感谢学校主管孔子课堂的领导们的支持。

我们主要教授汉语课程和中国文化课程，每年都会举办 40 余场中国文化活动，让英国当地民众一点一点地了解中国文化。我的学生最小的只有 4 岁，最年长的 99 岁，他们都深深地爱上了中国文化。

如今，每逢中国春节、国庆、孔子学院日，热爱汉语的人们都会主动来参加孔子课堂举办的庆祝活动，这些已成为他们生活中重要的一部分。

2016 年春节期间，我们一共举办了 14 场新年巡回庆祝活动，历时一个多月。当地中小学和机构只要举办"中国文化日""中国文化周""中国文化月""世界文化日"等活动，总会想到我们孔子课堂。因为经常策划和举办活动，同事们都叫我"杨导"，我也乐于为传播中国文化贡献自己的力量。

每次的重要活动都离不开国家汉办及曼彻斯特总领事馆的支持，我们深深感受到了祖国的关怀和支持。总领事、副总领事都会来参加我们的文化活动，或发贺信支持我们的工作。我们也常向领事馆汇报孔子课堂的工作情况。

2015 年，习近平主席访英，我有幸作为教师代表受邀参加了全英孔子学院／课堂大会。西安博爱国际学校校长南国庆先生向国家汉办领导及欧洲处的项目领导汇报了孔子课堂成立 7 年来所做的工作，受到了高度的肯定，这给了我极大的鼓舞，决心把孔子课堂的工作做得更好！

2016 年 10 月，即将离任时，我们孔子课堂受邀参加曼彻斯特总领事馆举办的曼城地区汉语教学座谈会，并收到了总领事馆的感谢信，这都是对我们工作的最大褒奖。

三、文化碰撞

远在异国他乡，要说没有些许的文化碰撞是不可能的。

在教学工作中，我们决不能给学生随便吃东西、喝东西，因为很多孩子都对坚果、牛奶、蔬菜，以及你想不到的各种食物过敏。

跟年龄小的学生不能有肢体上的接触，用词也要谨慎，不能涉及任何歧视、带有侮辱性意味的词语。

未经家长许可，绝对不能给未成年学生拍照片，更不能发到网上。

上下级关系方面，由于森严的层级体制，所有事情都必须要获得上级领导的批准才能进行，绝不能先斩后奏。很多看似绝妙的创意，在英国是行不通的。比如说，我们本来打算举办一场中国美食文化活动，却被告知没有卫生执照，是不能给公众烹制食物的，最后协商的结果是，我们做的中国美食，他们只能看，不能吃。

生活节奏方面，因为这里只是一个普通的小镇，生活节奏真的太慢太慢了，看病要预约，装网线要预约，修热水器要预约……就连搞活动的场地都要提前两三个月预约。一向性急的我，慢慢也适应了先发邮件预约，来回两三次，最后再打电话催的模式，倒也学会了"凡事预则立，不预则废"，注重提前计划。

任何事都有两面性，"慢热"的好处就是在规则之上得以稳定持久。后来，无论与英国同事，还是机构工作人员，都能够彼此信任、务实高效地保持合作，工作也越来越顺心如意。

至于英国的皇家邮政以及各种物流，网上的吐槽已经太多。没错，是真的。可能你已浪费了一天公休时间，期盼着快递就要翻山越岭地来了，才发现邮递员不知道什么时候默默给你家塞了张卡片说，我来过了，你不在，帮你放在邻居家了，或者干脆留个仓库地址，让你自己去取……

当然，也有很多暖心的人和事，在困难时伸出援手的同事和朋友，工作不顺时与你谈心的领导，那个不常碰面、却在大年夜专程赶来送西安特产的主任，因为孩子通过了中文考试专程来致谢的父母，以及每个生日、节日都能收到许多学生送来的贺卡。这些看似寻常的举动，在异国他乡，给我带来了很多温暖。

3 年过后，我被外派教师的生活打磨成了标准的"佛系"青年，多了不少耐心，少了几分浮躁，考虑问题更加周全，也更愿意站在他人的角度思考问题、替别人考虑，内心变得更为宽阔和包容。

四、结语

这 3 年发生了太多的故事，让我在异国的历练中成长了不少，无论是在工作还是生活方面，都得到了极大的锻炼，能力也提升了不少。希望有志于出国任教的同学们抓住机会。世界那么大，一定要去看看！选择你所爱的，爱你所选择的。愿你有理想，愿你有所得，愿你所爱终成事业！

图 1　杨青箐老师在英国做传统文化工作坊

思考题：

1. 作者在生活和工作方面提到了很多在跨文化背景下发生的案例，对你有什么启发？
2. 如果在海外开展活动中遇到了案例中提到的问题或者冲突，你认为应该如何运用所学的跨文化交际知识来解决实际问题？请尝试举例说明。

专家点评：

　　在赴海外进行汉语教学时，教师自身本就处于跨文化交际的环境当中，因此往往有很多细节会被教师忽略，所谓"只缘身在此山中"即是这个道理。案例中的老师在任期结束后，通过自己的反思，才察觉到原来自己在海外的教学和生活中经历了这么多跨文化的冲突。

　　从案例中提到的初期赴任开始，因为经历了培训、等待相对漫长的过程，很多教师对于海外汉语教学抱着很大期待。在抵达目的国之前，所有获取的信息都是来自他人，身处异国时，还是会感到一定的困惑。这种困惑如果不及时处理，就会逐渐转化为不适应，甚至是文化休克。通过案例中老师的经历，我们可以知道，在赴海外前，准备工作一定要做到位，尤其是心理准备，提前收集有效信息，切忌"两眼一抹黑"。对当地的情况有了一定了解后，及时调整自己的心理预期，才能在异国他乡愉快地生活、工作。

　　在案例当中，老师首先强调了异国的职场生活与中国有所不同，有着严格的层级体系。刚刚到任的老师可能对此并不熟悉，但是逐渐就会发现，在这里上下级关系是非常分明的，不能企图"越级"。所有的事情都有相对固定的程序，比如很多事情应该先预约，也不能因为自己的事情着急而催促对方，这样会引起对方的不快。在工作管理方面，英国领导对于下属的管理也有所不同，领导需要你实时汇报自己的工作情况，而不是自己埋头苦干就行。领导掌握你的工作动态，才能更好地给你意见与帮助。因此，在海外的职场生活中，我们应该主动适应当地的规则，只有这样，才能受到当地人的欢迎与尊重，更好地开展自己的工作。

　　其次，欧美国家对老师的要求是非常严格的，尤其是对中小学教师。他们首先会对教师个人的无犯罪记录情况做调查，确保无误，才会得到进入中小学教学的许可。作为汉语教师，在海外中小学工作时切记不能触碰底线，比如与学生有身体接触，或者不适当的言语批评等。

第三，在英国当地开展中国文化活动时，也需要提前了解当地的法律，尊重当地人民的习俗。案例中的老师在准备开展关于食品的文化活动时，首先询问了当地的领导，发现没有营业执照就不能向公众提供食物，于是巧妙地与领导进行沟通，将品尝改为了参观，虽然当地受众的体验不一定能达到最佳，但是也达到了活动的目的。因此，在开展中国文化活动时，我们应该提前与海外的领导沟通，最终选择合法的最佳方式开展工作。

最后，英国人的生活节奏与我国可能不尽相同，尤其是小镇的生活，相对安逸，节奏慢。有的老师可能因为不能适应当地的慢节奏而感到焦虑。这时，我们应当主动调整心态，多想想这种慢节奏生活的优势，比如能够建立更加持久、稳定、信任的社会关系，有条不紊地办事，这样才能让自己更好地融入当地的生活。

这篇案例中的老师在英国教学整整3年，对英国的职场与生活环境日渐熟悉，并通过工作了解了当地的法律、规定以及习俗，运用自己的跨文化交际能力逐渐适应了当地的生活。海外的生活不会一帆风顺，我们应当遵守当地的规则，有所准备，随机应变，才能在教学与生活中被当地人所接受，进而有效地开展工作，将优秀的中国文化远扬海外。

在"玫瑰王国"的"民间外交"

作　　　者：冯丹丹（上海市大宁国际小学）
赴任国家：保加利亚
教学对象：社会各阶层人士
点　评　人：开海峰（上海外国语大学）

　　保加利亚位于欧洲巴尔干半岛东南部，东濒黑海，北隔多瑙河与罗马尼亚相望，南同土耳其和希腊接壤，西与塞尔维亚和马其顿为邻，国土面积11万平方公里，人口759万。首都索非亚是全国政治、经济、文化中心，主要海港城市有瓦尔纳、布尔加斯等。保加利亚以盛产玫瑰和玫瑰精油而闻名，是著名的"玫瑰王国"。

　　保加利亚有两所孔子学院，分别是索非亚大学孔子学院和大特尔诺沃大学孔子学院。著名语言学家朱德熙先生（1920—1992）曾任教于索非亚大学。

去保加利亚之前，对她的最初印象便是"玫瑰王国"。巴尔干山脉下，河谷悠悠，漫山遍野盛放着玫瑰，馥郁的香气弥漫山间……心情都会随之而芬芳起来。玫瑰花、玫瑰精油、玫瑰香水……种种浪漫的念想构成了我对保加利亚的憧憬。

2017 年的秋末，等待许久的签证终于办理好了，带着"民间外交官"的光荣使命，我和一众小伙伴风尘仆仆地飞到了保加利亚。

一、舒门大学

我所在的教学点是大特孔院下设的舒门大学，舒门是保加利亚舒门州的首府，也是保加利亚的文化发源地。几片开放的树林、几幢的教学楼构成了这所简单质朴的大学。在舒门大学我共带 2 个班，分别是初级班和中级班，学生年龄跨度为17—60 岁。除了汉语课，我每周还有中国文化课。

第一周上课的经历让我深刻认识到，激发兴趣与灵活运用教学法是多么重要。

我在教学中经常遇到难题，如受母语的影响，保加利亚学生总是掌握不好去声，出现"四声下不来"的情况，发后鼻音时常常带出"/k/"音，每次都要反复纠正。我也不断思考如何能把语言点讲得更清晰明了，以便学生更好掌握。

教学节奏虽慢，但学生渐有收获。10 个月下来，初级班进步尤为明显，不仅日常问候、询问国籍、报房间号码、日期等语言点能熟练掌握，甚至还能介绍自己的家庭。作为老师，我获得了满满的成就感。

文化课，让我紧张而又期待。因为需要用英文讲解，得提前准备很久，还要练习英文发音；但可以尽情地为学生展示中国的传统文化和历史，探讨他们感兴趣的各种话题——春节、毛笔、中国画、音乐、传统建筑、十二生肖、京剧……每周的文化课上，除了传统文化，我还会介绍当代中国的成就与发展，比如高铁、航空航天、手机支付、共享经济等等。

通过上文化课，既传播和弘扬了中国文化，也提升了自我，增强了身份认同感。每节课的末尾，我都会用视频介绍展示一个中国城市，让学生更好地了解中国的当代风貌。学生们对中国文化的理解常常让我惊喜。他们对中国的城市都有浓厚的兴趣，他们常说如果有机会一定要来中国看看。

二、回"娘家"看看

独自在教学点待久了，就会特别期待到孔院与志愿者大家庭会合。从舒门去孔院所在的大特市，要坐两小时的车，每次都像回"娘家"一样。

我和小伙伴们一起参加孔院培训、准备春节文化活动、包饺子、看春晚、过除夕。在异国他乡，我们相互依靠，举杯同饮，把对故乡的思念化在酒中，把青春浓墨重彩地留在这片土地上。

三、友谊俱乐部

印象最深的一件事是受邀出席中国文化交流活动，活动由中国国际广播电台保加利亚友谊俱乐部举办。一直教成人汉语的我在这次活动上第一次接触了小孩子。当天，舒门下起了大雨，不得已迟到了几分钟，本以为孩子们会不高兴，没想到我一进去，他们就朝我跑来，给我献花。他们唱了著名的《茉莉花》，表演了中国舞蹈，展示了中国元素画作，以及他们娴熟的用筷子技能。

他们问了很多问题，例如"最喜欢保加利亚哪个城市？""最喜欢保加利亚什么食物？""中国一年级小孩要学习多少个汉字？"我们在现场一起学习了数字"1—10""我爱你"等汉语表达，我还给他们介绍了中国的美食，如饺子、北京烤鸭、火锅、小笼包等，还有他们最喜欢的大熊猫。孩子们都很兴奋，气氛很热烈。那一天，我深深地体会到了作为汉语教师的幸福感。

四、慢节奏的生活

保加利亚与其他欧洲国家不同，风景大多未经雕琢，粗犷中带着原始和天然的味道，像一个素颜的姑娘，有一种别样之美。保加利亚的慢节奏生活也让人印象深刻。去相隔不算远的城市常常需要五六个小时的车程，去政府部门办事也要等很久才能得到回复。后来，渐渐习惯了这种慢节奏，自己倒也变得沉静下来。

也许保加利亚人并不需要那么高的效率，他们乐于享受慢悠悠的时光，待人接物上永远是那么的耐心和友好。走在路上，司机为行人让路，坐火车总会遇到热心的陌生人，还有问路时不厌其烦为你指引方向的路人。"慢"，使保加利亚人具有优雅和沉静的品质。

保加利亚的列车非常传统，车厢的玻璃窗还是可以打开的。在阳光灿烂的初夏，慢悠悠的火车上，耳朵里听着音乐，打开窗户闻着槐花香，看火车穿越山谷树林，那种惬意深深印入心田，令我至今难以忘怀。

我经常遇到列车晚点的情况，有时候甚至晚一两个小时。但周围的保加利亚人总是一副毫不在意的样子，他们大概早就习惯了，并不会恼怒，而是静静地等候，或是拿出一本书来细细品读打发时间。司机总是缓慢地驾驶，若前方遇到行人，远远地便开始减速让行。若遇到飞机晚点，保加利亚人会在机场点一杯咖啡，和朋友慢慢地喝，慢慢地聊，咖啡喝完了，飞机也来了。

因为"慢"，所以淡然，因为淡然，所以心态平和。在保加利亚的时光让我学会多一分耐心，面对一些事情，换个角度去思考，心态好了不少。

五、摇头"YES"点头"NO"

保加利亚的身体语言也很有趣——摇头"YES"点头"NO"。的确，保加利亚人很喜欢摇头，特别是跟人对话的时候，两只手一摊，脑袋左右一晃，那就告诉你"这事儿，有戏！"如果很严肃地上下点头，就是义正词严地拒绝了。

六、玫瑰王国

传说创世之初，上帝分配土地时，保加利亚人来迟了，软磨硬缠之下，上帝决定赐予他们自己的后花园。上帝的后花园开满玫瑰，于是保加利亚就有了世界上最著名的玫瑰。

保加利亚最著名的是卡赞勒克的玫瑰谷。它位于巴尔干山脉南麓，东西狭长，约100多公里，北面雄伟的巴尔干山为它挡住了寒气，湿润空气从地中海穿峡而来，南面又有暖流，加上南边登萨河的滋养，这一切为玫瑰提供了绝佳的生长环境。

卡赞勒克小镇每年六月都会举办盛大的玫瑰节。玫瑰节上有玫瑰采摘仪式、歌舞表演和盛装游行等活动，节日当天还会选出"玫瑰皇后"。

姑娘们身着民族服饰，手上挽着盛满新鲜玫瑰花瓣的花篮，小伙子们一边引吭高歌，一边争先将最美的采花姑娘抬到广场上，跳起传统的霍洛舞。而姑娘们会将一串串的玫瑰花挂到尊贵的客人们的脖子上，并将玫瑰花瓣抛洒到空中，为客人带来最美好的祝愿。沐浴着保加利亚灿烂的阳光，空气里都是沁人的花香。

保加利亚的确不负"玫瑰王国"盛名。走在路边，经常可以看到家家户户种植的玫瑰，从庭院的篱笆和刻有雕花的窗棂上伸展出来，嵌映在落日的余晖中，仿佛把往昔典雅的时光凝固了，人在其中如同置身童话世界，嗅着玫瑰的清香，忘我徜徉。

保加利亚种植的是大马士革玫瑰，属于国际香型，出油率高，所以保加利亚玫瑰精油被喻为"液体黄金"，1公斤玫瑰油在国际市场的价格相当于1.5公斤的黄金。它的珍贵之处在于，可用于制作高级香水，1公斤高级香水只需加两滴玫瑰油即可制成。

此外，在保加利亚如果送花给朋友，一定要送单数！因为只有在参加葬礼时，人们才会送上双数的花。

七、保加利亚性格

保加利亚人生性腼腆而不张扬，例如我走在街上总会引起他们的关注，而他们对人好奇的方式仅仅限于用目光注视。偶尔也会碰到热情的保加利亚人跑过来要联系方式。我有时被当成日本人，对方用"空尼奇瓦"打招呼，我总会笑着用中文说"你好"。我经常想，增强中国的影响力，国家在努力，汉语教师志愿者更应努力，尽管我们的力量微乎其微，但也要从点滴做起，从展现当代中国青年应有的形象做起，以后会有越来越多的欧洲人用"你好"跟我们打招呼。

八、旅途的风景

来保加利亚不久，鲁塞的小伙伴邀我一起去看多瑙河。那是我第一次独自坐车去别的城市，心中有些忐忑，然而坐上迷你巴士一路悠闲地看着美景时，心中的不安烟消云散。

在鲁塞，那是我第一次见到传说中的蓝色多瑙河。河畔是悠悠的青草，青草上有追随我们而来却又极其温顺的流浪狗，有躺在长椅上沐浴阳光的保加利亚人，远处的街道上还有年过花甲却依然弹唱自如的流浪歌者。蓝色的河、微凉的风、飘动的云，一切都在流动，但一切又似乎是静止的。在这样的美景里，思绪可以尽情地放空。

初冬，和其他小伙伴相约去普罗夫迪夫。9个人的中国旅游团，走到哪都能引起关注。普罗有大量的罗马古迹，仿佛在向我们讲述一座城市的过往，有以雕花祭坛和阶梯式古钟楼闻名的巴利尼教堂、陈列古罗马帝国石刻的历史博物馆、两千年前的古城墙以及古罗马露天剧场，还有各种文艺小店和咖啡店。

后来也去了首都索非亚很多次，那里有陶瓷砖铺成的俄罗斯林荫大道、缓慢前行的电车、古老的陵墓、民族画廊，在现代中保留了东欧特有的古典韵味。走在铺着电车轨道的城市道路上，看着保加利亚人悠闲地喝着咖啡、谈笑风生的样子，真羡慕他们能有如此惬意的生活。

除了和小伙伴相约旅行，最开心的就是和学生一起旅行，这也算教授成人汉语的一件乐事，课堂外能和学生像朋友一样一起游山玩水。在保加利亚的 10 个月，和他们一起看过起伏山峦上的皑皑白雪，坐火车去加布罗沃穿越过万木竞秀的深山谷地，看过 Madara 的奇特山洞，开车在路上领略过广阔的平原、湖泊、河流纵横交错的美景，经历过炎炎夏日在黑海细腻的沙滩上一起晒太阳吹海风的浪漫。

时间过得太快，但零碎的美好片段总能拼成记忆版图，也许有一天我们还会相逢，若不能再相逢，就让我好好铭记住这段青春。

图 1 冯丹丹老师教保加利亚小朋友跳中国民族舞

图 2 冯丹丹老师在保加利亚参加中国文化交流活动

思考题：

1. 在海外任教，这位教师除了教学，还有哪些收获？

2. 你认为案例中志愿者面对文化差异的态度可取吗？

3. 你怎么看待"入乡随俗"？

专家点评：

这篇案例是一位赴保加利亚的汉语志愿者教师对自己一年海外工作、生活的感悟和回顾，案例内容丰富、表达细腻，从多个侧面勾勒出汉语教师眼中的"玫瑰王国"。

案例更多地在讲述保加利亚的风土人情、文化体悟，比如保加利亚的慢节奏、当地人的友好腼腆、使用体态语的文化差异等。通过这些细致的描述可以看出作者作为汉语教师具有的敏锐性和跨文化能力，多观察、多思考，尽可能成为工作、生活中的有心人，对适应海外教学工作大有裨益。

感性的描述能体现出这位汉语教师对他国文化接受、包容、融入的态度。我们可以看到她在异国的生活虽然"去相隔不算远的城市常常需要五六个小时的车程，去政府部门办事也要等很久才能得到回复"，却没有焦躁抱怨，而是"渐渐习惯了这种慢节奏，自己倒也变得沉静下来"。面对文化差异，她的态度是"面对一些事情，换个角度去思考，心态也好了不少"，不仅能理解当地人的"慢"，而且自己积极调整心态，变得平和。因具有积极开放的多元文化心态，她在国外的工作变得从容、顺利，这也是国际汉语教师应具备的素养。

这则案例对汉语教学的描述不多，从其不多的介绍中还是可以看到她善于发现问题、通过汉外对比找出教学中的难题，且重视在教学中激发学生的兴趣。虽然案例中教学部分的介绍有些简单宽泛，但从作者自己的感受中我们仍可以了解她教学中收获满满的状态。

我认为志愿者教师在海外从事汉语教学，很多情况下遇到的挑战不在于语言知识，而在于如何激发学习者的兴趣，面对零起点、对汉语一无所知的学习者，如何播下一颗种子，使他们爱上汉语是汉语教师所面对的难题。我们也希望有更多的案例来探讨这方面的问题。

我在斯洛伐克教汉语

作　　者：颜晓尹（苏州工业园区东沙湖学校）
赴任国家：斯洛伐克
教学对象：学前儿童、大学生
点 评 人：李瑾（对外经济贸易大学）

　　斯洛伐克是位于中欧的内陆国家，为欧盟成员国，也是世界上城堡数量最多的国家之一。官方语言为斯洛伐克语，属于印欧语系斯拉夫语族，同波兰语和捷克语相近。目前，斯洛伐克有两所孔子学院，布拉迪斯拉发孔子学院和考门斯基大学孔子学院。

　　日本作家伊坂幸太郎在《余生皆假期》里写道："一味沉湎于过去是毫无意义的。一直看着后视镜是很危险的，会出交通事故哦。开车的时候必须专心地看着前进的方向。已经走过的路，只要时不时地回顾一下就可以了。"的确，行路应一心向前，但偶尔看看来时的路，不时回顾一下，也能给你一些温暖和力量。

抵达欧洲的第一天，在从奥地利的维也纳机场到斯洛伐克的尼特拉的路上，我想和司机交流，但他不懂英语，我也不懂斯洛伐克语。一个半小时的静默之后，顺利到达宿舍，遇到一位和蔼可亲的阿姨。她同样不懂英语，但猜出我是新来的汉语老师，于是带我上到二楼，做登记、取钥匙、进房间，比划着，我们终于明白了彼此的意思。

第一次开始了解这个国家。来之前，对斯洛伐克的印象，还停留在小时候历史书上的国名"捷克斯洛伐克"。从 1993 年 1 月 1 日起，斯洛伐克就与捷克和平分离，成为独立国家。事实上，这个国家比我还要年轻。朋友们都问我为啥选择这个中欧小国，我说，以前接触了不少欧洲大国的学生。斯洛伐克让我觉得新奇，我做汉语志愿者，希望该国的学生能多了解中国，多学汉语。缘分来自好奇之心。

斯洛伐克像是一个桃花源，人们生活安定平和，气氛和谐温馨，也让我们内心平静。这个国家很小，像一枚精美小巧的手工艺品，有棱有角却又细腻温柔。这里空气清新，群山绿树。短短的 3 个月里，我已经看过了这里的两季，秋天黄叶遍地，冬天白雪纷飞。我偶尔也会感伤，想到这么美丽的景色，却只能看到一次，颇为惆怅，但转念一想，恰恰更需珍惜。

斯洛伐克人勤劳务实，凌晨 6 点半，路上已车水马龙。他们内心热情，熟识之后，见面会热情问好，遇到问题也会热心帮助。唱歌跳舞户外运动，他们都很热爱。

在这里，汉语是作为语言兴趣课程开设的，我在一所大学和一家双语幼儿园教汉语，课时虽不多，但每一次都要精心准备，同时，也要策划举办一些中国文化活动，把传统和现代的文化介绍给学生们。

第一次给低龄小朋友们教汉语，恐怕是我最狼狈的经历。早就知道小孩子们不好对付，注意力不能持久，但没想到竟然是完全坐不住。第一次上课有将近 20 个小孩子，而且要连上 90 分钟。

头天晚上，我准备了好多内容，如何有趣地介绍自己，如何让孩子们逐个介绍自己，怎么给他们测试汉语水平，再给他们分班，自认为准备得很充足。可当他们真正坐在你面前，叽叽喳喳，吵吵闹闹，仿佛浑身使不完的兴奋劲儿时，我的课程计划瞬间宣告失败。我扯着嗓子，举着卡片问他们"这是什么？"一两个孩子偶尔能回答一下，可更多的孩子是在说话、嬉闹、画画。还有孩子居然离开座位，跑上来对我说："Can I go to the toilet?"真让人哭笑不得。还有孩子跟你打小报告，说谁抢了她的橡皮。我都不知道是如何熬过这漫长的一个半小时的，下课的那一瞬间，我几乎虚脱了，心里全是挫败感。

正当我要逃离时，有个孩子跑上来，抱着我，说他喜欢我，疲倦感又瞬间消失了。孩子们真是"上课小魔鬼，下课小天使"，我体会到了小学老师们和幼师们的不容易！

之后，班级分好了，我也开始学习幼儿课堂的管理方法，寻找适合他们的小游戏。我开始使用口令语"一、二、三，不说话。三、二、一，端坐好"，后来，只要我一喊"一、二、三"，小朋友们就会条件反射般地一起喊"不说话"，这能让课堂马上安静下来。

我给孩子们做了考勤表，下课前考核他们是否认真听课了，也启动了奖励机制，搞分组竞赛，获胜方就能赢得小星星，如果五节课都表现优秀，就可获得一条折纸小鱼，如果特别优秀，还能得到神秘礼物。孩子们越来越认真了。

值得一提的是，这些孩子正处于语言学习的关键期，虽然不能长时间集中精力，但如果方法得当，他们还是可以学得很快的，儿歌《找朋友》和《两只老虎》只用半小时就能学会，记忆生词也非常快。

在大学教汉语，我就得心应手多了。课型很多，有为大一、大二学生开设的初级汉语课，有为博士生们开设的兴趣课，也有给学校老师、公司职员们增设的社会班。针对不同的人群，要采取不同的策略。大学生主要侧重于基本的口语交流，从拼音开始听辨认读，再教数字、饮料、水果等词汇，学习基本句式，一个学期13次课后，学生们就都能用简单的汉语介绍自己、朋友和家人了。在博士班和社会班，则要更多地介绍中国的经济、文化等，方便他们进一步了解中国。

在语言学习和交流的过程中，我也在学习他们的语言和文化，斯洛伐克人也爱喝茶，生活中不是喝咖啡就是喝茶，而且茶的种类很多，有绿茶、红茶、果茶、花茶，在斯洛伐克语里"čaj"的读音"chai"和汉语"chá"几乎是一样的。

来斯洛伐克一晃就3个月了，每一天都是新鲜的风景、有趣的人儿，相信在接下来的时光里，一定还有更多有意思的第一次。

思考题：

1. 作者为什么选择这个中欧小国？

2. 你想一想，作者为什么说"来时的路，不时回顾一下，也能给你一些温暖和力量"？

3. "针对不同的人群，要采取不同的策略"，你有哪些教不同人群学汉语的经历？你是怎么做的？

专家点评：

《我在斯洛伐克教汉语》标题很明确，阅读者在一开始会认为这是一段纪实文字，不同的是作者的写法却不只是叙事，而是加入了一些体会、感悟，让我们阅读起来更加温馨，淡淡的忧伤和喜悦随之流淌出来，也让人生出一些好奇心，进而想要追寻下去。

文章的开始并没有平铺直叙，而是通过引用一段其他作家的话来抒情。其实，这也是在确定文章的基调，即正如作者自己说的，"也能给你一些温暖和力量"。

文章紧接着的就是以时间为序，"抵达欧洲的第一天"一句话展开叙述，"第一次开始了解这个国家"顺势把标题中的话题的一部分"斯洛伐克"介绍给大家。于是，标题中的人物、事件、地点，作者让我们了解了其中的两件，只剩下事件一项了。

地点介绍完，新段落开始用表示地点的短句"在这里"直接过渡，自然地把我们带入了事件之中。对于"教汉语"这件事，作者直接介绍了自己承担了两类对象的教学，再次给出"第一次"，既引导了内容，也实现了与前文的呼应。也正是这个教学中的"第一次"充分展示了幼儿教学和大学教学的不同，作者以实例记叙，幼儿教学的场景生动地跃然纸上。

而有关大学汉语教学，作者则是理性地概述，重点突出了不同班的教学内容，集中在一起说明的信息量很大，让我们体会到了作者的辛勤付出。在异国他乡，如何才能甘苦共赏呢？语言文化的交流如何求同存异呢？一个小小的发现："茶，在斯洛伐克语里'čaj'的读音'chai'和汉语'chá'几乎是一样的"，把语言文化交流的原则具体化了，也提出了一种在交流中寻找快乐的方法。如此，这样一篇纪实的案例就如一幅画卷徐徐展现在我们的眼前了。

作者的抒写是完整的，一句总括"来斯洛伐克一晃就 3 个月了"，承上启下，以时间开头，再以时间来结束。最后的结束语"相信在接下来的时光里，一定还有更多有意思的第一次"则再次呼应上文，也在情感上赋予了阅读者更多交互空间，让文章更具有了积极向上的力量。

一

海外汉语教学案例

美洲、大洋洲篇

汉语课程白领学习者"生存指南"

作　　者：张曼莉（上海外国语大学）
赴任国家：意大利
教学对象：成人
点 评 人：杨金华（上海外国语大学）

意大利那不勒斯东方大学是欧洲汉语教育历史最悠久的大学之一，其开端可以追溯至 400 年前传教士马国贤的时代，我作为汉语教师志愿者就任于该大学的孔子学院。因为孔子学院结业证书是获得去中国留学的孔子学院奖学金的必要条件，且该孔院汉语教学口碑较好，因此"招牌课程"——基础汉语课的学员数量一直都较多，基础汉语三级、四级课程班级人数都在 20 人左右。课程面向坎帕尼亚大区招生，因此除了东方大学的学生之外，也有部分社会人士参加。

我在 2017—2018 学年第一学期担任基础汉语三级课程的汉语教师，班里共有 20 名学生，6 名是职场人士，其余 14 名是东方大学文史哲类学科的学生，我使用的课本是吴中伟主编的《当代中文》。

在基础汉语三级课程开始之前，我拿到了学生名单，发现班上有 5 名学生超过 35 岁，学生年龄差异较大。根据以往经验，进入职场的学生在学习态度、学习时长、学习专注力等方面与全日制学生有较大差距，因此在设计课程时，考虑实施小组管理，即把学生分成 4 个小组，在课堂中有意识地实行分层次教学，在满足大部分学生学习需求的同时，也可兼顾少数特殊学生的学习需求。

第一节课我播放了一个事先录制的自我介绍的视频，因为不能确定学生的水平，所以在视频中加了意大利语翻译。在自我介绍的后半段，我说自己很喜欢《哈利·波特》系列的电影，希望自己也可以加入格兰芬多，班级人数较多，希望大家仿效《哈利·波特》分成 4 个学院，并和小组成员沟通给自己的学院命名。

同时，我制作了一份汉语课堂手册，主要内容有两项：一、分组事宜，学生第一节课按照自己的意愿组成 5 人小组，一个月后可以申请更改。考试成绩包括课堂表现分数，其基础分数通过小组合作获得，每组成员分数相同；二、开学两个月后课堂表现分数最高的小组成员将被老师邀请至家中品尝中国菜和中国茶。这些准备工作做完以后，请学生自行分组。班上大于 35 岁的 5 个学生（35 岁、37 岁、39 岁、41 岁、49 岁）自动成组，取名"白领"组（后来了解到这 5 名学生从孔子学院的基础汉语一级开始学起，互相督促完成一级、二级的学习，并一起升入三级）。职场人士一共有 6 名，除了年纪大于 35 岁的 5 名学生，还有一名刚从学校毕业不久的学生，他和其他全日制学生在同一个小组。我没有按照一般汉语课程的套路，第一节课要求全部学生逐一做自我介绍，而是采用了每周一个小组来做自我介绍的形式。一方面是因为班级人数过多，在一节课的时间里学生做自我介绍过于密集，效果不佳；另一方面是因为以小组为单位自我介绍使学生有小组的归属感，便于后期小组教学活动的开展。

规矩立好后，接下来每单元的课程我都会在备课的同时考虑到职场人士小组的学生。意大利学生往往自尊心很强，有时明明听不懂中国人说了什么，还是十分认真地说"嗯嗯，我知道，我明白"。如果特意给这个小组的学生照顾，学生可能会认为我在质疑他们的能力。我的做法是在充分了解他们和班级其他学生的差距之后，给这个小组提供更多的材料，帮助他们完成学习任务。例如：第一，在制作教学幻灯片时，新语法尽量使用在《当代中文》中出现过的单词。第二，在课前给学生发词汇表或可能已经学习过的语法清单，告诉学生们如果已经学习过就扫读一遍，如果有问题可以课前 10 分钟问我，这个学期白领组的成员几乎每次上课前都会"请我喝咖啡"。第三，在教学素材的选择上，尽量贴近白领学生的生活。因为课本的功能和内容是面向大学生的，可能职场人士会对这些话题有距离感，所以在进行话题活动时，我一般不太依靠课本，而是给学生更多选择。如在学习"租房子"话题时，我设计的活动是，给出几幅图片，让学生选择后写出房屋出租的广告，让其他组来租自己的房子。在选择图片时，既有学生宿舍的照片，也有白领熟悉的高档公寓的照片。

除了上面提到的我为白领组做的一些课前准备，在课上和课后我也采取了一些措施践行分层次教学。首先在提问上，询问白领组的问题一般都是与课程内容高度相关的，而给其他学生的问题则会根据学生水平偶有设置超出课本的情况；在课堂提问时间上，一般会给白领组更多的时间去思考和准备，但是也会限制他们在课堂上问问题的数量，一般会告诉他们课后再讨论，避免耽误正常教学进度。在作业安排上，虽然作业量是一致的，但是我在私下里跟这个小组的学生说过，如果没有时间写作业，可以用语音的方式把作业发给我，但是同时提醒他们不写作业对期末考试成绩和课堂表现有影响。对这一小组的学生，不能像其他学生一样硬性要求他们的学习时间，并且对他们的读写要求也会低一些，但同时也要想办法让他们能够跟上教学进度。我最初以为白领组的学生作业完成率一定很低，但在实际教学中发现，这一组学生作业完成情况并不比其他组低，这是令人感到欣慰的。

对白领组课后投入和其他小组的形式不同。在学期开始后的第二节课课后，这个小组的学生提出，希望和我一起吃晚饭。因为那时我已经在意大利生活了一个半月，对意大利的社交礼仪有所了解，所以我答应了他们的邀约。其实，意大利和中国有一点相似，他们也是一个人情社会，吃饭是重要的社交方式，3 杯 vino di casa（家酿）下肚，没有谈不成的生意。当天晚上，我穿着略微正式的套裙赴约，看得出学生有一点点惊讶，随即充满赞许。当地的中国人多是生意人，不修边幅，所以意大利人对中国人有一些刻板印象，觉得中国人都不修边幅。当然，意大利人的晚宴的确很有仪式感，但是因为我在当地，并且这顿晚宴本身就带有教育意义，所以在态度上"不能输"。这顿晚饭的气氛非常好，这5名学员虽然不那么精通汉语，但英语都比较好，在自己的专业领域也都是不折不扣的精英：一名医生、一名建筑公司领导、一名时尚行业职业经理人、一名女高音歌唱家，还有一名个体从业者。和他们交谈就像在意大利各个领域里巡游，是很愉快的经历。他们的人生经历很丰富，对中国本来就充满好感，再加上我不遗余力的"夸奖"（都是事实），从历史文化到政治经济，从澎湃过去到激情未来，我们无话不谈。当我说到中国人不需要带钱包出门，不需要站在路口拦车，甚至不需要出门买东西的时候，几名学员都露出了羡慕的神情。同时，我也把我从小对意大利的向往真实地表达了出来，我为它那一段辉煌的历史（文艺复兴）而着迷。我们聊了古罗马的法律体系，也聊了波提切利；聊了那不勒斯的"混血"文化，也聊了洛可可在意大利教堂中的应用。那时很感谢在国内读过的书，让我能够不露怯，侃侃而谈，不至于给中国教师丢脸。并且，我实事求是地说，我在中国的受教育者中不过是一个很普通的人，如果他们想领略更多的中国的魅力，就应努力学习汉语去中国，去接触更多的朝气蓬勃、才华横溢的中国人。晚饭后的谈话持续到深夜，现在想来，这顿饭的意义深远，一方面在意大利这种人情社会，与职场人士有了私下的"交情"，以后就好说话了；另一方面，我在以后的教学中，始终能够得到白领组的信任，使他们保持对汉语的热情。虽然我和他们的年龄、社会阅历、职业类型之间的差距都很大，但是因为有强大的祖国作为我的"靠山"，所以我赢得了尊重。虽然我不是特别认同这种餐桌文化，但入乡随俗，这是让班级里学生的汉语水平都能得到提高所要采取的措施。况且，我还有另外的收获，那就是与他们长久的友谊。

通过在课前、课中和课后对班级中小部分职场人士的持续关注，并制定相应的教学计划，经过一学期的学习之后，白领组的汉语水平有了不同程度的进步，在期末考试中，有两名白领组的学员甚至获得了班级第三名和第四名的好成绩。我十分荣幸在成为他们朋友的同时，让他们对中国和汉语有了更进一步的了解，能够在繁忙工作的间隙，更有效率地学习这门美好的语言。

思考题：

1. 一般国外大学中都有社会人士与在校大学生同步学习，对学生年龄差异大的情况，你觉得采取什么教学方法更好？
2. 在国外进行汉语教学，你打算如何同当地学生交朋友？
3. 对于工作较忙、学习进度慢的大龄学生，你在教学或其他方面有何对策？

专家点评：

　　社会上的职场人士作为孔院学生和其他学生同步学习，这对任课教师来说是一个隐性挑战。面对比自己年龄大、社会经验丰富的学生，教师需要有足够的能力掌控班级，理顺全班情绪，让学生们形成以老师为中心的向心力，努力学习，互帮互学，积极向上，形成班级的良好学习风气。这对能否顺利完成一学期的教学进度和任务是至关重要的。上面的案例叙述的是一个学期的教学情况，向我们展示了一个有教学经验的青年教师对所在班级中几个大龄社会人士学生的"特殊关照"、实施分层次教学、最终使他们跟上全班的学习进度的完整过程。案例中，这位教师在因人制宜、分层次教学，根据大龄学生特点课后为他们准备合适的学习材料，和学生交朋友、建立融洽的师生关系等方面做了一定的尝试和努力，有不少可圈可点之处。

　　首先是因人制宜、采取分层次教学的对策。这位老师在接到教学任务时仔细研究了学生的年龄情况，发现四分之一的学生是超过35岁的大龄学生。一个班里的学生年龄差异过大，他们在兴趣点、朋友圈方面会形成"代沟"，在学习进度、记忆能力方面也会产生差异。这位老师果断采取了分层次教学的方法，在保证班级"大部分学生的学习需求的同时"，也能照顾到小部分学生的特殊情况。此外，她还对学生进行分组管理，班级的课堂教学如讨论、完成任务等都分组活动，让学生养成互帮互学的习惯，并培养他们的集体荣誉感。

　　其次是课前材料和课后练习切合实际。在每个新单元学习之前，这位老师在给大部分学生准备学习材料的同时，根据这些大龄学生的问题和差距，为他们提供更多的学习材料，以帮助他们完成学习任务。此外，学生预习新课的时候如发现问题，她也让学生课前十分钟找她提问来解答学生的疑难。这样，这些大龄学生就能趁"请老师喝咖啡"的机会找老师提前解答他们学习上的问题。由于课文内容和这些大龄学生的实际情况有差距，学习一般内容，与他们的实际情况缺乏关联，他们很难做到学以致用。这位老师善于动脑筋，利用相关话题，设计和这些学生实际情况有关的练习，这样这些大龄学生既能按要求完成交际任务，又能学到实用的东西。在课后作业方面，这位老师因为这些大龄学生工作忙而放松对他们的要求：可以用语音形式完成发给老师。但同时又提示他们："不写作业对期末考试成绩和课堂表现有影响"。这种不变的基本原则和灵活的方法并重，辅以恰当的学习材料和实用的交际任务练习，使这些大龄学生表现不俗："花更多的时间预习新课内容，积极参与课堂讨论，高质量完成课后作业"。通过一学期的学习，这些大龄学生有了显著进步，期末成绩很不错。从上面的情况可以看出，这是一位善于动脑筋、教学经验较为丰富、教学方法比较灵活的老师。

再次是善交朋友、建立了融洽的师生关系。在应邀与大龄学生共进晚餐的过程中，这位老师和学生侃侃而谈，聊人生，聊历史，聊国情，从过去到现代再到未来，显示出了中国青年教师善交朋友、友好、有知识、有魅力、有朝气的一面，赢得了这些大龄学生的尊重，建立了长久的师生友谊。

案例中有些部分可能会产生一些负面影响。例如，由于案例中没有较多的笔墨涉及整个班级的情况，因此给人的印象是，这位老师在处理这些大龄学生的事情上似乎给予较多的关注，而对班级的其他学生关注不够。这个做法有些欠妥，老师不应该在整个学期里更关注某个群体，而忽略了其他的同学。老师应该关注到班级每一个学生的学期情况和进步。

此外，学期结束时，作为奖励，这位老师只邀请期中和期末成绩最高的小组去家里品尝中国菜和中国茶的做法也是考虑欠妥的。作为老师，一是物质奖励要谨慎，奖励应该尽可能以精神鼓励为主；二是为公平起见，老师在期末可以请全班同学喝中国茶。如果学生有意的话，可以采用 AA 制和全班同学聚餐以示友好。总之，作为汉语教师和文化使者，考虑及处理问题应更为理性、全面。

让汉语课快乐起来

作　　者：彭鸢（上海外国语大学）
赴任国家：意大利
教学对象：大学生
点 评 人：缪俊（上海外国语大学）

　　2015 年 9 月，作为孔子学院的公派教师，我开始了在意大利的汉语教学工作。我所工作的孔院——那不勒斯孔院是意大利南部的一所汉语教学影响力较大的孔院。在那不勒斯孔院授课一学期后，我发现意大利学生非常喜欢学习汉语，但普遍存在一个较为严重的问题：汉语听说水平不佳。

　　在孔院实习当秘书的学生们来了一拨又一拨，基本都有两三年汉语学习的经历，有的是中文系学生，甚至是中文系在读研究生。可当我们中国老师试图和他们用汉语交流时，却发现相当困难。考虑到汉语对学生来说是外语，于是，老师们放慢语速，用简化的汉语耐心地和他们交谈。然而，学生常常因为听不懂或说不出，使师生交流无法进行下去。这种现象相当普遍，绝非个例。

我怀着好奇的心情展开了调研。调研对象包括：所教班级的学生，每个来孔院办公室的实习秘书，前来报名参加 HSK、HSKK 考试的学生。我试图通过访谈了解造成这一现象的原因。

根据调研，我得出了以下结论：

原因一：与汉语课程设置有关。很多意大利大学的中文系没有专门的汉语听说课、听力课或会话课。虽有汉语语法课，但课堂语言是意大利语。有的汉语课上听不到汉语，学生的汉语输入量远远不够。

原因二：大班教学占主导。一般的中文系班级规模较大，有些班级的上课人数多达 150—200 人。课堂中涉及听说训练的部分，虽有汉语老师，但因学生人数过多，一堂课下来，老师轮流提问，大部分学生只能开口一到两次，有的学生甚至根本没有和老师互动的机会。

原因三：使用教辅用具的意识不强。大学的教室里基本都能上网，在母语师资不足的情况下，其实可以通过使用电子教辅设备弥补缺陷。但当地的师生使用公共教学资源的意识不强。

学习外语，我认为应该"听说领先、读写跟进"。着眼于有效改善意大利学生的汉语听说能力，在一次孔院期末教学研讨会上，我提出了在孔院增设"汉语听说课"的建议。在阐明理由后，我的这一建议得到了院长和老师们的一致赞同。孔院的公派老师都是以汉语为母语的老师，应充分发挥这一优势，在较短时间内大幅度提高学生们的汉语听说能力。

课程报名网站上随即推出更新的课程介绍，特别强调了掌握听说技能对学好汉语的重要性。新学期伊始，听说课的报名人数大增，变成了排名第一的课程。

一学期的汉语听说课取得了预期的成效。教学质量问卷调查的数据显示，听说课是最受欢迎的课型。很多孔院的学员在反馈表中表示，还想继续在孔院学习汉语，特别是希望能报名听说课。更重要的是，上过听说课再来实习的学生，其听力和会话能力明显比没上过的要好得多，他们都愿意主动开口和老师们交流。

　　一学期的汉语听说课程我是这样设置的：一共 60 小时，一次授课 2 小时，每星期两次课，分别由两位中国老师教授。目的是能让学生接触更多的中国老师，听不一样的汉语母语者说话，有助于提高实际听力水平，也能让老师们有机会展示各自的教学风格。

　　课上，我给学生做了系统的安排。刚开始全面摸底，了解学生的现有水平。然后结合听说教学技能的要求和当地学生的特点、需求设置教学内容。期末时，再对一学期的内容进行总结。课程结束前，为进一步培养学生对汉语的兴趣，我利用一次上课的机会，向学员们介绍大学生"汉语桥"比赛，通过观看赛程和参赛选手的才艺比拼，开阔学员的眼界，也激发他们参赛的兴趣。

　　有一次，我把全班学生分成两组，让他们对"更喜欢喝茶还是喝咖啡"进行辩论。就这个辩题，我认为分两次课上完比较合适，以下是我这次听说课的教学过程。

一、第一次上课

　　环节一：确定上课形式是开展辩论赛，并介绍辩论赛的要求和过程。

　　首先，播放著名的《狮城舌战》片段，边看边解释辩论赛的环节，让学生有大体认识，并让他们了解外国人也能用汉语辩论，激发兴趣，增加自信，培养斗志。

　　环节二：把学员分成两组，一组正方，观点是"我更喜欢喝茶"。另一组为反方，观点是"我更喜欢喝咖啡"，并给学生一些时间准备辩论发言内容。

图 1　第一次辩论课

环节三：辩论正式开始。先让正方几位成员各自陈述观点，然后反方逐一陈述观点。接着，进入自由辩论阶段。学员们异常踊跃，我则在一旁仔细观察，并把学生们发言过程中出现的各种偏误和辩论中出现的问题都一一记录下来。虽然大家兴致很高，但说着说着，就发现观点比较单一，内容不够丰富。正方观点多集中在学过中文或去过中国，对中国文化感兴趣，所以更喜欢喝茶；而反方观点则主要集中在西方人喝咖啡是传统，喝咖啡能提神醒脑。

环节四：教师讲评。辩论进行了不到半小时，我赶紧叫停，进入教师讲评环节。我从两个方面进行讲评：第一，对刚才辩论中的语言偏误进行纠正，帮助学生更好地用汉语表达。有的学生情急之下，会冒出来"我回来意大利以后"这样趋向补语的偏误，有的则说出了"我比茶更喜欢喝咖啡"这样结构错误的语句，还有的学生一激动就语无伦次，我都一一纠正。辩论中，有学生喜欢进行人身攻击，比如，有个正方的男生对反方的女生说，"你说喝咖啡能减肥，你为什么现在还是那么胖？"我告诉他们辩论也要讲究风度，不能人身攻击。第二，介绍一些辩论演说技巧。比如可以从不同的角度来阐述各自的观点。喜欢喝茶的，可从茶的起源、中国人喝茶的传统、茶的种类、茶的不同功效、茶和养生的关系这些方面分别论证自己的观点。又比如，辩论时，应该简明扼要地阐述自己的观点；加强论证的方法时可使用事实例证、引用论证、对比论证等方法；在强调观点时可多用排比句式，用含强调结构的句式；驳论时要抓住对方说话中的漏洞进行反驳等。

学生听得津津有味，意犹未尽。

下课前，我布置了作业，让学生修改他们自己的发言提纲和内容，特别是要纠正表达中的语言偏误，下次上课再重新进行一次辩论。

二、第二次上课

环节一：5分钟的热身，主要是温习上节课的主题及重申辩论要点。学生们早就按捺不住了，一个个跃跃欲试。显然这一次，他们的准备更加充分，目标也由单纯的赢得辩论赛转变到注重语言表达和辩论效果。

环节二：第二次辩论正式开始。学生们的语言表达更加准确，用以支持论点的论据更加充足，体态语的使用也很得体。他们唇枪舌剑，一环扣一环，好不精彩。

更有一两位幽默善辩者，舌战群儒，一次次把辩论推向高潮，不时引来阵阵笑声。

有一位反方的同学 Krisitin 特别厉害，他提出了"喝咖啡代表了那不勒斯人的生活节奏"，他介绍了在那不勒斯有"咖啡 sospeso"的民俗——"咖啡 sospeso"的意思就是当一个人在咖啡馆买一杯咖啡时，他还可以同时为一位喝不起咖啡的穷人买一杯咖啡，相当于我们说的"1+1 咖啡文化"。Krisitin 认为这种民俗最好地体现了意大利人的善良和同情心。

这次的辩论的质量明显高于第一次。从学员们的体态语就能发现，他们更加成熟自信了。我依然在一旁做记录。

环节三：辩论结束后，教师讲评。我对学生们取得的进步给予了肯定、表扬和鼓励。这次，他们的语言偏误明显减少了，还使用了一些好词、好句来为自己的辩论观点锦上添花。我对每位学员的表现都做了总结。

就这样，一堂口头辩论课分两次上完了。学生们都觉得受益匪浅，进步也很明显。他们对汉语表达有了更多的自信和兴趣。随着口语表达能力的提高、词汇量的积累，学生听的技能也得到了很大的提升。

图 2　第二次辩论课

思考题：

1. 如何满足高年级学习者进一步提高汉语水平的需要？如何吸引海外汉语学习者在迈过"零起点"之后不忘继续学习、终身学习？
2. 为什么学生们对汉语辩论赛热情高涨？还有哪些深受学生欢迎的"听""说"活动？
3. 为了保证"辩论赛"达成教学目标，教师应该做好哪些准备？

专家点评：

茶是中国走向世界时亮出的一张文化名片，咖啡则是西方人生活中不可或缺的日常饮品。茶与咖啡的碰撞不仅仅是舌尖味蕾的对决，也是中西生活方式、历史文化传统的亲密对话。有趣的是，这一次为茶和咖啡代言的双方都是地地道道的西方人，而对话使用的语言则是汉语。

本例中，彭莺老师以"更喜欢喝茶还是喝咖啡"为题组织高年级听说课学生进行辩论，生动地展示了一次富有想象力的汉语教学活动。如何吸引高年级学习者继续学习汉语？如何帮助他们进一步提高汉语水平？对许多人来说，问题的关键在于：在课堂里学到的汉语在走出课堂以后是不是还有用？那么，置身海外，汉语的用处究竟在哪里？参加这次辩论赛的学生们想必已经找到了答案——他们可以用汉语介绍自己熟悉的生活，或者，他们也可以用汉语了解自己向往的文化。

解决了"为什么学"的问题，接下来看"该怎么学"。和初级阶段教师手把手带教不同，高级阶段学习者大都已经具备了一定的汉语基础和自学能力。他们不再需要教师反反复复介绍基本知识，而是更倾向于在实际运用中锻炼语言能力，提高汉语水平。辩论赛提供了一个实际运用汉语的好机会。赛前双方都要阅读、翻译各种资料，撰写发言提纲；在赛场上，大家轮流陈述观点，听取对方的意见并加以反驳……听、说、读、写得到了综合运用，伴随着说服对手的渴望，每一位参与者都得到了充分的锻炼。

开展辩论的过程中，老师去哪儿了？彭莺老师正忙着记下双方发言中的偏误和辩论中的问题，找机会给大家补课充电：从汉语表达、文化知识一路讲到辩论技巧，条分缕析，谆谆教诲。

对高级阶段汉语学习者而言，辩论在许多方面都能满足其锻炼汉语能力的需要，而一场高质量的辩论离不开汉语教师的精心策划和组织。本例中辩论赛分两次课进行，可以看到在每一个环节教师都发挥着重要作用，确保达成预期的教学目标。

辩论或许最终也难分胜负，但每一位参与者都从中受益匪浅。当茶和咖啡碰撞在一起，茶香和咖啡的气息在汉语课堂上氤氲缭绕，令人齿颊留香。汉语教师正是那一位将两种芬芳融合起来的调香师。

语言学习也要有仪式感

作　　者：王宏伟（上海外国语大学）
赴任国家：日本
教学对象：社会各阶层人士
点 评 人：王晓光（青岛大学）

　　2017 年开始，我作为汉办的外派教师任教于大阪产业大学孔子学院。2017—2018 年度第一学期结束时，我所任教的 8 个班级中，除了 HSK3 级和 HSK6 级训练班，其他 6 个班级我都请学生做了学习汇报，即给出一个话题，请学生在最后一堂课做 3 分钟的演讲，话题及内容自己选择，必须用上 6—8 个所学语言点，基本上是一学期所学语言点的 30%。不过，6 个班中，只有口语速成班的学生完成率达到了 100%。2017—2018 年度第二学期结束时，这 6 个班中 5 个班的学生完成率达到了

100%。

　　大阪产业大学孔子学院每个班一学期只有 15 次课（约 30 小时），学员主要是社会人士，而且平均年龄近 47 岁。由于种种原因，学期结束时无法像一般学校那样进行正规期末考试。为了让学生能真切感受到自己一学期的收获，也为了督促他们复习，2017—2018 年度第一学期结束前一个月，我跟大家商量在最后一堂课时每个人做一个 3 分钟的演讲，要求如前文所述。很多学生担心自己做不到，也有学生表现出了很强的畏难情绪，不过最后他们都同意了。我给每个班的学生 3 个星期的时间准备演讲稿，我修改后录入电脑，打印出来再发还给他们，学生带回去后还有一个星期的时间准备演讲。最初交演讲稿时，大部分学生都边摇着头边说："太难了，实在是太难！一定有很多句子写错了。"但当我把修改好的文稿发还给大家时，我能感觉到大家的欣喜，甚至提到一星期后的演讲时学生有了跃跃欲试的兴奋感。一个星期后，我将所有学生的演讲稿整理成册，并做了封面、目录等，仿佛班里每位同学都成了作家，这是属于他们自己的"文集"。同时，我为每个班做了一个"播报"幻灯片，最后一堂课时，我会扮演主持人的角色，努力让大家充分了解身边的同学写了什么、说了什么、做了什么。同学演讲时，大家拿着"文集"边看边听，不时发出恍然大悟的感慨，甚至对文章内容啧啧称赞。

　　2017—2018 年度第二学期结束前的一个月，我把本学期学习汇报的要求发给了各班，也像上一次一样，在演讲前帮学生们修改演讲稿并将文章录入电脑、整理成册。这一次，6 个班只有一位学生没有完成，因为他本学期连续出差，不但出勤率不到 50%，而且最后一次课直到下课了才匆匆赶到跟大家告别（学期结束时的告别）。全体同学整体完成率显著提高，并且各班百花齐放，有的学生准备了生动的幻灯片，有的学生带来了跟自己准备的演讲内容相关的道具，还有的学生近 1 000 字的内容完全脱稿讲出来，甚至还有一个小细节——我发现大家都穿得比平时更"隆重"。当然，更重要的是，学生们说汉语更有自信了。

　　对于每个星期只花 2 个小时、4 个月只花 30 小时学习汉语、平均年龄近 47 岁、又很少有机会与中国人进行语言交流的日本学生来说，做一个 3 分钟的演讲并不简单。但是 2017—2018 年度两个学期的两次学习汇报，学生们的表现有了明显的提高，这不能不归功于最后一堂演讲课的仪式感。从构思、成稿、修改到成集，这一系列的准备只为了最后的 3 分钟，而这 3 分钟也正是对之前 30 小时努力的一次检验。因为这一有仪式感的检验，有的学生甚至在开学初就准备起来了，比如中级 B1 班的一位 70 岁的老先生，他在打工时就随手抓拍，最后呈现的《半夜送报》让大家大开眼界，也大饱耳福。还有几位学生向作文比赛投了稿，并取得了优异的成绩。

附件：中级 A 班学习汇报

中级 A 班
学习汇报
2019 年 1 月 17 日

图1 学习汇报的封面

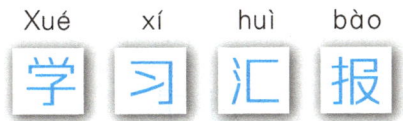

我们就要跟 2018 年说再见了。这一年里，我们每个人都有着各自不同的经历，或喜或怒，或哀或乐。请大家准备一个 3 分钟的演讲，分享一下您在 2018 年里最难忘的一件事。可以做幻灯片（也可以不做），但是这个学期学过的语言点至少要用上 7 个。

学过的语言点：

1. 吸引

2. 之所以……是因为……

3. 却

4. 趁

5. 偷偷

6. 显然

7. 犹豫

8. 动词 + "住"

9. 动词 + "到"

10. "下去" 的引申用法

11. "下来" 的引申用法

12. 尤其

13. 果然

14. VP+ 的 +NP

15. "起来" 的引申用法

16. 而且

17. 凡是……都……

18. 别说……就是……也……

19. 白白

20. 从此

目 录

（按姓名拼音排序）

去兰州的回忆

岸本 康介

对我来说，2018 年里最难忘的是去兰州跟亲家见面。

我去兰州的理由是这样的。我女儿夫妻有两个女儿，大的 3 岁，小的 1 岁。亲家一直希望女婿带孙女们回去看看。他们之所以再三要求女婿带孙女们回去，是因为他们还没真正见过孙女们。女儿夫妻常常用智能手机发孩子的视频，亲家每次一看到就很高兴，可是希望见面的心情也越来越迫切起来了。女儿夫妻决定利用黄金周去兰州，而且约了我们夫妻一起去。

兰州很远，从大阪坐飞机到上海换乘一共用了 7 个小时才到。

亲家一家人热情地招待了我们，为我们举行了欢迎会。参加的亲戚竟然一共有 28 个人！这么多人聚会，在日本很少见。

他们热情地欢迎我，聚会一开始就一个一个连续不断地给我倒酒，让我不知所措。对他们的好意我不胜感谢，虽然我喜欢喝酒，可是我不大会喝老酒，一个小时后就喝醉了，真不好意思。

另外有一件惭愧的事是我跟他们说不了话。他们知道我学习汉语，不知道我的汉语水平还很差，很自然地对我说起汉语来，可是说了几句，我却都听不懂。有人说遇到外国人的时候可以连说带比画，我试了试，可是做起来很难。结果，我一直到最后只笑着点头，反复地说"谢谢"这个词。我觉得来中国以前应该更加认真地学习汉语，后悔也来不及了。

聚会结束后，从餐厅出去走在回宾馆的路上时，我一直握着女婿祖母的手。女婿祖母看起来温柔和善，但是黑黑的手上和黑黑的脸上都刻满深深的皱纹，很显然，养育这四个孩子，她一定吃了不少苦。现在，女婿祖母一个人住在离城市坐车要两个小时的农村，分开的时候我对她说请多多保重。女婿祖母的身影还清楚地留在我的心里，因为她的样子跟我母亲一样。

第二天，亲家邀请我们夫妻去他们家吃晚饭。我们一进他们家，就看到桌子上摆满了丰盛的菜，都是亲家母和女婿姐姐亲手做的，还有几瓶啤酒，没有老酒，考虑得很周到，让我们夫妻又吃惊，又感动。

女婿和我女儿给我当翻译，我能跟亲家公好好儿聊天儿了。他对我说，他和他夫人都没想到儿子会跟日本人结婚，而且会离开兰州在日本生活。亲家母一开始担心得睡不着，常常给女婿打电话问怎么样。亲家公也常常给我写信，因为他希望通过信件跟我认识一下。

我对亲家说："真对不起，让你们担心了！可是你们儿子和我女儿生活和睦，用心地养育着两个孩子，如果发生什么事，我们夫妻也一定帮助他们，请放心吧！"

我们年纪都大了，不管双方说的语言多么不同，一见面就能了解对方是什么样的人。这次兰州旅行太好了，我把感谢的话记在心上，我们夫妻向下一个目的地——西安出发了。

减肥

二十一 友理

其实，别看我现在这样，我今年减掉了 8 公斤。我一直在减肥，终于成功了。"限制含糖分的物质"在日本很流行，叫 RAIZAP。这个方法之所以受欢迎是因为效果很好，可是也有点儿担风险。为了"限制含糖分的物质"，有些人已经死了。我不想死，但我不想因为别的没什么效果的方法白白地浪费时间，不能再犹豫了。

我采用在一定程度上"限制含糖分的物质"的方法，吃无麸质食品。我做饭的时候，把面粉换成米粉，而且不吃白米饭，吃糙米，并且吃得很少。我很辛苦，因为我喜欢面粉。吃饭的时候，我选择椰菜、油菜等，而不是土豆、南瓜什么的，就是这个方法显然让我的体重轻了很多，皮肤状况也比以前好了不少。

另外，我每周进行一次肌肉训练。我感受到了减肥的效果。有时候我担心坚持不下来，可是我相信只要继续坚持肌肉训练，就一定会成功。

中国台湾之游

谷友子

中国台湾很吸引我和我丈夫。中国台湾离日本很近，人好、菜好、风景好。

我们这次是五天四夜的旅行。

第一天我们途经台北来到了罗东。这里看起来游客很少。我们在街上溜达，而且还要找好吃的摊位。我偶然找到一家烧饼店，买了好几个烧饼。我们之所以买了好几个烧饼，是因为很多人在那里排队，胡椒烧饼尤其好吃。罗东是有名的葱的产地，炒葱也很美味。在台东，我们参观了原生植物园。我本来就很喜欢植物，在这里我看到了很多作为中药来用的植物。那里的中文标识中很多我看不懂，所以我用学名检索后，了解了种种珍奇的植物，很有意思。我周围的各种植物有什么特点和作用，我想继续了解下去。我们的午饭是野草火锅，野草的味道不苦不涩，我们吃得很饱。

第四天在海滨地区闲逛。那天刮起了强风来，海浪很高，眺望太平洋的水平线时，却很美丽。

在台东我们吃了很多有名的土产汤面"米苔目"。鲣鱼汤味道和日本乌冬差不多。此外，我们还品尝了很多水果、刨冰、红豆豆花、西式咖啡等等。

我们没有游览名胜古迹。漫步街上，感受街上的空气是旅行的第一个目的。各种招牌、广告也很有趣。别说找好吃的小吃，就是尝试一下便利店的饮料也很好。车上售卖的"台铁便当"很难忘，排骨和酱蛋菜都很好吃。不过不管怎样，不要吃得过多！

我的表姐妹们

吉川 茂子

今年夏天，我表姐生病去世了。她75岁，是认真而且可靠的人。她们父母去世了以后，她一直照顾她的弟弟妹妹们。

表姐"七七佛事"的时候，她妹妹告诉我们："以前姐姐说，最近我们亲戚之间聚会的机会越来越少了，我觉得寂寞起来。"我也跟表姐一样，有相同的感受。我们父母一辈都没了，孩子差不多都结婚了，所以参加葬礼、婚礼的机会不多，也就是说聚会的机会越来越少。我小时候，放假时表姐妹们经常互相往来，各家聚起来一起玩儿，过得很愉快。

那天法事过了之后，我们表姐妹5个人一起去餐厅吃饭。从此以后，我们也常聚起来到表妹家吃饭。凡是一起吃的菜都要每个人做好带来。那时，大家会谈谈跟去世的表姐的回忆。我们也会互相写信、打电话，送礼物的机会也越来越多了。我们希望趁大家都有精神，多保持联系。

对我们来说，表姐的去世是一件非常难过的事。但这件事却令我们多了互相往来的机会。

最难忘的旅行

铃木 千惠美

这5年我最难忘的事是去中国的拉萨旅行，所以我给大家讲讲5年前的拉萨之行。

以前我到中国的很多地方旅行过，最难忘的地方是拉萨。拉萨是西藏自治区的首府。5年前我和丈夫之所以决定去拉萨旅行，是因为凡是住在上海或者到中国很多地方旅行过的日本人都说最好要去拉萨旅游，而且他们给我看的照片吸引了我们。

我们参加了一个日本旅行团，8个大人3个孩子一起去拉萨。我们先从上海坐飞机去西宁，西宁是青海省的省会，在那儿上火车，走青藏铁路。

10 月的一天，我们 24 小时的火车旅行开始了。我们的座位是软卧，上下铺。这列火车行驶在海拔很高的地方。10 月是秋天，但我们从车窗往外看风景，看到的却是白雪世界。火车开到海拔 5 000 米的地方时，丈夫突然说头疼得厉害，他躺在床上，很痛苦。显然他得了"高山病"，只能吃牦牛牛奶做的酸奶。我却没有头疼，所以我觉得自己没得"高山病"。

到拉萨的酒店时，导游把旅行团里每一个人的血中氧气测量了一下。她说不仅丈夫的血中氧气很少，而且我的也很少。她给了我们一些药，说吃完这个药后打点滴。我们犹豫了一下才吃了药，又打了点滴。

第二天，我的身体果然更好了。丈夫说头疼还没完全好，但好多了。拉萨的空气很好，风景也很美。我第一次看喜马拉雅山，美极了！

我们先去参观布达拉宫，那是以前达赖喇嘛住的宫殿。第一次看这座宫殿的时候，我想起来日本的动画电影《天空之城》，觉得漂亮而且壮观。接着去色拉寺参观，年轻的僧侣们在那儿进行辩经活动，我们参观时禅僧一直在辩论，很有意思。

最后一天早上，我们去羊卓雍措。那是个海拔 4 400 米的湖，早上特别冷。开始时浓雾弥漫，过了一会儿，云开雾散，我们看到了湖水。以前听说湖水的颜色是绿松石的颜色，果然是，真的很漂亮！

那天，我们坐飞机到成都，丈夫的头疼病就好了。"高山病"是很严重的病。导游说，在布达拉宫，曾有一个观光客人因为"高山病"去世了。

我觉得这是最难忘的旅行。尤其是庄严的布达拉宫和美丽的喜马拉雅山，给我留下了深刻的印象。

西安之游

入江 久美子

2018 年 2 月 18 号，我公公、先生和我一起去西安旅游——三天两夜的西安游。我们的行程里是必须要去秦始皇陵兵马俑的。可当天我们的车却在博物馆附近停住了，一点儿也动不了。我们之所以动不了，是因为遇上了交通堵塞，2 月 18 号是春节的第三天。我们只好中途下车，要走 30 分钟。走到秦始皇陵兵马俑博物馆的时候，门口果然像一些朋友们说的那样——很多人在排队，像连绵不断的云霞似的。

看起来我们要排一个小时以上队。我公公当时 88 岁了，这样排下去我很担心他会太累。须发皆白的公公吸引了周围人的目光。这时，排在我们前边的一位热情的女士告诉我们，陪伴老人的人可以走老人专用通道。我们犹豫了一下，但是最后还是在那位女士的帮助下，去了老人专用通道。售票员查看了我公公的护照，然后马上让我们进了博物馆。凡是我在中国遇见的人，都很热情，对老人和小孩子尤其热情。我公公常常说，在地铁上让座的人，在上海显然比在大阪多。

在博物馆里有很多造型逼真的兵马俑，别说兵马俑，就是马车也都很有生气，都是难得的艺术作品，那样子太棒了。我们在博物馆里认真地看起来，一路看下来我们都看得很满意。

不能白白浪费机会，趁能跟着我公公享受这样的待遇，我牵着公公的手，一直走老人专用通道，看了很多西安的名胜古迹，比如华清池、碑林博物馆和陕西历史博物馆等等。我们的西安之游是很愉快的，我们对中国文化也更感兴趣了。不过我偷偷决定从此春节时绝不去中国旅游。

你觉得我还是外星人吗？

杉田 忍

这一年，我不是学汉语，就是做针线活儿。丈夫常常说我："净读书，你觉得有意思吗？"他还说："你说'学而不厌'，我难以理解。你是外星人吧？"对别人来说，这样的生活一定会很无聊，可是我感到很满意。

4 月初，因为老二上了小学，我的负担也减轻了些，所以我决定去参加 7 月份的 HSK 5 级考试，并把这件事告诉了丈夫。丈夫说："是汉语考试吗？不是外星语吗？呵呵呵……""走着瞧！"我心里想。

离考试只有 3 个月时，我紧张起来了。我想把自己完全置身于汉语的环境中。在日本有一种说法，叫"站前留学"。这是几年前在电视里常常听到的某个英语语法学校的宣传词句。我表哥以前是那个学校的学生，他现在说英语说得跟美国人一样了。由此可见，留学算是掌握外语很有效果的一个途径。可是，别说外国，就是"站前"我也无法去留学。于是我想了个办法，就是"在家留学"。我尽可能不听日语、不看日语，每天都拼命地学习汉语，尤其是练习听力。为了培养汉语语感和提高听力，拿手机看中国电视剧，过起了尽量排除日语的日子，我沉浸在汉语的环境中。

有一天，我和家人一起去超市，当挑选意大利挂面时，有一个挂面映入了我的眼帘。那个袋子上面写着"结束"两个字。"什么意思呀？"我心里想，"说不定这个挂面的销售快要结束了。"可是一个月后，那个挂面还在超市里，两个月后、三个月后，也照样摆在超市里。"诶？不是销售结束吗？怎么还在超市里呢？"我感到很诧异，拿起那个挂面，问丈夫说："诶？这个呀，袋子上面写着'结束'，可是还在卖。怎么回事？"丈夫说："啊？'结束'是什么呀？不是'結 (ke) 束 (ssoku)'吗？把一人份儿挂面捆成小把儿，装在袋子里，对不对？"一刹那间，我听不懂他说的事，一句话也说不出来了。在不知不觉中，我分不清汉语的"结束"和日语的"結束"了。我把它轻轻地放回到架子上，满脸通红地离开了那里。那时，他的脸上显然露出了不可思议的表情。看起来他果然认为我是外星人吧。他皱起眉头，一面目不转睛地看着我的背影，一面跟着我。我感觉到他的目光像针般刺到我的背上。

日语的"結束"在日常生活中很少见，可是汉语的"结束"是常常能听到、能看到的。所以我把日语的"結束"忘掉是很自然的。我的解释有没有说服力？不用说，从此以后我放宽限制了。"排除日语也要有个分寸吧！"我想。

这是我今年的一件可笑的事，虽然是件小小的事，但是将会成为难忘的回忆。日汉之间有很多汉字相同但意思却不同的词汇。虽然这样的词汇很容易出错，可是我认为这就是学汉语的乐趣。怎么能放弃学汉语呢？

2018 年最难忘的一件事

西本 都

2018 年最难忘的一件事是我和丈夫的"银婚纪念日"。

从我们第一次见面到现在，已经过了 35 年，结婚也已 25 年。

这期间，我们一起去世界各地旅游。中国香港是尤其吸引我们的城市之一。在这里我们之所以留下了很多回忆，是因为去香港旅行了很多次，而且还在那儿住了 5 年半。所以，我为了让他高兴，偷偷计划起去香港纪念旅游来。后来，他果然非常惊喜。

凡是去过香港的游客都觉得那里的夜景很美。尤其圣诞节的时候，是一年里最漂亮的。那么美丽的夜景，别说跟爱人一起看，就是一个人看，也会沉浸在浪漫的气氛中。我们观看了各种各样的圣诞节活动，还欣赏了圣诞树和彩灯等等。

在海港城，我们锁好了"爱锁"。"爱锁"是在锁上面写上两人的名字后锁好的锁。因为没有钥匙，所以"爱锁"再也打不开，象征永恒的爱情。

另外，香港每晚都有"幻彩咏香江"，这是在香港最有名的大型灯光音乐汇演。圣诞节 2018 年冬天版结合了更多样的效果和烟花，让我们大饱眼福。

丈夫和我在香港度过了特别愉快的银婚纪念日。

暑假的经历

相场 宏之

我在中国的生活是从 1997 年 12 月开始的。

我在大阪的一家公司里工作了 20 多年，1997 年 8 月底收到外派通知，要去浙江省杭州市郊外经济开发区的一家工厂工作。那家工厂既是纺纱厂也是染色厂，我的工作跟染色有关。接受了差不多 3 个月的中文训练后，我一个人去杭州赴任了。3 个月的中文学习对日常生活有用，但是在工厂里工作的时候却一点儿效果也没有。

1998 年 2 月的一天上午，经理（日本人）叫我去他办公室，到了后他立刻问我："你现在带了多少钱？"我回答："3 000 元左右。""借给我！"我把钱借给了他，然后问他怎么了，他说是医疗方面的事。原来发生了事故，有人受伤，要去医院。开始治疗前需要先交医药费，金额很大。这件事吸引了我的注意，从此我对身体健康非常关心。

我生了小病或受了小伤等等不去看医生，之所以不去，是因为如果去看医生的话需要很多钱，这会影响我的日常生活。2002 年 7 月回日本后，跟在中国一样，我还是很注意身体健康问题。我会定期去看内科、眼科、牙科等。2018 年 5 月中旬，我接受了全身检查，收到检查结果时有点儿犹豫。在内科和眼科医生的诊断书中，提到需要再次检查并可能要接受治疗。我的身体一直没有什么不好的感觉，眼睛也一年检查一次。所以 6 月 10 号左右，我去三木眼科进行了检查，并趁那个时候把 5 月的诊断书给三木大夫看了一下。大夫说我的左眼有中度白内障症状，右眼有轻度症状。如果接受手术的话，视力会恢复，诊断书上提到的其他问题也会好起来。三木医生向我进行了详细的说明，我办了各种各样的手续，并进行了进一步的检查，8 月 1 号、21 号接受了两次手术。

现在我裸眼视力 1.0 以上，手术后，果然一切都好了。

半夜送报

新谷 彰

大家好！我真佩服你们，你们的汉语说得那么好。现在我想说说半夜送报的事。

我每天半夜 1:00 出门去打工——送报，回家时大概是早晨 5:00。我之所以开始送报，是因为我以为这个工作对身体健康有好处，可以锻炼身体，而且很简单，在外边只有一个人，肯定也很轻松。但朋友对我说："这个工作可能并没有那么好。"做了一段时间，我果然发现这个工作不但不轻松，而且不简单。

半夜送报的感受随着四季变化而有所不同。冬天夜空里的猎户座会吸引我的目光，春天夜空里的樱花也会吸引我的目光。夏天半夜里，到处都是猫。准确地说，一年中能看到夜里出来的猫的季节主要是春天和夏天，夏天半夜看到的尤其多。别说猫，就是黄鼠狼有时也会出来。他们都喜欢夜里散步啊！凡是夜里出来散步的猫，眼睛都闪闪发亮，看起来神采奕奕的。戴项圈的猫，显然是谁养的猫，肯定是偷偷地逃出来的。

有一天夜里，我对一只出来散步的猫说："你在做什么？"它站住了，一副看不起我的口气说："我在巡逻呢，你有没有看到可疑的猫？"我回答说："没看到，除了您。"接着它很快消失在黑暗中。当然这只是我想象出来的对话。

除了猫和黄鼠狼，还能看到醉汉、徘徊的老人、跑步的年轻人、去便利店送货的卡车等等。

有一个夏天的晚上，难得没遇见什么人。我走过一条幽暗的后街时，面前出现了一个女人。最初，她看起来又年轻又漂亮，走近时看上去四五十岁，身材瘦小。她对着我的方向说："有一个奇怪的人！"我想："嗯？她刚才说了什么？我听到了'有一个奇怪的人。'"我环顾四周，但是这附近没有人！我找不到奇怪的人！那个时候，她又说："有一个奇怪的人！"我意识到，他说的奇怪的人一定是我。我想说："您真是'奇怪的人'。"但是，我很快离开了那里，什么都没说。离开前我又回头看了看，还是一个人都看不到。别说人，就是一只小猫也看不到。

这是我很难忘记的一次经历。我不知道她是谁。从那以后我从未再见过她。大概，即使我这样送报送下去，会遇到更多的人和事，也不会忘记这件事！

我和学生的聚会

増田 和一

我以前是高中老师，教伦理、世界史什么的。1983 年，我当了一年的班主任。在我的教师生涯里，那是最后一次当班主任。当时我 42 岁，学生们 15 岁。最后一次当班主任的事情我告诉了一个学生，从此，学生们每两年开一次同学会。

今年 4 月 29 日，他们为我庆祝 77 岁生日开了庆祝会，会场在天王寺的一家餐厅。

20 多个学生来参加，他们已经 50 岁了，我看他们时却感觉他们还是年轻人。他们之所以每次同学会都邀请我，是因为他们互相之间是很好的朋友，跟我的感情也很深。外表看起来很年轻的一个女学生，其实已经有了孙子。有个学生在照顾患痴呆症的父母。以前不太认真的一个学生，现在非常努力，事业取得了很大成功。

他们的话题大概都是当时的回忆，比如 1983 年日本总理大臣是中曾根康弘，中国总书记是胡耀邦，日本的青函隧道通车了等等。以前聚会聊起过去的事我常常说起对他们的印象，他们很喜欢听。这次我又说起来一些当时对每个学生的印象，他们果然很高兴。

他们是我的学生，而且也是我的好朋友。听他们说，当时我的口头禅是："别说没尽最大努力，顺其自然。"凡是我教过的学生，都说我讲得浅显易懂。

后来，他们才说起各自的近况来。他们喜欢聊天儿，尤其喜欢谈往事。

之前，他们说希望我带妻子来参加聚会。我问他们为什么，他们回答："您年事已高，喝了酒聚会结束后一个人回家，大家会非常担心。"于是我同意了。当天，我的妻子受到了热情欢迎，她也高兴极了。

聚会结束时我们一起拍了纪念照。这张相片照得挺不错，全班同学的表情都很阳光。

我现在觉得当高中老师非常幸福。

思考题：

1. 这位老师的学生有什么特点？
2. 案例中的老师为什么采取口语汇报的方式考查学生？
3. 案例中的老师为什么特别强调汇报中的仪式感？

专家点评：

日本人内向细腻，执着认真，注重仪式，注重面子，在学习上表现为态度认真却羞于表达。本案例反映的就是如何针对日本学生的特点，利用他们对仪式感的重视，克服他们羞于表现的内向性格，更好地将所学汉语运用于实践，提高他们学习汉语的主动性和勇于表达的自信心。

年纪大的日本孔院学生对于课堂学习是很在意的，但因过于在意学习效果反而更不愿意表达，甚至排斥严格生硬的书面考试和卷面分数。但他们善于把学到的东西整理精细，然后落到实处，以获得成就感。针对日本成年人学生的这种特点，王宏伟老师想出一个充满仪式感的结课方式，即用 3 分钟演讲代替考试。这位老师事先将学生的演讲材料排版编辑，将一篇篇零碎的作文整理成有封面、有目录的文集，这样一本类似"书"的文集本身就容易引起学生的重视，何况有老师的心意在里面，这不单单是学习的一个总结材料，也是一个非常好的纪念品，使期末的演讲多了仪式感。仪式感使结课这一天变得与其他日子不同，使演讲的时刻变得很特别。这个轻松而有意义的结课仪式，给学习者带来一些意想不到的惊喜。

3 分钟的正式演讲，是一次严肃而认真的结课仪式。这种仪式感可以引起学生对知识的重视和敬畏。提前 3 个星期通知学生，演讲内容基本由学生决定，可以自由选择自己熟悉的题目，这样给学生以很大的自由，让好面子的日本人有足够的时间去准备最后一节课的闪亮登场；但又规定学期中学过的语言点至少要用上 30% 左右，特定语言知识点的运用给自命题作文增加了难度，减少了随意性，可以让学生充分获得语言学习的成就感，这是完全没有限制的自由发挥所达不到的效果。日本人为人处事上的小心翼翼与精益求精，使为了演讲而做的精心准备成为认真复习的学习过程，3 分钟演讲则成为比书面考试更有效的一种语言测试。

3 分钟的正式演讲，提高了学生学习的主动性和自信心。最初在将演讲稿交给老师时，大部分学生都觉得太难了，但老师将修改好的文稿发还给大家时，大家有些欣喜，提到最后一节课的演讲时也跃跃欲试，最初的不自信变为略有自信。演讲稿被整理成一个小"文集"，单纯的演讲材料仿佛成了一本属于自己的"书"，班里每位同学都似乎成了作家，这使最后的一次演讲越发显得重要，大家也越发积极主动地参与到汇报演讲中。由被动参与到主动参与，这个过程中，学生的自信心也随之增强。

3 分钟的正式演讲，也是师生情感上的一个总结。老师布置题目后没有完全放手，而是积极帮助他们准备，让学期末的 3 分钟演讲尽量接近完美；老师不仅仅修改语法文字，还将学生演讲稿整理成"书"，"书"中饱含老师的辛苦付出。学生的主动参与则是对老师一个情感上的回应。有情感投入的仪式，才能更有滋味，才能倍感珍惜。最后的演讲是学生汉语学习的一个结课仪式，也是一个非常有意义的生活场景的重现，更是师生情感的再一次交融。

这次充满仪式感的结课，得益于老师的充分准备和对学习者的充分了解。教师选择结课方式和指导学生很用心，学生准备很认真，最后的效果很理想。相信对很多同学来说，这不仅仅是一次非常难忘的汉语结课，也是人生中难忘的一次经历。这种形式在对外汉语教学中值得提倡，因为每一次结课都不仅仅是教学内容的结束，也代表着中国教师和汉语学习者的合作暂时告一段落，这种仪式感，让平日略显平淡枯燥的学习变得更有意义，也可以为后续的学习做铺垫，是一种值得重视的汉语教学方法。

我在新西兰教汉语

作　　者：魏晶（上海外国语大学）
赴任国家：新西兰
教学对象：小学生
点 评 人：缪俊（上海外国语大学）

　　新西兰位于南太平洋西南部，由南岛、北岛两大岛屿组成。官方语言为英语、毛利语及新西兰手语。新西兰设有3所孔院：坎特伯雷大学孔子学院、奥克兰大学孔子学院和惠灵顿维多利亚大学孔子学院。

　　中土世界意为"中间的土地"，也指"人类居住的土地"，是一块架空的世界。它源于托尔金的系列小说，有《魔戒》《霍比特人》和《精灵宝钻》等。前两部已被拍成电影，取景地为新西兰。

晚上 8 点，阳光一点一点挪出窗子，隐入晚霞中。窗外的蔷薇花还热热闹闹地开着，鸟鸣声也依然婉转而清亮。这一切都提醒着我，新西兰的夏天已经到来。

记得刚来新西兰时，也是夏季，阳光灿烂得太过亮眼，棉花糖般的云朵扯得长长的，慵懒地卧在湛蓝的天空中。我和小伙伴们坐在去孔院的面包车上，新奇地看着窗外的一切。

而现在，我却已经在这里度过了遍地金黄落叶的秋天、白雪盖满山顶的冬天和樱花飘摇的春天。春去夏来，这意味着，我即将告别这片土地。

当窗外熟悉的景色慢慢浸入阑珊的夜色，内心突然涌出了很多很多的不舍。

一、教学

我工作的地点在基督城附近的 Sumner 学区，一共有 4 所小学，900 多个学生，年龄从 5 岁到 12 岁，今年是他们第二年开汉语课。初到岗位的时候，觉得压力不小，毕竟所有教学任务都由我独自负责，没有教材，对学生们的具体情况也不了解，对当地的教学模式也不熟悉。因此，我跟校长说，第一周能不能先让我听课，以便了解情况，4 所学校都爽快地答应了。

新西兰小学的教学风格和国内非常不同，每个班的负责老师都是全科老师，要承担该班所有科目的教学。教室里，学生们没有固定座位，往往随地而坐，也可站着，甚至躺着。总体而言，教学氛围非常轻松。

整个周末我都在备课，因为很紧张，想要给他们留下最好的第一印象。我还记得第一节课的学生是三、四年级，负责老师 Hannah 在上课前关照地跟我说："小孩子们的纪律比较难管，你有没有准备什么方法让他们安静下来？"我突然想起岗前培训时，有位老师跟我们分享过 "I say 安 you say 静" 的方法，没想到这回派上了用场。

十个多月的教学生活，让我跟学生们的感情也日渐深厚。5 岁的小娃娃们，上完课后会拉着我的手不让我走。二三年级的学生们，有一次我教他们说"我爱你"，让他们为小熊图画填色，并送给自己最爱的人，结果全班的小熊都塞到了我的手心，兜着五颜六色的小熊图画那一刻，我的心都暖化了。

因为教的学生太多了，每次出门都有学生远远地跟我招手，喊着"您好老师！"

甚至当我骑车出门时，还有学生追着我跑，只为跟我打个招呼，孩子真的是最可爱的存在。

几个礼拜前，回家路上看见大片大片的海鸥鸣叫着盘旋于蔚蓝的大海之上，阳光把深绿的山丘分割成明暗两色，一阵伤感莫名涌上心头，这样的美景，离开以后我还能看到吗？那么可爱的学生们，我是否还能再见到他们？还没离开的时候，我就已经开始想念这里了。

二、动物的土地

在新西兰，任选一条公路，开车兜一圈，你就会发现，在这片以畜牧业为支柱的土地上，动物才是真正的主人。

羊群洁白如云朵，悠闲地漫步于青青的山坡上，刚出生的小羊羔摇着尾巴，慢慢跟在母羊的身后。

牛群就稳重了许多，永远在慢条斯理地嚼着草叶，偶尔抬头望一望天空，便又漠不关心地低下了头。

如果你足够仔细，还能发现几只羊驼远远地卧在山脚下，但别轻易地靠近它们，当心被它们吐口水。

幸运的话，你还能从车窗瞟见一闪而过的圈养鹿群，养马场里踱步的小马驹，还有扑腾扑腾飞过马路的野鸭子……

大概得益于新西兰人对动物的友善，在这里碰到的很多野生动物都不太怕人。

拿着面包去海边，不一会儿身边就会围上四五只海鸥，虎视眈眈地望着你手里的面包，却又不敢靠得太近。坐着船出行，礁石上晒太阳的海豹碰见我们，也完全不害怕，反而用双鳍支撑住身体，头部昂扬向上，悠然自得地舒展着，朋友戏称这是瑜伽招式"憨狗望月"，把我们笑得不行。还有用两脚跳跃式前进的啄羊鹦鹉，呆头呆脑的，对任何事物都充满了好奇，居然还跳到我们的车门上，把橡胶啄了个洞，让司机着实懊恼了一番。

三、中土之景

事实上，我对新西兰最初的了解始于《魔戒》。

我仍记得随着电影情节的缓缓展开，看到中土世界风景画卷时的惊艳：夏尔小镇郁郁葱葱，悠闲快乐的霍比特人穿梭其中；佩兰诺平原的秋季，荒凉而壮阔的草原与远处的雪山交相辉映。这些地方，我未曾想到，居然可以一步一步去丈量。

新西兰的节假日众多，有怀唐伊日、复活节、耶稣受难日、英国女王生日等，作为老师的我还拥有每上十周课就能放假两周的学校假期，因而可以有充分的时间和小伙伴们出去游玩，领略这大洋彼岸中土世界的壮美。

蒂卡波湖的星空浩瀚，来自百亿光年之外的星体散发出冷幽的光芒，汇聚成一条璀璨的银河带。幸运的我们还在相机中偶遇了绿色的极光。

库克山的山峰长满了棱角，淡蓝色的冰川在烟雨朦胧中显得清冷而神秘，冰雪融化留下的痕迹挂在山凹，宛若美人脸上未干的泪痕。

皇后镇的湖泊和雪山搭配得相得益彰，我们开着车沿着湖边公路行驶，每次在山路转弯时，撞入眼帘的蓝色湖泊总能让全车人尖叫。

在西海岸，我们看到了一次完整而壮丽的海上日落。血橙般的太阳一点点地沉入漫无边际的海水中，染透了整片的海面和天空。每一刻，它都变换着不同的颜色。傍晚的风有些凛冽，我们裹着毯子坐在海边的礁石上，凝望着这片绚丽的色彩，那一刻，梦境和现实的界限突然变得模糊而朦胧……

在新西兰，每一座城市都有它自己的脾性：有散发着浓厚艺术气息的首都惠灵顿，也有国际化的大都市奥克兰，还有整个散发着臭鸡蛋味的地热城市罗托鲁瓦，当然，还有我生活的基督城。

基督城在 2011 年曾经历了一场灾难级的地震。震前，这里曾是有名的花园城市，随处可见的英式建筑赋予了她优雅的格调。震后，多座古建筑毁于一旦，满目疮痍。而今，她从废墟中站了起米，带着对过往的怀念，更饱含着对未来的期待。

四、新西兰人

在新西兰，我寄宿在一个当地的家庭。房东是英国人，移居新西兰多年，一家四口，一儿一女。住家妈妈 Ruth 之前学过一点点汉语，在第一天接我回家的车上，她开心地跟我展示了如何从一数到一百，怎么说自己的年龄，她开朗乐观，又会照顾人。住家爸爸 Matt 冷静理智，又有孩子气的一面，他会把孩子逗哭引来住家妈妈的数落，也会在我工作遇到困难的时候认真地给我建议。

两个小孩子是小天使般的存在。到他们家的第一天，他们上上下下地带我参观房间，把自己的玩具介绍给我。节日里，他们还送我手工小礼物。他们友善热心，真的把我当作家里的一员，即使离家半个地球远，我也能感受到家的温暖。

在新西兰，有一条特别的法律：14 岁以下的儿童不允许独自在家。因此，Ruth 和 Matt 从不会让两个孩子单独待在家里，给予了他们非常多的陪伴。即使临时有急事外出，他们也会委托其他朋友来照看孩子们。每到周末，夫妇俩还会带着孩子们去参加各种活动：爬山、徒步、骑自行车、跑步、游泳、看电影、听音乐会等等。

相比之下，国内七八岁的孩子们在这个年龄已经要穿梭于各个补习班和兴趣班了，这真的是一种赢在起跑线上的智慧吗？

房东一家的家庭活动以运动居多，这并非个例，我所了解的大部分新西兰人都酷爱运动。无论晴天还是下雨，你总能看到路上有人在跑步或者骑车，周末去足球场，也总能看到一两个足球或橄榄球队在练习或比赛，这真的是一个全民运动的国家。

除了运动，新西兰人也热爱旅行。在大街上，在青旅里，你总能遇到背着半人高行囊的背包客。年轻的朋友们在车站相拥告别，阳光洒在他们稚气未脱的脸庞上。

学校秘书 Deborah 总是优雅而温和，对人十分友好。她跟我说，她年轻的时候曾用十年的时间在全球各地打工旅行，而现在，她的两个孩子也开始了自己的旅行。

朋友 Trevor 60 多岁了，满头白发却精神矍铄，他告诉我，他有一艘帆船，正和朋友们操练驾船技术，准备有朝一日环游世界。

新西兰人最喜欢的中国动物当属熊猫。熊猫是最可爱的中国名片，憨态可掬而淳朴呆萌，毛绒绒的它们掳获了上至 60 岁老人下至 5 岁娃娃的心。在我播放熊猫视频的时候，孩子们问我，你有熊猫吗？你可以把你的熊猫带来给我们看看吗？他们大概以为熊猫在中国是人手一只的宠物吧。还有学生专门制作了关于熊猫的手抄报，自豪地展示给我看，告诉我她以后一定会去中国看熊猫。我看着她纯净的眼睛，相信她的愿望定会实现。

海明威说："如果你有幸年轻的时候在巴黎生活过，巴黎会一生都跟随你。"我想，新西兰也会跟随我一生，这里的人、这里的事、这里的景，都将永远烙在我的心里。

思考题：

1. 读完这篇案例，你对海外任教最大的期待是什么？
2. 你认为该怎样融入新的环境？
3. 作为中国外派教师，你会如何在课堂内外塑造自身的形象和影响力？

专家点评：

　　海明威曾说："如果你有幸年轻的时候在巴黎生活过，巴黎会一生都跟随你。"借用他的话，我们不妨说："如果你有幸年轻的时候在海外推广汉语，这段经历会一生都跟随你。"

　　当这样一段经历接近尾声，作者回望身后一串深深浅浅的脚印，留在心里无法割舍的究竟是什么？我们往往十分关注教师外派出国前的心情，希望提前知道未来的挑战，以及如何做好准备。我们也十分关心初到海外教师该如何适应新的环境，但愿前路远离荆棘，只见繁花。本例则提供了一个不同的视角，让我们窥见一段海外之旅行将终结留给了作者哪些人生财富——从教学经验到异域见闻，从师生感情到房东一家的温暖款待，与朋友、同事乃至普通人交往的美好回忆……一路走来，挑战和困难并未阻拦前进的步伐，曾经有过的迷惘和不安早在不知不觉中飘散，它们最终化为成长道路上的垫脚石，作者笔尖下流淌的只是一片云淡风轻、从容不迫的气度。作为汉语教师派往海外，你会有什么收获？在本案例中，作者展现出一种内在的成长和成熟，它们将会一生相随。

　　新西兰小学和国内非常不同。作者不仅是一位汉语老师，而且要承担全科的教学任务。在国内参加的培训虽然讲到管理小学生纪律的办法，但是当地的教学模式仍然需要从头开始摸索。作者的描述道出了国际汉语教师经历的缩影。无论事先准备得多么充分，新情况、新问题总是不期而至。或许谁也无法在启程前做到成竹在胸，海外从教之路免不了摸着石头过河，我们唯有在边学边干中全力以赴、突破自我。值得欣慰的是，作者的努力收获了学生的认可。这不单单体现在汉语知识的传授上，更凝结在师生感情的纽带中。远远一声招呼、五彩小熊图画，或许比考试分数更能诠释国际汉语教师的使命。

在"中国文化走出去"的浪潮中，每一位来自中国的教师都是一朵晶莹剔透的浪花，折射出当代中国的形象。从踏入新西兰的那一刻起，作者的举手投足在周围人眼里就代表了"中国人的样子"。漫步在想象中的"中土世界"，作者也时时面对着这里的人们关于中国的奇思妙想。在海外如何讲好中国故事？如何增进沟通、赢得理解？这是每一位国际汉语教师都要回答的问题。在有意无意之间担当起中国的"代言人"，既带来一种置身于聚光灯下的兴奋，也让人感觉到肩头沉甸甸的责任。而更值得思索的是：当这段旅程告一段落，"我"能否了无遗憾地启程回国？"我"给这里留下了怎样的中国印象？

在海外推广汉语、传播中国文化是国际汉语教师的成长的必由之路，对个人而言，也是一段无可替代的独特经历。作者在本案例中展现了自己的体验和收获，读者可以从中得到不少有益的借鉴和启发。

跨文化交际案例

亚洲篇

韩国的高中校园 Style

作　　者：樊丹（兰州交通大学国际教育学院）
赴任国家：韩国
教学对象：高中生
点 评 人：杨同军（西北师范大学）

　　大韩民国，简称韩国，主体民族为朝鲜族，通用语言为韩国语，语系归属未定，但普遍认为可划入阿尔泰语系，文字为谚文，属表音文字。

　　2004 年 11 月，全球第一家孔子学院在首尔成立。目前在韩国学习汉语的人数近 50 万。汉语教学已从大学推广到中小学。参加汉语水平考试（HSK）的人数逐年增长，曾连续多年居世界第一。

一、初见

2017 年 2 月 22 日，我抵达釜山，尽管已对这个走下飞机的场景预设了无数遍，但我还是像只误闯商场的小鸟，在不熟悉的环境里扑棱棱地乱飞。

第一次出国，耳旁满是不熟悉的语言，填写各种入境表格。紧接着，釜山外国语大学的老师带我们上了大巴车，各式韩国语路牌和商铺招牌在向后飞驰，我在新奇中还没缓过神来，便开始了为期一周的岗前培训。恍惚中，我的韩国之旅就这样开始了。

我作为外教被分配到了木浦木商高中，这是韩国第 15 届总统金大中的母校，一所男女混合高中。学校不大，但景色优美、视野开阔。木浦是个美丽而安静的海滨城市。坐在树荫下的石凳上，看着远处色调分明的山峦，感受海风拂面，可以大大缓解工作的疲惫。

二、校园文化

韩国是我们的邻国，想象中文化差异应该不大，但实际生活了一段时间之后，发现还是有较大的差异，比如说校园文化。

在这里，进入教学楼要穿拖鞋；中学生有化妆上学的习惯；高中生就敢直接、浪漫地表白。

我的搭档佳恩老师告诉我，学校规定不能化妆，但好像也只限于检查仪容仪表的那个早上。平时，女生们都化着美美的妆，散着披肩长发，配上裙装校服，个个都精致得像瓷娃娃。男生们着蓝黑色西装式校服，个个都很帅气，在爱美方面也不甘落后，不时地烫个头、染个发，只要不是太夸张，就能被默许和接受。

上课时，学生们几乎人手一个布偶。皮卡丘、小火龙、荞麦君这些萌宠堂而皇之地变成了枕头，在老师眼皮子底下，学生们敢明目张胆地趴着睡觉。

教学之初，最大的困难是记学生名字，俊善、善俊、淑英、俊秀、娜英、娜永……感觉都差不多。他们的名字都有对应的汉字，不能更改，于是，我的名单簿上只能一一备注区别性特征：

俊善：马夹、卷发、皮卡丘；娜永：长发，荞麦君，第一排……

平行班里会有好几个淑英，好几个俊善，好几个娜永，让人哭笑不得。

三、学习是一场马拉松

高三的学生刷新了我对高考的认知。

韩国的高考和我们"一锤定音"式的高考不同。韩国高考属于过程评价，平时考试、课堂表现、考勤等细碎的日常情况都会计入评价中。高考前，学生根据平时成绩，可以选择6所学校参加面试，高考只是最后一次比较重要的考试而已。

有的学生在高考前就已被自己选定的学校录取，高考也就无关紧要了，所以，高三下半学期的课，变成了老师催促学生学习的自习课。

每个班只有少数人在认真复习，其他人不是围在老师身边和老师聊天，就是玩手机、化妆，所以老师每节课的惯用语就是——

"我的姑娘们呀，不要化妆了，看书啦！"

"小伙子们，手机收起来，学习啊！"

相比国内高三书山题海的景象，这儿简直悠闲得像是在度假。一位韩国老师告诉我，最后一学期的"悠闲度假"只是表面现象，过程评价制度重在平时，是一个长期观察和评价的过程。

志在进入首尔大学等顶尖学府的学生，需要从高一开始一切都要做到最好，每次考试都不容有失，韩国森严的等级制度在这里更得到了淋漓尽致的体现。考试成绩严格划分为一等到九等，日常成绩必须全部为一等（仅占全部学生的4%），再加上高考的出色发挥，方能考上首尔大学等一流高校。因此，对他们来说，每一天都是高考。

而那些高一、高二神游四方，高三想要奋发图强的学生，则会受累于之前较差的表现而难以翻身，全无侥幸的可能。可见，成功绝非偶然。偏科就更不行了，这种类似"木桶"式（不能有短板）的评价体系，要求学生各门学科必须均衡发展。

想起我那个心系首尔大学的学生朴赞洁，她每天都在自习室、图书馆埋头苦读，下课也要找老师问问题，不由得对她心生敬意。

四、教学相长

在韩国的志愿者生活是我教学的过程，更是我学习的过程。

参加外派前培训时，我学习了很多韩国的课堂用语，每当我在课堂上说出新的韩语句子，学生们都会很惊讶。但开始的时候，学生的回答我还是听不懂，需要搭档去反馈。所以，可以说是我和他们一起学习。针对教学内容，我会提前掌握相关的韩语注释，争取听懂学生的回答。随着我的韩语词汇量越来越大，课堂效果也越来越好了。

学生有时候会调侃我的发音，会在布置作业的时候和我讨价还价，我也会假装生气，据理力争。休息时，学生们会很开心地纠正我的发音，时而正经，时而浮夸，像我鼓励他们那样鼓励我，想想也真是可爱。虽然有时候他们调皮得像恶魔，让人头疼，但在课后，他们都可爱得像天使。

五、运动会和挑战金钟

学习之余，学校的活动真不少。记得运动会那天，足球比赛是重头戏，男孩子们负责"征战沙场"，女孩子们则负责欢呼雀跃地为自己班加油，忙着给班里的男生送防晒霜。

有时候，学校会请乐队来演奏，请歌手来演唱。社团会组织学生赏月、读诗、看露天电影。

今年五月，学校参与了录制了韩国 KBS 的益智类综艺节目——挑战金钟。我也去参加了，虽然听不懂，但是凭借肢体语言和偶尔捕捉到的几个词，能猜到他们在说什么。他们每个人都有极强的综艺感，答题和表演两不误，不得不让人佩服。我和老师们跳了一支很流行的舞《맞지》，学生瞬间被点燃，秒变捧场王。结束时收到如潮的赞美，真是开心极了！

六、让我又爱又恨的你们呀

身处异国，情绪低落时产生的威力会翻倍。

2017 年 4 月 11 日，因为课堂秩序混乱，我在最爱的三年级五班发火了，尽管知道他们是我最爱的学生，知道这就是他们的天性。但当时的挫败感汹涌而来，情绪跌落到谷底。

下班后仍很难受，就叫上好友陪我在校园散心。微风习习，樱花飞舞，忽然想起了《桃花源记》中的句子："忽逢桃花林，夹岸数百步，中无杂树，芳草鲜美，落英缤纷"。

正巧，三年级五班的学生在樱花树下拍集体照，他们看到了我，大老远就喊"老师，老师"，招呼我一起拍照。合影后，他们喊着"我爱你"跑开。一瞬间，消极情绪一扫而空，樱花树下的少年们明媚又灿烂，点亮了我的2017年。这一年，说了好多"我爱你"，也听了好多"我爱你"。学生们个个活泼可爱，虽然有时候惹我生气，但更会在我生气时哄我开心，真是让我又爱又恨的你们呀！

感谢如樱花般灿烂美好的学生们，感谢如大海般深沉包容的朋友同事们，让我在异国他乡过得充实又快乐。

图1　樊丹老师和韩国学生在一起

韩国特色小集锦

特色之一，大街上找垃圾桶比登天还难。

特色之二，没事儿就来两杯，烧酒和啤酒可以一起喝。

特色之三，今日全国下雨，是真的可以有的。

特色之四，洗手间叫"化妆室"，有的洗手间比较大，确实可供化妆补妆，而小的虽然没有这个功能，名字却也雅致。

特色之五，韩式出行，坐公交车真的好贵！坐火车不用检票，也没人查票，全凭自觉。

特色之六，韩式驾照，简单快速的集训，昨日学驾驶，今日就可上高速公路。

特色之七，韩国博物馆里，汉字要比韩文多。

特色之八，韩国城市建设，"五步一个咖啡厅，十步一个教堂"。

彩蛋：赴韩 tips

拌饭是一种典型的韩食，它把各种食材混合掺杂在一起，吸收泡菜、烤肉之精华，易做，好吃。

韩国文化就像是一种"拌饭"文化，古今兼备、东西会通。在这里，东方文明的儒道传统和西方文明的开拓精神共生，孕育出了独特的韩流文化。韩语词汇尤其像"拌饭"，近 70% 的汉字词已然扎根，再加上不少日语、英语词，熔于一炉。

韩国不大，所以一旦流行某种风格，顿时就有"星火燎原""席卷全国"之势。记得刚来的那个夏天流行小碎花裙。上街一看，呀！上至五六十岁的阿祖玛，下至几岁的小孩儿，谁要是身上没件小碎花，感觉分分钟就会被潮流所抛弃。

在韩国，不论寒暑，每天都要洗澡，并且换衣服。如果两天穿同一套衣服，别人会觉得你没有回家。赴韩之前，曾以为"羽绒服＋短裙"只是韩剧效果，来了后才知道，他们不知秋裤为何物，即使冷到颤抖，也要露出美丽的腿。

思考题：

1. 作者比较详细地记述了她在韩国做志愿者教师的酸甜苦辣，对你有什么启发？
2. 为了更好地适应在赴任国的生活和工作，你会做哪些准备工作？

专家点评：

对一名汉语志愿者教师来说，国外的异域风景、文化和不同的教学风格让我们兴奋，也让我们一时难以适应。那里有我们快乐的时光、幸福的欢笑，也有难以排遣的寂寞和文化冲击中的落寞与悲伤。"读万卷书，行万里路"真正得到了践行。它丰富了我们的人生阅历，拓宽了我们的文化视野，提高了我们的工作能力，让我们变得更加坚强、更加优秀。

由"像只误闯商场的小鸟，在不熟悉的环境里扑棱棱地乱飞"的慌乱，到慢慢细品韩国的高中校园文化，我们从中看到了汉语志愿者教师的适应过程。

案例中讲到了"因为课堂秩序混乱，我在最爱的三年级五班发火了。……但当时的挫败感汹涌而来，情绪跌落到谷底。"这是我们大多数汉语志愿者教师都会遇到的一个状况。的确，当"挫败感汹涌而来"时，我们该如何化解困难、排遣情绪，这是需要认真对待的。案例中的老师下班后主动叫上好友陪她在校园散心，就是一种很好的解决办法。一方面，把工作中遇到情况向好友倾诉，既排解了心中的烦恼和情绪上的郁结。另一方面，这也是赴海外志愿者教师与同事交流的一个重要环节，正是因为有问题，我们跟别人的交流才会更加深入和有效。因此，建议远在千万里之外的志愿者教师千万不要压抑自己，应该及时疏解不良情绪。需要指出的是，过去我们很多汉语志愿者教师遇到类似的情况总是尽量克制自己，不愿与人交流，不仅自己郁郁寡欢，也影响之后工作的开展。而案例中的老师能够积极与同事交流，散步时谈心时巧遇拍照的学生，成功化解了郁闷，作者由此也深深地感叹道，"感谢如樱花般灿烂美好的学生们，感谢如大海般深沉包容的朋友同事们，让我在异国他乡过得充实又快乐。"这是海外汉语志愿者教师的真切体验，也是推动海外汉语传播事业的动力。这也是汉语志愿者教师真正的成长与提高过程。

需要指出的是，案例中的老师与同学互相学习对方的语言，这有助于增进教师与学生的感情和亲密度，也能让学生消除学习中文的畏难情绪。但在汉语课堂上，汉语老师应该更多地或尽可能地用汉语来进行"沉浸式"教学，这样才能让学生更快、更好地提高汉语水平。

拓展阅读书目：

秦桂芳:《韩国文化概论》，山东大学出版社，2010年12月。

泰国大学的毕业仪式

作　　者：刘阳（战略支援部队信息工程大学洛阳校区）
赴任国家：泰国
教学对象：大学生
点 评 人：张进军（湖南大学）

　　泰王国，旧名暹罗，通称泰国，是君主立宪制国家。泰国位于东南亚中南半岛中部，西部、北部和缅甸接壤，东北和老挝接壤，东南和柬埔寨接壤，南边狭长的半岛与马来西亚相连。东临泰国湾，西临安达曼海。

　　提起泰国，大多数人脑海中的第一画面可能是海滩、大象和水果。而我的最初印象，却是儿时从花园里淘金似地翻出的那枚一泰铢。

　　大学毕业季，正逢泰国纳瑞宣大学招聘汉语教师，我一心想去看看外面的世界，就试着提交了申请。经过资料初选、远程面试、校方筛选、讨论等环节，大约一个多月后，我收到了从泰国发来的邀请函。

那是一个"幸运星期四"的午后，我拿到那封信，内心既激动又紧张。欣喜的是，我终于可以真正踏上对外汉语教学的征途；担忧的是，我连一句泰语都不会，只身前往一个陌生的国度，是否会遇到很多困难。

该来的终究会来。因为第一次出国，几乎什么都不知道。首次办理签证被拒，在机场被询问和滞留，飞抵泰国后遇到百年不遇的洪灾，睡觉没有枕头被子，洗澡没有热水，看不懂泰语没法点喜欢的菜，因食物中毒大半夜被救护车拉去校医院急诊……这些往事，真的像是现实版《人在囧途之泰囧》。

经历了种种不知所措后，我开始慢慢地熟悉这个地方，开始体会这个佛教国度的圣洁与纯净，感受到泰国人民的友好与真诚。

能作为一名大学外教到泰国北部的古老城市彭世洛府的公立纳瑞宣大学任教，我心怀感恩，尤其是那些帮助过我的老师和泰国学生们——他们在我遇到问题时骑着摩托车载着我东奔西跑，用汉语陪我聊天，给我介绍这介绍那，带我去品尝泰国的美食，着实让我感动。

刚到纳瑞宣大学的一个月就是期末考试，停课备考，负责指导我的是一位教学经验丰富且热情开朗的女老师，中文名字林金珊，她是南京大学历史与国际关系专业的博士。在她的帮助下，我慢慢熟悉了在泰国的教学工作。

在校园里，学生都是必须穿正装。男生必须穿衬衣打领带，穿西裤，配统一腰带，穿黑色皮鞋；女生也必须穿衬衣、百褶裙，配统一腰带，穿黑色皮鞋。学生必须在胸前佩戴校徽及学院徽章。教职员工的着装虽没有统一规定，但对女教师有硬性要求：工作期间，上衣必须有领、有袖，着裙装且必须过膝，不能穿裤装及休闲短裤。

学生在校园里见到老师，无论认识与否，都会双手合十行礼。有一次去办公室的路上，一群教育系的学生从我面前经过，二十几个穿着校服的同学一个一个从我面前双手合十地拜过去，我都不知道该怎么回礼。我很纳闷，为什么不认识的学生也会主动问好，原来是因为服装能够辨别身份。"尊师重教"这四个字，在我心里又增加了一层具象化的认识。

在泰国，有三种职业是受到特别尊崇的：教师、医生和律师。说起尊师，不得不说一说拜师礼。虽然我没有亲历大型的拜师礼，但是当学期结束时，一个班的学生全部跪坐在我的面前，送上一串亲手制作的花环，聆听我的期末寄语，当时的心灵是震颤的。我被这种静穆而庄重的跪拜礼感动了，泰国人对于长辈、对于老师的尊敬是虔诚的，发自内心的，让人感受到一种仪式感、一份责任感。

对教师的尊重还体现在上课期间，学生进教室必须脱鞋，有教师专用卫生间和电梯，有的学院餐厅还设有教师就餐专区。这一系列安排都体现了泰国对教师的尊重。

在纳瑞宣大学任教期间，由于经验尚浅，加上没有统一的教材，作为外教的我，主要教授听力、口语和阅读课。授课对象有汉语专业学生和非汉语专业学生，大部分汉语专业学生在高中就开始学习汉语，基础较好，或者祖辈就是中国人。非汉语专业学生主要来自旅游与历史文化系，选修汉语作为外语课程。

我的教学经验也在不断摸索中前进，从最开始的紧张焦虑，到后来的轻松自如。我所在的人文学院有8个系，汉语专业和韩国语、日本语、缅甸语、越南语、老挝语等外语专业同属于东方语言系。汉语专业的学生除了学习汉语之外，还必须选修1—2门其他外语。

大学里经常举行一些文化交流活动，我跟林老师一起，带着汉语专业的学生们在校内外参加活动。例如：打太极拳，剪纸，包饺子，展示中国的汉服、旗袍。中国元素在汉语专业教学里体现得淋漓尽致，从学生的校服、姓名牌，到性格和举止，都带有浓浓的中国风。

让我最震撼的还是大学的毕业典礼，作为观众，甚至想要跟他们一样身着毕业礼服接受皇室的祝福。每年12月，是纳瑞宣大学的毕业季，校园里全是各系学生们亲手制作的毕业海报、各具特色的毕业背景墙、道具等，给校园里增添了浓浓的毕业气氛。

每年典礼的时间不太一样，但最重要的有两天，第一天是毕业典礼演练，第二天是正式的毕业典礼，校园热闹非凡。每到毕业时，泰国诗琳通公主都会坐专机亲临学校给毕业生们颁发证书。每届学生修满学分、考试合格并通过实习汇报才能毕业，但是必须工作满一年后才能回校领取毕业证书。

我亲历了3次毕业典礼，每一次都深深地感受到学生发自内心的自豪感与成就感。在庄严神圣的仪式上，毕业生亲手接过由皇室颁发的毕业证书，接受最崇高的祝福，留下永恒的美好瞬间。毕业生们身着毕业礼服，手持沉甸甸的毕业证书，每个人的脸上都洋溢着笑容，与老师、家人、朋友一起拍照，铭记幸福的时刻。

而学弟学妹们在这两天的任务就是围着毕业生进行一项特殊的祝贺仪式——BOOM。伴随着有节奏的鼓点，所有的学弟学妹们围成一圈，喊着口号围着被祝福的学长或学姐跳舞，一边做动作一边念歌谣。毕业生们在接受这份祝福后，要将事先准备好的"辛苦费"放进募捐箱里，以表示接受这份崇高的祝福。

在我离开学校之前的那个毕业季，我的学生们也围着我送上了这样崇高的祝福，看着他们一遍遍地喊着口号，卖力地跳着、喊着，时而鞠躬，时而转圈，模仿各种日常动作，口中念念有词，虽然不是很懂每个动作和每句口号的含义，但看着他们认真的样子，我的内心升腾起满满的幸福和温暖。

这是"晚辈"对"长辈"的一种尊敬与祝福，是学生对老师表达感谢的方式。渐渐地，我爱上了这里的生活，爱上了教师这份崇高的工作。

我从小学习小提琴。有一次外出文化交流活动需要演奏，但是没有琴。通过老师和学生的帮助，我认识了西方音乐系的 Aj.Um 老师，借琴、还琴，一来二去，就和西方音乐系的老师和同学们熟悉了。用四川方言来说就是"地皮子踩熟了"，没课时，我也会跑去音乐系练琴、聊天，被老师们邀请去家里做客，还被邀请参加了一位音乐老师的教堂婚礼。

后来，音乐系老师还邀请我参加一些演出或戏剧节，感受他们的教学氛围。那完全就是一种西式的教育，学生分组进行理论学习，注重互动。上课时，老师和学生的关系也比较随意，学生跟老师更像朋友，老师也会带着学生去街头演奏，赚一些活动经费。

给我印象最深的一次经历是参加彭世洛府的一个周年纪念庆典活动。Aj. Suparerk 老师是一位极富才华的音乐老师，也是一位萨克斯演奏者，在彭世洛府小有名气，经常带领一群孩子参加各种音乐类节目，开展音乐教育。那次活动是彭世洛府的醒民学校创办 90 周年以及华侨协会成立 65 周年的庆祝活动，于是他邀请我参与演出，并从孔子课堂的陈列室里借出了一架儿童款古筝，让我跟他们合奏《月亮代表我的心》。

那真是一次有趣的演出，因为我以前压根没弹过古筝，三脚猫的古琴功夫在此处也得不到施展，但是在短短两周内跟他们一起速成了这曲全泰国都熟悉的邓丽君的歌。

回味在泰国的那段日子，生活是慢节奏的，长胖十斤是不成问题的，遇到中国的春节是不放假的，学生在校园里都是骑摩托车的，满大街的流浪狗都是有组织的，遇见僧侣是要避让的，进寺庙、房间是必须脱鞋的，喝水是要加冰的……总之，关于泰国的那些事儿，满满的回忆仿佛可以述说很久很久，至于在泰国的生活奇遇及旅游胜地参观指南，等有机会再开篇介绍吧！

图 1　参加泰国大学的毕业典礼

思考题：

1. 泰国有两个专为教师而设的节日，一为教师节，二为拜师节，可见泰国非常重视教育，泰国人非常尊敬教师。为什么泰国人对教师的尊重会达到如此高的程度呢？

2. 泰国有一种习俗，那就是用不同颜色代表不同日期，百姓按不同日期穿不同颜色的服饰。请问，从周一到周日分别对应哪几种颜色？泰国这种独特的颜色文化又是怎么来的呢？

专家点评：

在国外设立孔子学院，让汉语言文化走出国门，走向世界，加强与世界各国的友好交往交流，让世界了解中国，是我国对外开放战略的重大举措。每一位赴孔院工作的汉语教师，都可以说是肩负国家重任的文化使者和友谊使者。作者正是肩负着这样一种使命，怀着紧张而又激动的心情，完成了她的赴泰国孔院的文化之旅。

开篇，写她入选外派教师的经过，寥寥数语写下了她的期盼，字里行间透露出她的喜悦，以至于拿到通知书的"星期四"都是幸运的。所以，尽管"首次签证被拒"，在"机场被询问和滞留"，在泰国孔院工作环境艰苦异常，洗澡没有热水，睡觉没有枕头、被子，生活不习惯，还"食物中毒"，深夜送医院抢救等，困难重重，但她仍信心满满，一往直前，满怀激情地认真工作，慢慢体会到了泰国"这个佛教国度的圣洁与纯净，泰国人民的友好与真诚"。

下文紧扣"泰国这个佛教国度的圣洁与纯净，泰国人民的友好与真诚"这个中心步步展开，用一些看起来很小但又非常典型的事例介绍泰国对教育的重视和该国值得称道的文化习俗。如学校对学生和老师的着装要求。学生在校园见到老师，无论认识与否，都要双手合十行礼。再如庄严的拜师礼，无论是全校性的还是班级的期末小结，全体学生都跪坐在教师跟前，送上一串自己制作的花环，聆听教师寄语。再就是每到毕业典礼，诗琳通公主亲临学校给学生颁发毕业证书。无不体现了泰国对教育的高度重视，无不体现了教师在泰国的崇高的社会地位，让人受到启迪，感到震撼。

了解了别国文化才能更好地了解自己的文化。外派教师的主要任务是教授汉语和传播中国文化。泰国学生喜欢、尊敬中国教师，既是一种传统，更是对当代中国和厚重灿烂的中国文化的一种认同、渴求和向往。当泰国人民了解并喜欢中国文化时，汉语之花就会在泰国绽放。

拓展阅读书目：

[泰] 披耶阿努曼拉查东：《泰国传统文化与民俗》，中山大学出版社，1987年。

陈晖、熊韬：《泰国文化概论》，世界图书出版公司，2014年。

日本温泉洗浴处的盆

作　　者：王宏伟（上海外国语大学）
赴任国家：日本
教学对象：社会各阶层人士
点 评 人：王晓光（青岛大学）

　　"老师，我也有一件很为难的事。"一次在讨论"遇到过什么为难的事"的时候，一位同学这样说。"有一次我去泡温泉，发现一名中国游客把脚放进了洗浴处的盆里，旁边的日本人很不满意，我看了也觉得非常不舒服。我想告诉她这样做不礼貌，但是我的汉语说得不好，我怕说错了会让她尴尬或生气。"听了她的话，全班同学都瞪大了眼睛追问："真的吗？真的有人把脚放在温泉洗浴处的盆里？天哪！"还有的同学已经完全忍不住了，开始用日语讨论起来。

我赶紧打开百度输入了两个关键词：中国人，泡脚，并点击了图片搜索。很快屏幕上出现的一张张中国人在撒着花瓣、中药等的盆里泡脚的照片吸引了大家的注意力，大家停止了讨论，纷纷看向我。于是，我给大家讲了两个故事。一个是我爸爸的故事。我爸爸的身体非常好。他每天晚上看新闻联播时一定会端一盆热水泡脚，旁边再放一壶开水，水有些凉了就往盆里慢慢加壶里的开水。另一个是我湖南同学的故事。我给爸妈在淘宝上买了一个按摩洗脚盆，被他各种吐槽，他给我看了他家的泡脚木桶，对，是桶，他爸妈（包括他）常年用木桶泡脚，水是要没过膝盖的。他们一家人身体都很好。也就是说，泡脚对中国人来说是一种保持健康的方法。

百度上有一句话也吸引了大家的注意力："中国最长寿的乾隆皇帝将自己的长寿秘诀概括为：晨起三百步，晚间一盆汤。"简单地解释了一下，这盆"汤"不是喝的汤，而是泡脚的，也就是说，中国人很早以前就有用盆泡脚的习惯，当然，也可能是桶。看了百度的图片和介绍，听了我身边的例子，学生们都明白了。有位学生说，"中国的中医很厉害，这可能跟脚上的穴位有关系，我相信泡脚肯定有好处。"还有几位学生很感兴趣地说，"以后可以试试，不方便去泡温泉的时候，不妨用盆泡泡脚。"也有学生说，"以前看过一篇文章，欧美人对内敛的日本人一丝不挂地泡温泉感到很惊讶，在泡温泉上，日本人很开放。"说完大家哈哈大笑起来。文化的不同会影响人们的行为，有时会成为笑谈，有时也有可能造成误解甚至冲突。

接着，大家开始讨论这种情况下应该怎么办。结果，全班 11 位同学全部选择沉默，因为他们觉得自己的汉语说得不好，如果表达得不礼貌，会让那位中国游客感到受伤甚至被侮辱，要是生气就糟糕了。当然，大家也试着讨论如果说的话，最好怎么表达。最后，同学们一起设计了这样一段对话：

A：您好，您是中国人吧？

B：是啊，您会说汉语啊？

A：是啊，我在学汉语，汉语真难啊！听说在中国，人们很喜欢泡脚，这对身体好。

B：是啊，我在家每天都泡脚。

A：（面露为难神色，犹豫一会儿说）其实，在日本，温泉里的盆只是用来冲澡的，不能……

B：（看看周围其他人，恍然大悟）啊，真对不起，我第一次听说，我还纳闷呢，这盆太小了，有些脚大点儿的人也不够用啊！

A：不知者不罪，没什么，没什么。

B：这句话您都知道，您真是个中国通啊。

虽然大家设计的对话中双方皆大欢喜，但是即使这样，学生们还是觉得如果生活中真遇到这种情况，还是不说为好——要是让出门旅游的人心里不痛快，甚至发生矛盾，那就糟糕了。

如果你遇到了这样的事，你会选择怎么处理呢？

思考题：

1. 为什么课堂上老师要用百度搜索中国人泡脚的图片？
2. 你觉得案例中的老师组织学生设计对话、提醒中国游客的课堂活动合适吗？
3. 面对案例中日本学生的疑惑，你能想出哪些方法答疑解惑？

专家点评：

在"礼"文化和耻感文化观念支配下，日本人待人处事总是特别谨慎，一般不会直接批评人，也不会让人难堪。此案例中一位同学说有一次去泡温泉，发现一名中国游客把脚放在了洗浴盆里，旁边的日本人很不满意，她也觉得非常不舒服。她想告诉那位中国游客这样做不礼貌，但是汉语说得不好，又怕说错了会让对方尴尬或是生气。全班同学也为中国人把脚放在温泉洗浴处的盆里而惊讶不解。

此时，身为中国人的王老师没有强词夺理为同胞辩解，也没有妄自菲薄、因同胞而脸红，而是打开百度输入了两个关键词，点击了图片搜索。很快，屏幕上出现的一张张中国人泡脚的照片吸引了大家的注意力，打断了大家的讨论。王老师第一步做得非常得体，成功地将矛盾暂时引开。接着，她以自己父亲和同学父母洗脚的事及乾隆皇帝的长寿秘诀，告诉不解的日本学生：用盆泡脚是中国人的一种养生之道。经解释，在场学生对中国人用盆泡脚的行为有所理解，甚至有的学生开始转变立场，认同中国的泡脚养生。这样，王老师把之前日本人眼中的不文明现象转为更容易获得认同的养生之道，在应对上也由被动变为主动。

文化的不同会影响人们的行为，容易造成误解甚至导致冲突。王老师面对文化冲突，首先冷静下来，将本来有些尴尬的问题非常巧妙地进行淡化。淡化问题后，并没有结束话题，而是谋求更进一步的理解。日本温泉中的盆确实不是用来泡脚的，案例中的中国游客，并没有意识到自己的行为是不合乎日本温泉文化的不礼貌行为。以日本人的性格，多数会保持沉默，但内心会给中国人贴上不文明的标签。如果这节课上的这个话题就此而打住，也不失为一种解决方式，但似乎还有点遗憾，毕竟理解和认同、包容是不一样的，理解并不等于解决问题。

于是，王老师将问题重新抛给学生：这种情况应该怎么办？结果，全班11位同学全部选择沉默，因为他们觉得自己的汉语说得不好，如果表达得不礼貌，会让那位中国游客受到伤害甚至觉得被侮辱了。作为汉语老师，王老师很自然地将大家引向汉语学习，引导大家试着讨论应该如何用汉语来解决问题。最后，同学们一起设计了一段对话，告诉中国游客在日本泡温泉时，不可以用盆泡脚。

通过这堂课，老师至少达到了三个目的：化解了授课者自己和当事人面对问题的尴尬，将本可以结束的话题处理得更得体，更圆满；将泡脚养生的中国文化推介给了日本学生；实际进行了一次汉语演习。

总之，在这个跨文化事例的处理过程中，王老师有理有据，没让自己尴尬，也消除了在场日本人的困惑。文化冲突的解决，取决于双方的互相理解，日本人社交有一个不成文原则——不当面让人为难，让人尴尬。如果老师处理过程显示出为难与尴尬，学生也会觉得不好意思，可能这个问题就此打住，课堂的尴尬暂时避免，可是国人形象的尴尬继续隐性存在。王老师大大方方，不卑不亢，避免了自己尴尬，也避免了陷对方于尴尬之中。通过一个语言场景的设计，文化冲突的尴尬被有理有据地化解，且顺带宣传了中国的中医文化、养生文化，这是一个非常成功的文化冲突反转的范例。

白色的红包

作　　者：王宏伟（上海外国语大学）
赴任国家：日本
教学对象：社会各阶层人士
点 评 人：张红玲（上海外国语大学）

　　2016 年 9 月，我接受上海外国语大学的外派任务来到日本大阪产业大学孔子学院担任公派汉语教师。我没有学过日语，对日本的了解也非常少。但我深知虽然同是亚洲国家，日本与中国的文化仍有很大的不同。出发前我做了很多准备，向前辈了解注意事项，在网上搜集各种信息材料，也专门找了一些书籍来看，这些准备让我从容了一些，不过在日本遇到的色彩上的文化差异仍让我措手不及。

2016 年 10 月的一天，大阪产业大学孔子学院日方事务课长请我帮忙写几个汉字。他给了我一个白色基调的信封，让我在上面写上"御祝·大阪產業大学孔子学院"十二个字。课长不会说汉语，但是他笑眯眯地用英语告诉我："This is a hongbao."红包？白色的？我当时心里想，"也许是哪个合作单位有什么丧事，要慰问一下。"但是又觉得"御祝"两个字不太像，另外，信封上也有一部分彩色的图案，更何况课长的表情也不像悲伤的样子。于是，我找机会问了一位在日本生活了十几年的中国同事，她告诉我，这真的是红包，不是用于丧事的，而是用于喜事的。这个红包是为了祝贺一家合作单位成立而准备的（见图1）。这位同事还专门找来了

 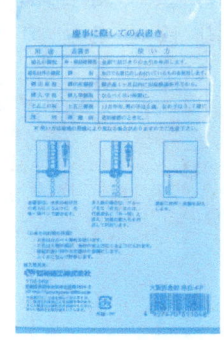

图1　日本的红包　　图2　红包使用说明

这种红包的使用说明，上面明确写着喜事可以用这种红包，并详细地说明了不同场合的使用方法。

在中国，红色代表喜庆、吉祥，从小到大我看到的喜事红包都是红色的，有的上面有几个金色或银色的字，丧葬之事才会使用白纸或白色信封。当天看到这种白色基调的红包让我心生疑惑，得知它表达的是祝福，我倒是产生了兴趣，又问了几个日本朋友，还上网查了一些资料。在日本，白色象征着生机勃勃、纯洁无瑕，所以喜庆之事都会用白色。不过，丧葬之事的礼金也是用白色的来装，只是喜事红包上会点缀一些饰品或其他彩色，而丧事用的则基本只增加黑色。为此，我还专门去附近的商场看了一下，征得营业员同意后拍了几张照片，请看下面的照片对比。

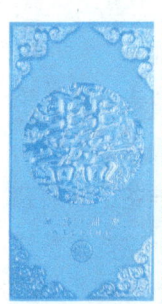    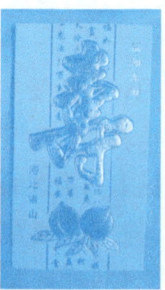 

图 3　中国婚　　图 4　日本婚　　图 5　中国宝　　图 6　日本宝　　图 7　中国祝　　图 8　日本祝
礼用红包　　　礼用红包　　　宝出生用红包　宝出生用红包　寿用红包　　　寿用红包

还有几件关于日本在喜庆场合用白色表达祝福的事情令我印象深刻。一件是2017年5月的一天晚上，我去上课，发现隔壁公司门口摆了好多白色的花篮，一股阴森恐怖感袭来，我赶紧快走了几步。进教室后，我小心问学生："你们知道旁边的公司发生了什么事吗？门前为什么摆放那么多白色的花篮？"学生回答说："原来的公司搬走了，这家公司刚开业，有人表示祝贺送去的。"我听了后很惊讶，虽说知道日本文化中白色的意义，但是白色花篮在中国一般是丧葬场合摆放的。我说出了自己的感受，在场的学生也很惊讶，他们虽然学了很多年汉语，有的甚至学了十年，虽然也知道中日两国在红色、白色意义上的差别，但是在这件具体的事情上仍没有什么思想准备。为此，我们特意就文化差异讨论了十几分钟，学生们也纷纷表示幸好之前没有遇到要送中国朋友花篮的情况，不然就糟了。

第二件事发生在2017年9月24日，大阪产业大学孔子学院举办成立10周年庆典，邀请了一个中国乐团来演奏。在庆典活动上，演奏者们刚迈进会场就一脸凝重，甚至还有人怀疑地说："这气氛……"因为当时会场上横幅是白色的，上面的字"大阪産業大学孔子学院10周年記念式典·祝賀会"是黑色的。另外，讲话的人胸前佩戴的也是白色的花，红色部分又不那么显眼，这让习惯了丧葬之事才使用白色条幅、佩戴白花的中国演奏者们很是紧张。

图9　庆典会场横幅

图10　讲话人佩花

最后一件事是在微信朋友圈里听一位日本老师讲的。1985年，一位中国好友出席他的婚礼时系了一条红色的领带，而这位好友也成了现场的"焦点"，因为宴会上所有的男宾系的都是白色领带。30多年过去了，大家对这件事仍然记忆犹新。

思考题：

1. 白色在日本文化中有什么含义？
2. 案例中老师第一次看到白色的红包有什么反应？为什么？
3. 在进行课堂教学时，教师应如何引导学生理解文化差异？

专家点评：

　　文中作者初到日本时，遭遇白色的红包有不适感，尽管从当时的语言和非语言情境判断并非有不好的事发生，她仍认为是哪个合作单位有丧事要办。这是因为她看到此物件后的第一反应是从中国文化习俗的角度去理解。好在作者有了疑虑后善于探究，首先向在日本生活长久的中国同事了解原因，发现之前的先入之见并不正确。作者还深入日本社会进行深入了解，向日本商场营业员了解日本人常用的红包，知晓了日本各类白色红包的式样和功能，以及白色在其文化中的含义，比如象征生机勃勃、纯洁无瑕等，这也是喜庆之事都会用白色的原因。当然，这种红包上都会用其他饰品或彩色来装饰，也是与丧葬用红包的一个重要区别。此外，她还将同类现象联系起来，加深印象和理解。比如发现在日本用白色花篮庆祝开业，而白色花篮在中国一般是丧葬场合摆放的。注意到此类现象后，她顺势利用这个例子在课堂上和学生进行中日文化的对比、分析和讨论，发现很多人虽然有一定的跨文化敏感性，但在这类具体细节上并没有意识到中日两国社会和文化的巨大差异，学生借此对中国文化也有了具体、深入的认识，为以后和中国人的交往又多了一些思想准备。绝大多数人都有用自己文化的思维理解异文化现象的倾向，作者有所经历和探究后逐渐克服，但其他人有这种表现也颇为常见。比如，两年多后的一次孔院庆典活动上，日方用黑白色装饰舞台和会场，并佩戴（红色装饰不明显的）白花，这让前来参与演奏的中国乐团成员感到紧张和吃惊，因为他们不自觉将这些和丧事联系起来的。而此时作者已经充分理解和坦然接受，可以通过解释向同胞们说明情况。

　　以上反映的其实是跨文化交际中人们常常具有的民族中心主义倾向。表现在日常行为中，就是参照自己的文化和价值观念衡量和判断来自其他民族的行为方式，忽视了双方文化的不同，做出基于自己文化的负面评定，从而引起误会甚至冲突。跨文化交际从来不是单向的事件和行为，而是双向的。为了减少跨文化交际过程中的困扰，正如案例中作者的所作所为，应该采用对比分析的方法，发现文化差异并探究其缘由，促进交际双方的相互理解和彼此适应，这有助于解决跨文化交际中的实际问题。

潜移默化

作　　者：王宏伟（上海外国语大学）
赴任国家：日本
教学对象：社会各阶层人士
点 评 人：王晓光（青岛大学）

从 2007 年成立至今，大阪产业大学孔子学院每年都会举办春节联欢会。不但邀请中国艺术家或中国留学生来表演节目，同时也鼓励孔院学生积极参与，展示汉语学习的成果及收获。2019 年春节联欢会上，孔院学生参与人数多达 30 人，形式也更加丰富多彩，用同学们的话来说就是"更高端了"。除了合唱、乐器演奏，还有朗诵、对唱、舞蹈，更重要的是有两位学生跟中国老师们一起担任了联欢会的主持人。

年度	参与人数（人）	参与形式（种）	备注
2017	15	3	合唱10人、皮影戏4人、古琴1人
2018	9	2	合唱8人、弹唱1人
2019	30	6	主持人2人、中日文对唱3人、二胡合奏3人、伴奏2人、朗诵及合唱14人、合唱及舞蹈5人、电脑伴奏制作1人

表1　近3年学生参与联欢会的情况对比

2016年9月底，我初到大阪产业大学孔子学院，2017年2月11号的丁酉鸡年春节联欢会是我在这里参加的第一个春节联欢会。联欢会开始前一周，一位学生对我说："老师，能帮我们找一下《恭喜发财》的伴奏吗？我们两个班（中级B2班和中级C班）想表演合唱，去年春节联欢会上也表演了。"当时我很惊讶，这些学生如此大方开朗，跟我之前接触过的日本学生不太一样。尤其是这些学生的平均年龄约为47岁，积极参与的热情真是很令人感动。遗憾的是，当时我考虑不周，只是帮他们找了伴奏，并没有想到组织学生们聚到一起排练一下。这个班是一星期一次课，所以再次见到他们就已经是在联欢会上了。虽然没有专门排练，联欢会上大家也很自然地跟着音乐唱起来了，现场气氛也不错。事后我还是有些内疚，我相信如果经过排练，大家一定会更有成就感和满足感。

2017年12月，在给中级C班上课时，课文后对歌曲《好一朵美丽的茉莉花》进行了介绍。想到前一年大家表演的热情，我特意找来歌唱家宋祖英和席琳·迪翁合唱的视频给大家看，这是我非常喜欢的一个版本。不出所料，大家看完后表示非常喜欢，其中还有一位学生跟着唱了起来。在之后的课上，我一有时间就用这首歌的歌词纠正大家的发音，读读唱唱，既让大家通过这首歌掌握了"齐齿呼"和"合口呼"的区别，同时还帮助学生了解了汉语诗歌押韵的一些特征。我在中级B1班开展了相同的工作，我能感受到中级B1班的学生也很喜欢这首歌，并且从中学到了很多汉语发音和中国文化知识。2018年2月12号，产业大学孔院戊戌狗年春节联欢会之前，我跟这两个班的学生商量，联欢会前一个星期抽时间排练一下合唱，大家都很愿意。因为之前已经对发音和节奏比较熟悉了，大家一起选了领唱，安排了站位和谢幕等细节，还准备了布艺茉莉花和幻灯片调动现场效果，我自己也把多年未动的竹笛拿出来练习，为大家伴奏。那一天，我们玩儿得很开心！台下的观众也很捧场，笑声和掌声不断。当时我有个念头"独乐乐不如众乐乐"，虽然这一次已经有不少学生参加表演了，但是大家一定都希望用汉语多做点儿什么吧。

经常练习读和唱的中级 B1 班和中级 C 班的学生，汉语发音越来越地道，说起汉语也越来越自信，应该推广一下这样的练习。以前，我曾鼓励过其他班的学生参与孔院联欢会，但是经常得到"我不会唱歌"之类的回答。

2018 年 2 月开播的综艺节目《经典咏流传》吸引了我的注意力，歌手们把中国古典著作配上曲谱悠悠唱出来，字正腔圆、节奏简单，比如《声律启蒙》《山居秋暝》《将进酒》《送别》等。一有时间我就在各个班上放这几首歌，后来发现《声律启蒙》和《山居秋暝》特别受欢迎，于是在训练语音或者讲解汉语构词特点、中国文化含义时我经常用这两首歌举例。大半年下来，学生在发音出错时，只要我用这两首歌里的发音做对比，他们就能改正过来，有时只要我哼出调子，他们就能将歌词唱出来。在理解课文或者造句时，大家还会讨论为什么用这个字不用那个字，而且他们自己很快就能想出答案。其中有一位学生的发音越来越地道，我跟院长说可以考虑让她跟中国老师们一起做主持人，院长表示赞同，学生本人也非常乐意，就着手准备了起来，那时离晚会还有 3 个月呢。后来学院又邀请了另一位在孔院学汉语的产大本科学生，2 位学生和 2 位老师共同担任主持。

2019 年己亥猪年春节联欢会定于 1 月 27 日举办，在那之前的两个月，我就开始引导学生怎么对歌、怎么做动作等。当大家越来越熟练后，我开始在班上说起参加春节联欢会的事，很快，4 位班上的学生就跃跃欲试，并一起讨论怎么表演。还有两位学生主动提出拉二胡、弹吉他来伴奏。有位学生会弹尤克里里，但那天他有事参加不了演出，就用电脑制作了《声律启蒙》的伴奏来帮助大家记谱。最后我和几位学生又在歌曲前加入了朗诵内容，大家跟着音乐先用汉语大声朗诵，接着又在乐器伴奏下唱响古典汉语歌曲。这些外国学生经过不懈努力，用汉语营造出了一种古典美。另外，初级 B 班的一位男同学很早就找来了自己一直很喜欢的一首歌《陪你看日出》，并邀请另外两位女士跟他对唱，中日文齐上阵。他还为自己的表演加了一段小笑话。当他看到大家听了自己的汉语笑话笑起来后，别提多自豪了。最后，参与联欢会活动的学生达到了 30 人（包括二胡班的 3 位学生），参与形式也达到了 6 种之多。

　　每个人身上都有一种潜能，教师在教学过程中应因材施教、因人而异，将知识点和文化内容潜移默化地传授给学生，这样能让学生没有负担地学习，下意识地掌握住技巧，更有可能激发出他们的正能量。

思考题：

1. 案例中的王老师为什么在汉语课上教学生唱中文歌？对学习汉语有帮助吗？

2. 王老师的学生有什么特点？

3. 王老师认为在教学过程中怎么做才能较好地把文化教学与语言学习结合起来？你同意她的看法吗？为什么？

专家点评：

　　语言无法速成，特别是对于孔院中那些年龄偏大的汉语学习者，更不能急于求成。在循序渐进中去领悟，在潜移默化中对所学汉语进行刺激，有利于他们更扎实地掌握所学知识，加深对所学知识的理解。隐性的教育资源无处不在。这个案例巧妙地利用了学生准备春节联欢晚会的契机，以唱歌、主持、朗诵等多种形式，让学习的内容在现实生活中得到实践，潜移默化地进行了汉语知识和中国文化的渗透。

　　王老师到大阪产大孔子学院之后的第一个春节联欢会前，一位学生请他帮助准备参加晚会的节目，联欢会上大家很自然地跟唱中国歌，职业的敏感使王老师意识到，春节联欢会是检验、促进学生学好汉语的好契机。

　　第二个春节联欢会前，课文后出现了歌曲《好一朵美丽的茉莉花》的介绍，受到大家的欢迎。于是，王老师在之后的课上，一有时间就用这首歌的歌词纠正大家的发音,利用音乐纠音显然比单纯的纠音要容易,学生在不知不觉中完成了枯燥的"齐齿呼"和"合口呼"的纠音,同时还了解了其他相关的中国文化知识,其实,这也是王老师有意为即将到来的春节联欢会做的准备。没有刻意地排练节目,可是在春节联欢会上的表演却非常成功,同学们很开心。这是课堂上单纯的讲授达不到的效果。

第二年的春节联欢会有不少学生参与表演了,但王老师希望有更多的汉语学习者参与进来,不仅仅是唱中国歌曲,还可以用多种表现形式。她敏锐地把综艺节目《经典咏流传》中的经典咏唱引入汉语课堂,字正腔圆、节奏简单的《声律启蒙》和《山居秋暝》等尤其受欢迎,于是在训练语音或者讲解汉语构词特点、中国文化含义时,这两首歌经常被拿来作为例子,大半年下来,大家在汉语的发音、语法及理解力等方面都有了很大的进步。通常大家会认为现代汉语都很难,古代汉语岂不是更难?但王老师采用的方法可以说是汉语教学的一个新思路,特别是对于日本中老年学生来说,这种方法很有效。

2019年己亥猪年春节联欢会之前的两个月,王老师就开始引导学生怎么对歌、怎么做动作等,当大家越来越熟练后,各班学生都跃跃欲试,希望参加联欢会,并一起讨论怎么表演,无形中全员都参与了课堂后的汉语课堂。王老师因人而异,因势利导,将语言知识点和文化内容传授给学生。在没有负担的情况下,学生身体里的能量被激发出来。在不知不觉间,学生被引向春节的舞台,参与中国文化活动,将汉语学习与才艺表演结合起来。作为外国人的孔院学生,在2019年春节联欢会上,用汉语营造出了一种古典的中国文化美。参与学生人数之多,参与形式之多都前所未有。

这种全员参与的积极性,与平时潜移默化的努力有关,每年都有的联欢会,如同一条线,将学生全员参与的积极性调动了起来,在准备的过程中,语言知识、文化知识在无形中得到了练习,连续三年的春节联欢会,不仅仅是一次次精彩的才艺展现,也是一次次精彩的汉语学习报告会,而其成功,不能不归功于平日潜移默化中的中国语言和文化艺术的渗透。

我在日本国教汉语

作　　者：邢洪雷（上海师范大学语言研究所）
赴任国家：日本
教学对象：大学生
点 评 人：杨彬（上海外国语大学）

日本国，简称"日本"，意为"日出之国"。日本位于东亚，领土由北海道、本州、四国、九州四个大岛及 7 200 多个小岛组成，总面积 37.8 万平方公里。主体民族为大和族，通用语言为日语，总人口约 1.26 亿。

2017 年的春分时节，从湿漉漉的上海出发，我来到日本的松山大学，开始了我的访学生活。那一天，太阳同样不负责任地出去"流浪"了，飞机降落时，斜风裹着细雨，飘落在这个宁静安逸的小城。

松山位于日本西南部四国岛的爱媛县（日本的"县"相当于中国的省级单位），是四国最大的城市，但整个四国在日本人看来就如同偏远的乡下一般，松山自然也没有高耸入云霄的摩天大楼，也没有车水马龙、川流不息的商业街。当然，比夏目漱石的《少爷》中描绘的尚未开化的情况要好得多，毕竟已过去了一百多年，但醇厚的传统韵味依然得以保存。

一、工作篇

在松山大学，汉语课程是作为第二外语选修课开设的，同时可供学生选择的还有德语、法语、韩语和西班牙语，修习期限为一年，完成课程后大概可以达到 HSK 三级或四级的水平，学生往往会参加日本组织的"中国语检定考试"（简称 CPT）。

全校选修汉语的学生大概 200 来人，每班 30 人左右，每周 4 课时（45 分钟 1 课时），由一名日本籍老师和一名中国籍老师共同讲授，教材选用该校增野仁和孟子敏两位教授的自编教材，是中日两国教授的合作成果。学生的读写能力较强，听说能力较弱，这和国内日本留学生的汉语学习特点基本一致。

我在松山大学担任客座研究员一职，教学工作并不多，每周仅有 4 课时，负责两个班的教学工作。E 班是零基础入门班，学生们和中国刚进大学校门的大一新生一样，对一切都充满好奇。这里尤其要表扬一下我们的国宝——萌萌哒的大熊猫，讲到动物园一课时，学生们看到有关熊猫的视频，简直毫无抵抗力。

F 班是重修班，其实就是第一年考试没有通过的学生来参加补习。30 人的班额，但每次上课基本就是一对二或一对三，很多重修的学生干脆不来上课，要么自学，要么改选了其他语言课程。

因为松山城市不大，师生们会在餐厅或居酒屋偶遇，上课时学生会打听老师去干什么了，和谁一起吃饭了之类的八卦话题。他们对中国的了解并不多，大多都是通过电视和书籍的介绍，而日本媒体对中国的有些报道真是让人哭笑不得。

下课以后，多数时间我都会在研究室里看看书，写写论文，追追剧。研究室的前身是汉语科的资料室，起初到处堆放着各种文献资料，在我的努力整理下，办公室变了个样子，整洁多了。

授课以外都是自己可以支配的时间，如果用一句日语来概括的话，那就是"每日の生活は本当に暇だ"（每天真是太闲了！）——如有语法错误大家不要见笑，我来日本之前并不会日语。来日本以后，自由时间比较多，起初自学，发现问题太多，就开始在 MIC（Matsuyama International Center，松山国际交流中心）学习日语，后来还找了藤井女士进行一对一的日语辅导。

尽管如此，我的日常交际日语也是惨不忍睹。一次在便利店，店员问我是否需要筷子，我误听为"你需要桥吗？"（日文中"桥"和"筷子"的发音都是"はし"）我赶忙回答说："不用了，这么贵重的礼物我不敢接受。"店员小妹一脸困惑地看着我。相似的经历简直不要太多，还好藤井女士一直在身边鼓励我："没关系，你是外国人，日本人都理解的。"

二、生活篇

我和几个留学生（中国、韩国、德国）住在学校提供的宿舍里，免住宿费，水电均摊。宿舍里有浴室、厨房、洗衣间和公共学习休息区域，十分便利。不得不承认，出国的确是锻炼个人生活能力的好途径，出国前连香菜都不会择的我，现在大部分的家常菜都可以轻松完成，过年时还可以给家人做几道拿手菜，秀一把厨艺。

如果对自己的手艺没信心，或者偶尔想慰劳一下自己，也可以选择去居酒屋吃点日式料理，或者到寿司店大快朵颐。

日本的日常居家生活与便利店、超市是分不开的。哪一天，哪个店，哪类商品打折，都是日本家庭主妇的必修课。比较有趣的是，无论是 FUJI 这样的大型超市，还是街边的小便利店，日本的电子支付并不像我们国内那么普及，日本人生活消费时大多使用现金支付，因此一般日本人出门就会带一个钱包和一个零钱包。这和国内基本只要带手机就可以出门的情况大相径庭。

日本的街头是没有垃圾桶的，日本人会将所有在外产生的垃圾带回自己家处理。他们的垃圾分类非常细致而严格：可燃垃圾、塑料垃圾（不可回收）、塑料瓶、玻璃瓶、金属垃圾、可回收用纸、大型垃圾……如果不分好类就丢掉，会被处以巨额罚款，甚至坐牢。这些看似让人头疼的分类却是日本孩子从小的必修课，如果一个孩子连垃圾分类都分不好，会被认为是十分失礼的事情。我刚到松大，拿到的第一本书不是教科书，而是松山市政府制作的手册《家庭垃圾处理帮助指南》，16 开大小，共 10 页，从图上可以看出日本对垃圾分类的重视和细致。

日本的动漫产业非常发达，这也体现在生活中的方方面面，学生上课随手几笔便可勾勒出一个动漫形象，街头的宣传板、画册，各个地区、各个部门也有自己的专属吉祥物，甚至自己随手拍的街景也好像穿越到了"二次元"世界。

独在异乡为异客，在日本也有幸体验了一些当地的传统节日活动。作为外国人，只能看看热闹，了解一下文化背景，而无法融入其中，正如朱自清的语句："热闹是它们的，我什么也没有。"

松山当地最重要的节日——秋祭，是祈求农业和渔业丰收的传统节日。钟馗祭，是祈求平安、祛除疾病的节日。夏祭，是夏天最重要的节日，海边有烟花表演。

日本的端午节已不太受重视，因为和日本的儿童节（男孩节）临近，家里有男孩子的都要挂鲤鱼旗，黑色的"真鲤"代表爸爸，红色的"绯鲤"代表妈妈，蓝色的"子鲤"代表男孩子。不过近几年，也有的家庭会挂橙色或粉色的小鲤鱼旗，是专门给家里的女孩子准备的。还有类似青团一样的日式馒头，也只在端午前后售卖。

新年的祈福在 1 月 1 日，大家都会到附近的神社或寺庙参拜、求签，展望一年的运势。最近几年，可能考虑到像我这种不通日文的外国人，寺庙里的签也有了中文版和英文版。

三、终篇

松山只是日本四国的一个城市，对于了解整个日本显然是管中窥豹。世界那么大，作为一个对外汉语人，应该多出去走走、看看、说说。即便前路荆棘遍地丛生，也不要忘记初心，要坚定信念，一直走下去。正如司马辽太郎的《坂上之云》中的诗句：

> 登高，坡顶自有青天。
> 倘若正有一朵白云闪耀，
> 那么就望云爬坡吧。

思考题：

1. 在课堂上，面对那些读写能力较强、听说能力偏弱而又不太愿意积极发言的学生，你会采取哪些形式的教学活动以激发学生大胆开口？

2. 在上述案例中，作者借助熊猫这种具有鲜明特色的中国元素开展教学，非常有效地激发了学生们的学习兴趣。在非目的语环境中，你会借助哪些中国元素向外国人介绍中国文化、讲述"中国故事"？

专家点评：

　　该案例内容丰富，对于从未到过日本的汉语志愿者教师来说，具有开耳目、广见闻的效果，应能有效帮助即将赴日担任汉语教学、中国文化传播等相关工作的人员。因篇幅限制，拟就其中汉语教学、跨文化交际与生活融入等三个方面略作点评。

　　首先谈谈汉语教学。作者作为客座研究员赴日访学，在此期间，承担了少量（每周4课时）的教学工作。尽管教学工作量较少，但教学工作的性质与重要性，应与常规的汉语志愿者教师所从事的工作等量齐观。两类教学行为主体，均应被视作展现中国形象的窗口，均应被视作传播中华文明的津梁。这两类行为主体自身也应有此认识高度。有了恰当的认知定位，才会生出更多的责任感与使命感，才会更加自觉地用心研究教学对象、精心研修教材、充分打磨教学方案，从而更加有效地开展教育教学工作。在上面的案例中，作者面对富有好奇心的大一新生，恰当选择富有鲜明特色的中国元素——大熊猫——作为切入点，借助相关视频，向学生们介绍中国，巧妙地展现中国形象、讲述中国故事，深深地吸引住学生，值得肯定。如何保护并进一步激发学习者的兴趣，从而更好地开展教学工作，是我们所有汉语国际教育工作者都应深入思考并积极探究的课题。

　　再来谈谈案例中的跨文化交际情况。在购买便当出现沟通障碍的时候，面对误解，作者试图以玩笑的方式解决问题，但是结果却如作者所说："店员小妹一脸困惑地看着我。"可见，效果并不尽如人意；而且，据作者自述"相似的经历简直不要太多"。由此可以说，在异域环境中，遭遇交际障碍在所难免。如何妥善地开展跨文化交际，的确是一个值得深思的大问题。深入了解所在国的国民性、独特的文化价值观念等等，非常有必要。著名人类学家鲁思·本尼迪克特的《菊与刀》可谓是"日本学"的经典之作，对于全面了解日本文化、深度解读日本人的国民性等，具有巨大的启发意义，也许值得每位赴日从事汉语教学与中国文化传播的汉语国际教育工作者精心研读。

　　最后谈谈如何更好地实现生活融入。初到异域环境之中，既快又好地融入当地的生活，大概是所有赴海外工作、学习与生活的人最渴望实现的。但因为文化价值观念、生活习俗等诸多方面的差异，快速而顺利地实现生活融入，绝非易事，恐怕也难以子丑寅卯地逐条列出具体办法。有两个原则性的建议，或许可作参考：一是入国问禁、入乡问俗。比如，在日本，长期施行极其严格的垃圾分类政策，严格执行"规定时间、规定地点"，若不按规投放易遭重罚。对于诸如此类的"禁""俗"等，都理应尽量多加了解。二是始终保持真诚友善的待人处事态度。西方有句名谚，"Smile can open all the doors in the world"，人同此心，心同此理，在生活融入的过程中，出现问题恐怕难以避免，但是只要明心见性地赤诚相待，自然可以逢凶化吉，可以临难处顺，可以实现深层次的心灵沟通，从而共享生活与生命的美好。

跨文化交际案例

欧洲篇

希腊初印象

作　　者：盖艳丽、汪景民（战略支援部队信息工程大学洛阳校区）
赴任国家：希腊
教学对象：大学生
点 评 人：黄健秦（上海外国语大学）

一、希腊人

对希腊人最初的认识来自大学课堂。当时有两门课提到了希腊，一门是文艺理论，一门是外国文学。

所以对希腊人的印象要么是智慧、思辨、遥不可及的哲学大家，要么是永远也记不住姓名、搞不清谁是谁的父母、谁是谁的孩子的诸位神灵。希腊之行重建了我心中对希腊人的认识，对希腊人的印象终于落了地。

故事还得从头说起。

2014 年 11 月 6 日下午 2 点，飞机平稳地降落在雅典机场。经过十几个小时的长途飞行，本已平静甚至有点麻木的心顿时又暖热起来。

下了舷梯，随着人流来到了行李大厅。一番等待、忙乱过后取到了全部的行李。我们想找一辆行李车，可左找右找，才在大厅尽头发现了两排行李车，但它们却被整整齐齐地锁在一根大柱子上。原来在希腊行李车是有偿使用的，必须得投币。临行前虽做了较充分的准备，但零钱却没有。这该如何是好？

环顾四周，不远处走来了一对年轻男女。女子取钱，投币，男子瞬间拉出一辆车子，两人配合得非常默契。不知道是发现了我注视的目光，还是看出了我内心的焦虑，只见那女子停下脚步，从容地取出一枚硬币，径直塞到了我手里。

直到现在，仍然不知道怎么形容当时的心情。高兴？激动？惊讶？感激？好像都不准确。也曾多次说起这个故事，听众反应不一。有的人不以为然，这种故事太老调了吧？没有曲折动人的情节，也没有出人意料的结局，不就是一枚硬币？有的人自然地把它跟热情、善良联系在一起。

我倒是想从另外一个角度去解读，我更愿意把他和她当成邻家的熟人，从熟悉中感受亲切和自然，从平淡中体会从容和简单。

说起希腊人的简单（这里的"简单"绝非贬义词），不禁想到了另一个故事。

来到雅典的第二个星期，我们应邀参加了新生入学宣誓仪式。活动很隆重，邀请了政府的嘉宾。先是简短的仪式，然后是校园游行，最后是站式冷餐会。

冷餐会上认识了一位 50 多岁的女士，她在一家医院做行管工作，她问我们喜不喜欢雅典，说要带我们去市中心看看。虽然对希腊人有好感，但还是习惯性地把她的话当成初次见面的寒暄。两天以后，当她带着女儿、开着车子接我们时，我们彻底傻眼了。我们跟随她们坐地铁、逛书店、登上雅典市中心的标志性建筑吃美食、赏美景……我们心中也在一遍遍地问："她们这么做究竟是为什么？"

随着谈话的深入，谜底终于揭晓。几年前，她的丈夫由于工作关系去过中国，在中国受到了热烈欢迎和热情款待，从此他们全家人都对中国充满了好感。

听着她的讲述，我不禁为先前的疑惑感到汗颜。在她的眼中，中国人就是中国，对中国的感情可以安放在任何中国人身上，哪怕是陌生人。这是多么简单和自然的逻辑！仔细想想，希腊人的简单和自然并不是无迹可寻。温克尔曼曾用一句话总结了古希腊雕塑艺术的特征，叫"高贵的单纯，静穆的伟大"。现代希腊人一定是遗传了祖先的基因。

图1　孟艳丽老师和热情友好的希腊母女俩

希腊人对理想中的生活没有太高、太急切的追求，每天坐在街角的咖啡馆里，喝喝咖啡，聊聊天儿似乎就是他们理想的生活。所以在雅典街头，大大小小的咖啡馆随处可见，连空气中都弥漫着咖啡的香味。原以为希腊的咖啡一定很美味，不然怎么有那么多人乐此不疲？后来才渐渐明白：希腊人喝的不是咖啡，喝的是慢节奏的生活。就像中国的四川人喝茶，广东人喝汤一样。

希腊人的慢节奏是出了名的。曾经听到过一个笑话，说希腊人罢工，左手端着咖啡，右手拿着面包，上班时间出现，下班时间离开，一分一秒也不多待。笑话归笑话，在慢节奏中享受简单生活才是他们所在意的。

跟西方其他国家一样，希腊的超市、商店星期天概不营业。希腊人会全家老少集体出动，开着小车，带着爱狗去户外郊游。希腊人的车子真是名副其实的小车，跟动辄百万级的 SUV 没有可比性。希腊人的爱狗也不是什么名贵品种，跟我们小时候家里养的土狗倒是很像。

我们的住处在半山腰，植被茂密，空气清新。虽然有些偏僻，公交车一小时才一趟，但却是很多雅典人的度假首选之地。每到周末，在绿荫中行走，在山间爬行，在石凳上静坐，体会希腊人的心境，享受实实在在的当下。不是希腊人，胜似希腊人。

二、首都雅典

我是怀着敬畏之心来希腊的。

在我出生的那个年代，小时候几乎没有接触希腊神话的机会。直到上了中学才知道宙斯、赫尔墨斯的名字，才知道古希腊文明同中华文明一样历史悠久、灿烂辉煌。从此，勇敢的斯巴达战士在我心中烙下了不灭的印象，"更快、更高、更强"的奥林匹克精神使我对希腊充满了好奇、敬畏和向往。

现代人一提起希腊，就会想到爱琴海。由于爱琴海译成汉语后和"爱情"音近，而且"琴"字又和音乐相关，因此被中国人赋予"爱情"和"浪漫"的意境，火爆全国的江苏卫视电视征婚节目《非诚勿扰》就对牵手成功的男女嘉宾赠以"爱琴海浪漫之旅"作为奖励。

从地图上看，希腊虽然处于欧洲东南部，但地理位置实际上与中国的黄河以北地区大抵相当，首都雅典基本上和北京在同一纬度，整个国土的东、西、南三面被海水环绕，按道理说希腊气候应该既像中国的南方一样湿润，又像中国的北方一样凉爽。但实际上，希腊气候非常干燥，冬天很少下雪，据当地人讲，首都雅典有十年没有下雪，去年冬天倒是下了两场大雪，给雅典人带来不小的惊喜。虽然很少下雪，但雅典的冬天却时常会暴雨倾盆，并伴有电闪雷鸣，让初来乍到的我十分惊诧。然而，到了春、夏、秋三季，雅典却又很少下雨了，每天都晴空万里，阳光灿烂。

由于希腊没有空气污染，不存在雾霾现象，每天都艳阳高照，未到夏天就已经明显感觉到阳光炙烤大地，路边的野草没有焕发春夏的嫩绿，反倒枯瘦干黄，呈现秋冬的萧瑟之状。

去年刚到希腊时，看到公路边的草地上散乱地排列着一条条黑色的管线，我还以为是通信光缆，当时纳闷他们怎么不把光缆埋到地下，被人盗割怎么办？后来才搞清楚那些不是光缆，而是细细的输水管线，是为节约用水而采用的滴灌技术，用来浇灌树木和农田。

希腊的国土绝大部分是岛或者半岛，地势多山，越靠近南方越干旱少雨，南部地区大多数山上都是光秃秃的，而且多为石头山，植被稀疏，泥土易流失，与我国雨水充沛、草木繁盛的南方形成鲜明对比。为什么希腊三面环海却降雨稀少呢？我想主要还是因为地中海被欧、亚、非三大洲陆地包围，形成了世界上最大的"湖"，海面相对平静，适合航运却不易形成可以带来充沛降雨的风，也难怪非洲北部虽然濒临地中海，但由于干旱少雨而形成了世界上最大的沙漠——撒哈拉大沙漠。这种"夏季炎热干燥，冬季温和多雨"的气候特征就叫地中海气候，以前上初中地理课时老师提到过，现在来到希腊才亲身体验到了。

雅典是一座港口城市，位于爱琴海边的一大片山谷中，东、西、北三面环山，市区中间也零星散落着一些小山包，地势连绵起伏。

作为首都，雅典当然是希腊第一大城市。希腊总人口只有1 100万，而雅典就居住着300多万，几乎承载了全国人口的三分之一。雅典市区的面积并不算小，绝大部分都是2—6层的建筑，高楼大厦极少，有些地方甚至有大片的空地和破败的民居，漫步其间有时会有在乡村穿行的错觉。不过，我倒挺喜欢这种城市与乡村兼顾的建筑风格，没有高楼林立的压抑感。

雅典的城市格局以宪法广场为中心向四周辐射发散，道路密密麻麻如蛛网，没有东西南北的概念，只有前后左右方向。市内虽然只有三条地铁线，但乘坐地铁基本可以到达各个区域，倒也快捷方便。无论往哪个方向，所有的公交车都经过宪法广场，因此，随便坐一辆公交车就可以到达市中心，而大部分换乘也都在市中心附近。

咖啡是最受希腊人喜爱的饮品，在所有希腊城市，咖啡馆的生意都是最好的。与友人聚在一起喝喝咖啡、聊聊天已经成为希腊人最常见的休闲方式。开始的时候我特别不理解，中国人朋友相聚都是吃饭、聊天，而希腊人聚在一起却是一杯咖啡聊半天，虽然聊得不亦乐乎，但桌子上却空空如也，这样饿着肚子聊天有什么意思？据学生们讲，希腊人离开咖啡简直不能活。我在心里嘀咕，有那么夸张吗？咖啡有什么好喝的？起先拒绝过几次学生的邀请，后来跟他们喝了两次咖啡，才知道咖啡的香味真的挺诱人。

作为奥林匹克精神的传人，希腊人极为重视体育健身，这从遍布雅典市区的体育设施上就能充分反映出来。雅典市内的每个社区都有篮球场、网球场、足球场，甚至综合性体育场馆，而且都是免费的，利用率极高。希腊人男女老幼都爱运动，每天下午和晚上都有社区居民在运动场地或踢球，或打球，或跑步，或带孩子玩耍。希腊政府在体育设施上的投入对当地民众而言是一项极大的社会福利，尽管在现代历届奥林匹克运动会上，希腊都未能在奖牌榜上名列前茅，但它在开展全民健身运动方面却做得相当出色，无愧于"奥林匹克故乡"的称号。我觉得希腊人很务实，因为奖牌只属于专业运动员，而健康却属于每一个普通人，让每一个人都拥有健康的体魄远比单纯追求奖牌数量更有实际意义。

　　由于语言的原因，我对雅典的印象仅仅停留于表面上的感性认识，对希腊文化和希腊人了解得并不深，但希腊人对中国人的友好和善意常让我感动。我希望能学会希腊语，与当地人自由交流并深入了解希腊文化，穿越时空在古希腊神话的世界里自由徜徉。

图 2　汪景民老师给希腊学生赠送中国结

图 3　汪景民老师在希腊的汉语课堂上

思考题：

1. 古希腊位于环地中海地区，属于城邦联合，是西方文明最重要和直接的源头之一。而今，希腊是一个国家，但人们同样赋予她有如朝圣般的情感。今天的希腊继承了古希腊的何种辉煌，而欧洲文明又对古希腊传统做了哪些创新拓展？（可从哲学、伦理学、数学、逻辑学、艺术等多学科角度切入思考。）

2. 你了解苏格拉底、柏拉图和亚里士多德的师承关系吗？能否与中国的先秦诸子进行对比？从中看到东西方文明的源头有哪些异同？

专家点评：

随着汉语走向五洲，汉语师生通达世界，他们正在观察着这个世界，这和近两百年来的"西学东渐"截然不同。汉语国际教师置身于世界多样的文明之中，真切感受别样的风土与人情，解读缤纷的语言与文化。他们的文学随笔，记载跨文化交际中的点点滴滴。

他们的写作与职业作家不同，不是一种单纯的缜密构思和情感流动，而是更多地从自己的专业视角发散开去，一如我们的学科——语言学及应用语言学，介于文理之间，介于描写与解释之间，介于观察与表达之间。

两位资深的汉语教师在不惑之年先后赴希腊教学一年。他们都有思想准备——对古希腊神话、文艺、科学有感性的认识，然后去体会当下真实的希腊。孟老师更为"文艺"，情感温润细腻；汪老师更为"生活化"，贴近日常生活，生动活泼；他们各有独到视角，并都注重与我们自己的文化进行对比。

希腊文明魅力非凡，我们希望通过今日的希腊人和雅典城看到古希腊的辉煌，恰如透过神庙的残垣追溯那远逝的星光。借用史铁生的"我不在地坛，而是地坛在我"，跨时空触碰古老的文明，同样也是"我不在古希腊，而古希腊在我"。我们需要基于一种文明体系去关照另一种文明体系，如此方能真正地学贯中外。

翻翻近代史，距今整整180年的虎门销烟，是中外文化交流史上的公开冲突。鸦片战争的失败，让中国人开始不自信了。于是林则徐、魏源等卓有远见的精英

"开眼看世界"，接下来是洋务运动"师夷长技以制夷"，然后是留学幼童和志士仁人赴美国学科技，赴德国学海军，赴日本学革新，赴苏联学马列主义，从建党、建军、建国到民族复兴，重建自信，不过两百年，却沧桑若数个世纪。

结合历史，我们看待汉语国际教育的意义和定位，自然又不一样了。两位老师给我们的最大启示是，无论是公派教学还是留学访问，前提是先学好我们自己的体系，再去吸收别人的体系，最终，还要回到自己的体系，为自己的国家、民族做出贡献——这是我们的初心，中国人的爱国心。同时，中国汉语教师、中国学者渐渐能用一种从容的心态、平和的眼光去看待西方和世界了。汉语教师前进的一小步，是民族精神开拓的一大步。

拓展阅读书目：

[澳] 约翰·赫斯特：《你一定爱读的极简欧洲史》，广西师范大学出版社，2011年。
马世力：《用年表读通世界史》，中华书局，2017年。
傅佩荣：《一本书读懂西方哲学史》，中华书局，2010年。

漫步匈牙利
——米什科尔茨纪事

作　　者：王泽蒙（海军军医大学）
赴任国家：匈牙利
教学对象：中学生、大学生
点 评 人：范立珂（上海外国语大学）

　　匈牙利，欧盟成员国之一，位于欧洲中部。著名的多瑙河从斯洛伐克南部流入匈牙利。匈牙利风景优美，历史古迹众多，首都为布达佩斯，官方语言为匈牙利语，货币为福林（1人民币约为38福林）。我们耳熟能详的著名人物有诗人裴多菲、"钢琴之王"李斯特，以及美丽的茜茜公主。

2012 年 9 月，我考入北京外国语大学，攻读汉语国际教育专业硕士学位，次年通过了国家汉办的志愿者出国面试选拔。8 月底赴匈牙利，进行为期 10 个月的汉语教学实习。

在此之前，我对匈牙利的认知几乎为零，只模糊地知道那是一个中欧国家，经济不算发达，文化底蕴厚重。

我被派往匈牙利第二大城市米什科尔茨（以下简称米市）进行汉语教学工作。米市的空气非常清新，细细的街道也干净整洁。我住在大学的 Union Hotel 里，设备一应俱全。

初来乍到，一切对我来说都是懵懂而新鲜的。我们有各种类型和层次的授课任务，大学选修班、中学选修班、小学趣味班，还有万华集团的员工班（2011 年，烟台万华集团成功跨国收购匈牙利博苏化学公司）。

我主要负责大学和中学的汉语选修课。匈牙利学生都会英语，交流起来没有障碍。在大学上课很方便，去中学则需要坐电车。

在米市，中国人不多，有时走在路上，会飘来一些打量和好奇的眼光，每当这种时候，我都会意识到，"现在我变成了外国人，我的一举一动在他们眼里就代表着中国，凡事都需谨言慎行。"

来米市的第二天，我和小伙伴出去购物。等有轨电车的时候，一位老奶奶站在我们旁边，手里提着一篮苹果。她冲我们笑笑，说了一句话，然后塞给我们一人一个苹果。那一瞬间，我们都惊讶万分，忙不迭地说谢谢，好一会儿才意识到那句话好像是汉语的"给你"。这件事至今难忘，我想我对匈牙利的第一印象，就是有个可爱的老奶奶用她的方式欢迎我们。我不禁感慨自己有幸来到了一个淳朴的友善之邦。

在街头，你可以经常看到这样的景象：有时是一位满头银发的老太太，系着丝巾，戴着墨镜，在微风中优雅地等电车。有时是一对挽着胳膊的老人边晒太阳边吃冰激凌，你惊讶地看过去，他们会转过头，指指手上的巨无霸冰激凌，乐呵呵地笑。有时是一个带皮帽的老爷爷在街头演奏外形类似扬琴的乐器，他沉浸在自己的演奏里，你驻足停留或者匆忙离开都不会影响到他。匈牙利的老人们和善谦让、从容优雅，懂得享受生活，这种印象一直到我离开也没有改变。

我的学生都是 16 到 24 岁的年轻人。正式上课以后，我开始慢慢了解他们。

匈牙利人的颜值非常高，他们也引以为豪。这些年轻学生没有我想象中的那么不羁与爽朗，他们上课不会随便发问和叫嚷，会因害羞而不敢举手，甚至在不想回答问题时集体低头装鸵鸟。当然，他们也会针锋相对却不咄咄逼人，有独立见解却也谦逊有礼。生活中也是这样，他们会在公交车上给老人让座，行事也有诸多顾忌和讲究。有时我会觉得他们像欧洲人中的亚洲人，开放又内敛。

我很喜欢我的学生，也给他们取了很多好听的名字。胖嘟嘟的齐笑然是个三句不离"谢谢"、生怕冒犯了别人、会为了一份问卷用芒果感谢老师的女孩。画着烟熏妆的晚晴上课迟到时用纸条告诉我，"老师我不是不喜欢汉语课，我上别的课也迟到。"技术宅男杜唯英——第一次给学生包饺子时胡萝卜忘了过油，一股生涩味，他却很捧场地吃了一堆。还有对汉字有强迫症、动不动就会脸红的温宇轩，神似贝克汉姆的活宝马林，英俊版憨豆阳昊，肤白貌美的姜涵和眉梢高挑的柳眉……

这些学生平时能接触到的中国人，不是当地的中餐馆老板和店员，就是我们这些志愿者了。他们了解中国的途径也比较少，一些在国内的小新闻、小报道，到这里就成了大事。他们会惊奇地问，"中国人为什么会允许这种事发生？你们的想法为什么这么奇怪？"一些我们习以为常的事情，在他们眼里都是不可思议的。

跟其他欧洲国家一样，匈牙利的水也是直饮水，他们可以直接在水龙头接水喝。但由于米市是个化工城市，有万华这样的化工企业，所以这里的人们会比较注意饮水质量，他们在超市买大量的瓶装水回家，两种水混着喝。匈牙利人不能理解中国人为什么喝热水。在他们的观念里，生了重病、需要住院的人才会喝热水。我的一个小伙伴在小学教汉语，每次她去上课，小学生们都呼啦围上来要瞧她的保温杯，他们眨着大眼睛，满怀期待地问："我能尝一下吗？"小伙伴就把热水倒在瓶盖里给他们尝，而这群小可爱就会开心地欢呼："我喝到了热水！"

对中国，他们还会有一些刻板印象，除了"中国人都会功夫""中国人什么都吃"以外，曾有人特地跑过来对我说："你颠覆了我对中国人的印象，我以为中国人都很矮。"

在匈牙利，学习汉语的学生虽然越来越多，但是日韩文化的影响力也不容小觑。日本人在匈牙利开了很多武馆和餐馆，日本动漫在年轻人中也相当风靡。我的学生经常会参加一些漫展，他们的文具上印有动漫人物头像，动漫里的台词也能张口就来。韩国组合在这里极受欢迎，"江南 style"几乎人尽皆知，学生手机里面存有大量

Shinee、SJ 的歌曲。

有一次米大举办校园文化节，我们孔院推出了中国传统文化展，一个日本大叔跑来观摩，他详细地询问孔院的运行状况，并提出了很多设想，希望有一天日本也能将自己的语言文化推广开来。那一瞬间，我感到了压力。如果某一天，一所日本学院同时出现在米市，届时我们的文化竞争力会有多大？还能不能吸引年轻人的目光？

教学之余，我们也会受学生之邀，去不同的地方走一走，看一看。

匈牙利人的生活节奏比较慢，在我看来，他们会以各种理由放假或者庆祝。有时一觉醒来，发现各大超市统统关门，因为没有提前囤货，只好饿肚子。

学生除了暑假和寒假，还有秋假和春假。除了生日，还有姓名日，每个名字都有其对应的一天，匈牙利人把姓名日看得非常重要。

除了圣诞节这种大节日，每个城市还有自己的小节日，比如米市冬天会有肉冻节，青蛙是其吉祥物。比如托卡伊的美酒节，大家穿上民族服装，载着满车的葡萄，敲敲打打穿过每条街道。很多城市都会有各种各样的集市，大家架起一个个小木棚，把家里的闲置物品、手工艺品摆到街上进行交易。

匈牙利美食极为丰富，gulyas、pancake 都很有特色，还有冰激凌、巧克力，种类之多，口味之盛，让人念念不忘。当然还有酒，超市里面各种美酒便宜又美味，有高度的 palinka，也有小孩子能喝的果酒。不过，当地人更喜欢开车去酒乡艾格尔，自带大桶，从酒窖装新鲜的"公牛血"回家，或者去托卡伊，收藏 6 篓的液体黄金（贵腐酒）。

不过，匈牙利也有很让人无奈的地方，比如它的交通工具，无论首都还是其他城市，都完全无法与中国相比。布达佩斯的地铁老旧又危险，两扇门从打开到关闭，时间之急，力道之猛，唬得人心惊胆战，久久缓不过神来。米市的公交车不能刷卡，上车需要自己将车票打孔。不知道在哪一站会突然冲上来一批人，随机抽查检票，费时费力，还存在漏洞。这里的票价也贵得令人心疼，坐趟公交来回将近 20 块，每次出门都感觉心在滴血。

短短十个月，还不足以让我更深地了解这片土地，体会她的魅力。直到今天，很多细节都已经淡忘了，但一提起匈牙利，我仍会心潮澎湃。

这种感情发自心底，永远不会改变。

思考题：

1. 作为孔院志愿者，外派到"淳朴的友善之邦"当然幸运，但若被派往一个对中国人缺乏了解，甚至很不友好的国度或地区，你要如何面对？做好思想准备了吗？
2. 日韩语言文化在匈牙利的融入情况如何？中国语言文化如何才能在"亚洲文化传播竞争"中领先？

专家点评：

　　王泽蒙老师赴匈牙利教学是作为汉语教学志愿者而去的，之前对这个中欧国家的认知也是"模糊的、几乎为零的"，所以一切对作者来说都是"懵懂而新鲜的"。外事无大小，作为外派志愿者，作者在意识到自己转变为"外国人"身份时，有着"代表中国"的使命感，"凡事都谨言慎行"，值得称赞。

　　匈牙利老人的"和善谦让、从容优雅"，匈牙利学生的"谦逊有礼""开放又内敛"，当地人的颜值之高，当地的美食之多、美酒之盛，当地的假日之多、生活节奏之慢悠，都成了作者的美好回忆，成就了一篇感情真挚、充满美感的散文。作者对匈牙利外派之旅的赞美溢于言表，也可见作者对当地人、当地事的观察之细致入微。跨文化交流是双向、平等的，深入生活才能交流、互鉴。匈牙利的外派生活充满异国情调而又温馨如意，令后面的志愿者心向往之。

　　作者对自己所教的学生如数家珍，刻画入微，充满爱意；作者跟学生的交流之深入，对学生的洞察之精细；作者对文化传播活动之投入，面对日韩文化传播竞争而"警觉"到压力，都可看出作者对汉语国际教育工作的热爱和认真负责的态度。

　　海外汉语教学之旅常常是独特的，每位志愿者的感受可能都不一样。离开交通发达、网购便利的祖国，来到异国他乡，独自在孔院生活十个月。即便有匈牙利"让人无奈"的交通工具及"费时费力，还存在漏洞"的交通管理方式，即便是坐公交"每次出门都感觉心在滴血"，作者"一提起匈牙利，仍会心潮澎湃"，且"发自心底，永远不会改变"，可见作者能够处理好跨文化不适，能够较好地融入当地的生活，这是一次成功的、愉悦的跨文化交际案例。

然而，有关汉语教学课堂上的"语言教学，文化传播"是什么样的情形？有哪些成功经验或失败教训？文中不曾提及。而课堂是志愿者语言文化传播的重要阵地，期待有外派经历的老师多分享课堂教学中的点点滴滴，为即将出国又同样是"新手"的志愿者们提供更多具体生动的案例。

最后，从当地人对作者所提问题来看，即便是在今天，匈牙利这样的中欧国家对中国的了解仍是有限的，了解途径仍是狭窄的，而日本的动漫、韩国的歌曲在匈牙利的影响力不容小觑。作者的思考也应引起我们的思考：在文化传播与推广方面，我们还有哪些需要努力的？如何让我们的文化"润物细无声"地融入当地的日常生活？志愿者们深入异国异域，应该最有体会和发言权。

"波兰"不惊，日久生情

作　　者：柯钰涵（新疆财经大学）
赴任国家：波兰
教学对象：初中生、高中生、成人
点 评 人：央青（中央民族大学）

　　2017 年 9 月，通过孔子学院总部和国家汉办的选拔，我被派往波兰密茨凯维奇大学孔子学院担任为期一年的汉语教师志愿者。我的波兰语伴曾向我介绍过自己国家的名人，"太阳中心学说"的创始人哥白尼、著名音乐家肖邦、发现镭元素的女科学家居里夫人等都是波兰人。底蕴深厚的文化、热情智慧的人民，让我对这个国家心生好感。在代表上海外国语大学参加第一届"汉教英雄会"时，我结识了美丽大方的波兰选手苏尔。后来得知，她们都曾就读于波兹南密茨凯维奇大学的本科，这所大学也正是我的即将赴任的地方。不禁让我感叹：缘分真奇妙！初到波兹南，这座古朴静谧的城市让我倍感新鲜。但当我真正开始按部就班的生活时，才发现自己被离家千里的孤独感和文化迥异的差异感包围，教学上又因为经验不足而进度缓慢，经过调整，我在波兰的生活才渐渐走向正轨。

图1　2017年"汉教英雄会"与波兰籍选手苏尔合影　　图2　与波兹南第十五中学学生合影

一、初到波兹南

从乌鲁木齐出发，辗转北京、法兰克福，经过20多个小时的飞行，我们终于降落在了波兹南这座美丽的小城。中方院长亲自来机场接我们，帮我们安排住宿，带我们办理了交通卡和电话卡，给我们介绍了这座城市的主要街道。虽然已经近20个小时没有好好休息了，但我们心情非常激动，竟一点儿也不困。我们打起精神，决定出去走走。作为曾经波兰王朝的首都，波兹南几乎满足了我对欧洲的一切想象。这里有富丽堂皇的宫殿，也有热闹非凡的老城，还有古老的青石板路、喷泉与雕像，干净、古朴而又精致。波兰与国内有6个小时的时差，到波兰时是上午10点，我们一直到下午回去才感到睡意袭来。

最初的几天，一直在购买生活必需品、添置家用、熟悉新环境中匆忙度过。我们住在密茨凯维奇大学的留学生公寓，位于市中心，离火车站很近，附近有大的商圈，购物很便利。密茨凯维奇大学的主教学楼也在步行可达的范围之内。旁边有波兹南市繁忙的贸易中心，植物园和动物园也在不远处。我和另一个志愿者同住，每天就像蚂蚁搬家一般不断地从商场买来各种各样的生活用品，把我们的小屋装点得温馨舒适。

二、我的第一堂课

很快，波兰的寒假结束了，随着学生们陆续返校，我也开始工作啦！

面对自己的第一份工作，我既忐忑又激动。尽管在国内也教过留学生的汉语选修课，也常常参加校内外的教学比赛，但海外的课堂远比国内的复杂多变。10月5日，我正式开始在波兹南第二中学进行汉语教学。

波兹南二中是波兹南地区最好的高中之一，这里的学生普遍具有较强的学习能力，英语水平也比较高。开学前半个月，院长就带着我来学校熟悉环境，介绍我与教学秘书 Wioletta 女士接洽工作。Wioletta 向我介绍了学生的基本情况，每周的课时，教学计划和教室的安排，报名上课的学生 16 人左右，他们中大部分为汉语零基础。这所高中有三个年级的学生，只要他们感兴趣，都可以来听我的课。这门课不算学分，也没有考试，不规定教学进度，课本和教材可以由教师自行决定。我联系了上一届的志愿者，了解到她之前用的是《博雅汉语》，因为每年的学生都有变化，所以学生的汉语水平暂时无法确定。从波兹南二中回来后，我就陷入了深深的焦虑，究竟该怎样准备我的第一堂课？

我请教了已经开始汉语教学的志愿者伙伴，小伙伴们慷慨地分享了她们的课件和经验，一边讲述她们第一堂课的收获与体会，一边鼓励我不要紧张了要相信自己。第一堂课，面对大多数为零基础的高中兴趣班学生，我将教学目标定为"以感知中国文化为主，学习汉语为辅"。为了丰富上课的形式，我在网上搜索了很多介绍中国的视频。为了拉近与学生的关系，我也准备了一些与波兰有关的内容，例如与他们聊聊中国人熟知的波兰名人。最后再切入正题，讲解汉语拼音和声调。我花了很长时间来完善课件，直到上课前一天才最终敲定上课的具体内容。

上课前一天，我将讲义发到了教学秘书的邮箱。上课当天，我提前一个小时到了教室，去办公室拿讲义的时候发现上面的汉字和拼音都出现了乱码，看来讲义是用不了了。到达指定的教室后，我赶紧试了一下多媒体，结果投影仪打不开，我立刻联系教学秘书，换了教室。刚舒了一口气，上课铃就响了，陆陆续续进来了 8 个学生，是教学秘书给我的名单上一半的人数。我有些忐忑地等了两分钟，开始了我的第一课。学生中并不是所有人都为零基础，有两位已经学过拼音和几句日常用语。按照教学计划，我先是介绍了中国，然后介绍了自己，最后介绍了汉语的基本构成，讲解了元音和四声调，期间也与学生开展了互动交流。由于不能用讲义，我只好把讲义的内容抄写在黑板上。尽管这所学校的学生英语水平不错，但观看全英文的视频还是有些吃力，在播放介绍中国的视频时，很多学生显得不耐烦，并开始用母语聊天。在进行四声的训练时，学生们感到很吃力，不愿意开口读，有一位学生还当着所有学生的面问我："老师，你教的是普通话还是方言？为什么和我听过的中国话感觉不一样？"这让我这个新手老师有些措手不及，感觉自己的汉语水平被学生质疑了。我只能回答他："我们学习的是普通话啊。"便赶紧转移了话题，感觉学生还是对我的汉语持怀疑态度。下课后，我问她们都在哪里能听到中国话，他们说在当地的中餐厅常常听到老板和服务员聊天。后来我才知道，因为中餐厅里的人彼此之间会说家乡话，才让学生感到困惑。后来的汉语课上，我便偶尔播放一些汉语的视频，也用视频简单介绍了中国的几大方言，让学生感受普通话的魅力。学生还告诉我，因为是开学第一周，很多学生还不知道汉语课已经开课了，所以来的人比较少。

三、渐入佳境的汉语教学

伴随着冬天的脚步，第十五中学、密大政治系以及孔子学院相继都开学了。每周课时逐渐增多，我也变得忙碌起来。第十五中学的学生是我所有学生中年纪最小的，大多数只有 14、15 岁，最初使用的教材是《博雅汉语》第一册。因为学生人数多且年级不同，所以划分成了进度相同的两个班级。第一节课时，教学秘书 Sywia 老师亲自带我去教室，帮助我复印和分发讲义，学生们全体起立向我问好。下课后，她来询问我学生们是否听话。她说，听说在中国，老师是十分受尊敬的，希望波兰的学生也能尊敬老师。这让我非常感动，实际上即使她不在，学生们也都很有礼貌。记得有一次上课前，我准备好了教学用具却迟迟不见学生来，出门一看才发现他们整齐地等在外面，获得允许后他们才进来。进教室后也没有立刻坐下，站在自己的位置上，等我说"请坐"他们才坐下。最初的几节汉语课，学生人数很多，由于学生年纪较小，英语水平不高，有些学生需要同伴翻译才能明白我的课堂语言，因此学生流失量很大。为了缓解学生们的语言压力，我改用了波兰语版本的教材《快乐汉语》，也适当减少了自己英语的使用量。一开始，我让他们练习汉语声调时，很多学生都不愿意开口。上一届的老师建议我在教小朋友们学汉语时多设计一些游戏，让课堂气氛活跃起来，和学生拉近关系，他们就愿意配合了。这个方法果然有效，在这个班级我经常教他们唱儿歌、做游戏，课堂效果好了很多。

波兹南二中的学生中有一位令我印象深刻，根据她的外语名字 Liliana，我给她起了一个好听的中文名字——丁莉娜。丁莉娜对汉语的悟性很高，而且十分认真。当我教她"留学生"这个词时，她立刻问我："那你就是'留老师'喽？"我大笑之余纠正了她的错误，但还是佩服她举一反三的能力。她学习汉字也很有天赋，常常能在生词中找到以前学过的部件。当我们学"那"这个字的时候，她立即就发现这个字在她的中文名字里也有。冬天的一次汉语课上，她全程戴着帽子上课，可能也是习惯了欧洲轻松自由的教学氛围，我并没觉得有任何不妥，快下课时她像想起了什么似的突然说："对了！老师，在中国是不是戴帽子上课很不礼貌，对不起，我只是太冷了所以忘记摘了。"我笑着说："没关系，因为我们在欧洲，老师不会生气的，但是如果你去中国上课，记得摘掉帽子哦！"结课时，她为我制作了一张卡片，上面写道："从第一节课起，我就爱上了中文，你让我认识到自己非常喜欢汉语，并且决定上大学时将汉语作为自己的专业继续学习。"

在密茨凯维奇大学的孔院，我负责两个班级的教学工作，一个是学了两年半汉语的 4 位女生的小班，一个是学了一年汉语的社会成人班。4 个女孩是波兰其他学校汉语专业的学生，想再提高自己的汉语水平，所以在课余时间选择来孔院继续强化汉语。使用的教材是《博雅汉语》第二册。和女生在一起，总是有很多共同话题，她们常常问我一些网络流行语的汉语说法，会与我讨论"黑色星期五"时哪一家商场的打折力度更大。因此，我会根据她们的兴趣，在每次上完书上的内容之后，就一些她们最感兴趣的话题展开讨论，拓展词汇量。

而社会成人班的学生大多数已经工作了，因为工作需要选择学习汉语。这个班级的学生年纪都比我大，学起汉语来都十分认真。在每堂课开始前，我们都会聊一聊最近的生活和工作，说一说天气和一些社会变化。例如，我会引导他们用汉语说一说波兰推行"星期日不工作"政策的利弊和对他们的影响，谈谈他们对养宠物的态度。尽管在社会成人班上很少开展游戏操练，更多的是辩论和对话操练，但课堂并不沉闷，大家也能有所收获。

当初来乍到的新鲜感散去，面对生活中因不懂当地语言带来的不便，与国内亲人和朋友们因时差和距离带来的疏离，我也曾焦虑过，但不去面对只能让情况更糟。于是，生活中遇到问题时我会主动向院长和前任教师请教。我的学生们也会积极向我推荐城市里哪里的餐厅最好吃，哪天又有新活动。我的舍友也会常常给我鼓励和支持，在我教学任务繁忙时默默热好饭菜，做了新的点心总不忘留一份给我。一路上也总能遇到热情善良的当地人：好心的大妈会在我瑟瑟发抖地等车时上来提醒我，在波兰的冬天一定要戴帽子。我解释说自己听不懂波兰语，她便用肢体语言向我表达善意。坐火车出差不知道如何买票时，邻座的姐姐会亲自带我去窗口，发现我没零钱又帮我换好，离开时还嘱咐其他同行的人照顾一下我这个外国人。夜里在火车站等待换乘，邻座的哥哥觉得我一个人在火车站等两个小时不安全，硬是在我旁边陪我等车，直到送我坐上下一班车才离开。这个国家用它恰到好处的温柔与热情将我的心慢慢打开。志愿者生活结束了，可我的汉教之路才刚刚开始。回到祖国后，那座城、那些人，仿佛梦一般久远，只是依稀想起出发前写在日记里的那句：汉教逐梦，客行家万里；丹心迎来，世界懂华音。波兰给予我的不光是一见钟情的惊艳，更是日久生情的温暖与感动，带着这份感动，我们汉教人将继续前进！

图 3　教学生写毛笔字

图 4　丰富多彩的文化活动

思考题：

1. 当孔院志愿者"被离家千里的孤独感和文化迥异的差异感包围"，你能识别这是何种跨文化现象吗？该如何调整好心态，以适应生活与工作，你有何良策？

2. 作为孔院志愿者、外派任教，我们应该如何与院方、与同事进行沟通，以获得更多的支持与帮助？

专家点评：

案例描述了作者在波兰任教期间的跨文化适应过程，从被孤独感和文化迥异的差异感包围、教学上因经验不足遇挫，到积极应对，自我调整，通过努力逐渐适应海外工作生活，渐入佳境。案例侧重于经历的描述，对案例中问题产生的原因分析少，也未能对案例中遇到的问题及其处理进行评价和反思。

但本案例反映出国际汉语新手教师赴海外任教期间跨文化适应的几个方面，很值得学习：

1. 积极适应赴任国教育理念，以培养学生的能力为目标，重视学习过程。

作为一名初次赴外任教的新手教师，即便人生地不熟，小柯老师也能够保持教学热情，在新环境中发现教学突破点。她没有采用"一言堂"的教学方式，而是给学生讨论、质疑和思考的机会，注重培养学生的自主学习能力、口头表达能力，鼓励学生独立思考。当学生对小柯老师的汉语持怀疑态度，当着所有学生面质疑老师教的不是普通话时，小柯老师没有恼怒或慌乱，而是积极地去了解学生产生困惑的原因，并巧妙地想办法让学生感受汉语普通话的魅力。波兹南第二中学的汉语兴趣课，不算学分，不考试，不规定教学进度，不规定教材，随意性较大，但小柯老师精心地设计课堂活动，强调文化和语言教学的有机融合，将中国文化和波兰文化相结合，培养波兰学生对汉语的学习兴趣和跨文化交际能力。当学生觉得很枯燥，不愿意开口操练汉语声调时，小柯老师根据前任老师建议，设计了游戏环节，增加师生互动，活跃课堂气氛，吸引学生积极地参与到课堂活动中。

2. 适应当地教育环境，以学生为中心，在安排课堂任务和课堂活动时，充分考虑学习者的文化背景，运用不同的教学手段，有效地开展汉语教学。

教学对象的多元化、多层次是新手教师在孔子学院汉语教学中面临的一大挑战。小柯老师在波兰的教学任务包括不同层次的汉语教学，教学对象既有初中生、高中生，也有大学生和社会成人，学生的语言基础、学汉语的动机、学习风格各不相同。小柯老师首先了解自己的教学对象，从学生的不同特点出发，灵活设计课堂活动；找到学生的兴趣点，激发学生学习汉语的热情；并注意根据学习者的背景和语言水平选择适当的教学方法和教学手段，从而提高汉语教学效果。

比如，针对高中生设计的第一堂课，感知中国文化与讲解汉语拼音和声调相结合，让学生看介绍中国的视频，并准备关于波兰的内容，与学生谈论中国人所熟知的波兰名人。针对汉语专业的大学生，选择他们最感兴趣的话题，用汉语展开讨论，拓宽其词汇量。而针对出于工作需要选学汉语的社会成人班学生，引导他们用汉语来谈论一些与工作生活密切相关的话题，诸如波兰推行"星期日不工作"政策的利弊和对他们的影响，对养宠物的态度等等。根据成人的认知特点，设计辩论和对话操练活动，适当加大学习挑战性。

3. 积极应对在海外教学和生活中遇到问题和困难。

作为一名初次赴海外任教的新手教师，工作中难免会遇到这样那样的困难和问题，需要积极面对，妥善解决。小柯老师遭遇课堂突发事件、班上学生流失大、出勤率低、课堂语言学生听不懂等一系列问题时，并没有气馁，而是积极想办法去应对。比如上第一堂课，办公室打印的讲义因汉字和拼音乱码而无法使用，教室多媒体"罢工"，投影仪打不开，而且有一半的学生缺勤。面对上述困难，小柯老师没有慌乱，把讲义的内容抄写在黑板上，尽可能保证了正常的教学秩序。在第十五中学，学生年纪小，英语水平不高，使用英语作为课堂媒介语去教汉语，更是增加了学生的语言压力。注意到此情况后，小柯老师改用了波兰语版本的教材，并减少了课堂上英语的使用量。

当在波兰的生活中遇到问题和困难时，小柯老师也会主动向孔子学院院长和前任教师请教，加强沟通交流，积极去面对。

总之，从本案例可以看出，国际汉语教师的跨文化交际教学能力是一种综合能力，反映在教学工作和生活的各个方面，如在不同的教育环境和文化背景下努力克服困难，有效地开展汉语教学；尽快熟悉新的教育环境，在进行教学设计和组织课堂活动时，充分考虑教学对象的特点，根据学生的语言水平、认知能力、学习风格、职业特点等来选择适当的教学方法和教学手段；积极主动地与学生沟通，帮助他们消除在学习汉语过程中的疑惑，并帮助学生对其他国家文化建立开放、理解和尊重的态度等。

手势语的文化差异

作　　者：项晨辰（上海外国语大学）
赴任国家：秘鲁
教学对象：成年人
点 评 人：张红玲（上海外国语大学）

　　2015 年 9 月，我由上海外国语大学外派至秘鲁天主教大学孔子学院工作。秘鲁是南美洲西部的一个国家，西濒太平洋。1533 年，秘鲁沦为西班牙殖民地，所以其官方语言为西班牙语，受本土印加语言的影响，其现用西语的词汇和发音与西班牙的西语略有不同。英语的普及率也不高，很多人不会说英语。

　　外派到距中国这么遥远的国家，内心多少有些焦虑。首先，我对这个南美洲国家毫无了解，只是从地理书上知道那是一个有着神秘印加文化的国家。其次，语言不通。再次，因为秘鲁在南半球，除了有 13 小时的时差外，季节、气候也完全和中国相反。

一切都是未知的，未知即是挑战，我兴奋地接受了外派任务，只身前往那个神秘的国度。在那里度过了难忘的时光，也体验到跨文化交际不仅仅包括语言交流，还包括手势语。

在中国，当你对某人所说的话表示接受或表示赞同时，我们一般都会用手比出一个"OK"的手势。意思是"没有问题，我同意你的想法，或者觉得对方说得对"。

上课的时候，如果学生说出什么，当我来不及马上回答或者不方便发出声音，我就会比一个"OK"的手势，表示赞同或者同意。因为这个手势本身也是受到西方语言文化的影响，我以为在秘鲁也行得通。我觉得"OK"这个手势很简单、好用，能直接表达意思。比如，上课时，我要求学生不可以随便进出教室，如果有什么情况需要出教室，需要举手跟我示意。为了不破坏课堂秩序，通常学生示意需要出去的时候，我都会用手势比一个"OK"。可是在秘鲁，每次当我比完这个手势，学生们都会在下面偷偷地笑，或者窃窃私语。被我比过这个手势的同学会面露难色，想说什么，却欲言又止。刚开始没觉得怎么样，可是在不同的班，学生们的反应都是一样的，这点让我觉得很奇怪。为什么他们要笑呢？只不过是学生出去上厕所或者接电话，为什么他们要窃窃私语呢？

期中考试时，有位女学生举手示意要去洗手间，因为考试不方便发出声音，我也用了同样的方式，比了个"OK"的手势，因为该学生在教室的最后排，为了让她看明白我的意思，我上下晃动了一下"OK"的手势，确保她能看见。但该学生看了看其他学生，红着脸出去了。这个学生平时跟我关系不错，但那次考试之后，好像和我的关系有些疏远。有次下课，我问那位女生，是不是最近有什么问题？她告诉我，"OK"这个手势不好，让我下次别用了。我虽然一头雾水，但是没好意思继续追问，心中有些疑惑。

过了一段时间，一天下课我和几个本土汉语教师约好去一家饭店吃饭，吃饭期间，一个本土教师突然指了指旁边一张桌子，然后跟我们其他老师比了个"OK"的手势，并且手指向下晃动了两次，其他几位本土教师随即点了点头。这下勾起了我的好奇心，连忙问那位比手势的本土教师刚刚比划"OK"的这个手势是什么意思。她告诉我，"如果你比这个手势，表示知道他／她是同性恋。"谜底终于揭开了，原来在秘鲁用"OK"这个手势，且同时向下晃动几次，表示被你示意这个手势的人是同性恋，所以在秘鲁，他们基本不用"OK"这个手势。

知道这个手势语的意义之后，我觉得被我比过"OK"手势的学生应该都很尴尬和生气吧，所以后来在上课的时候，我对学生们表示了我的歉意，说明自己原先不知道这个手势的特殊含义，并表示以后不会再乱用这个手势，请学生们原谅。

思考题：

1. 如果你被外派到一个自己"毫无了解"的"神秘"国家，之前应该做好哪些准备和功课？
2. 除了手势语，我们还有哪些"副语言"和非语言交流手段？
3. 遇到跨文化交际中的尴尬和不愉快，我们有哪些应对策略？

专家点评：

跨文化交际不仅涉及语言交流，同时也涉及非语言交流。手势语作为一种副语言，能直观地表达不同的语义信息，扩展和丰富了语言意义及其传达方式，因而手势语在世界不同国家和文化中都广泛使用，成为人类进行非语言信息交流的一种主要形式。但是，不同的文化会赋予肢体语言以不同的寓意，手势的内涵会因文化环境、思维习惯等方面的不同而产生差异。本案例反映的正是在跨文化交际中，由于教师忽视了手势的文化内涵差异，在国外课堂上错误地使用手势，导致学生感到尴尬和不愉快，造成的跨文化交际误解。

对外汉语教师要具有一定的跨文化敏感意识，在前往国外从事对外汉语教学前，要先了解这个国家的文化背景，尤其要了解在课堂教学和社会生活方面与中国的差异，有意识地学习他国语言表达、情感态度、行为方式等各方面的文化模式，尽可能多地了解当地的风土人情、传统习俗等。在本案例中，教师身处一个全新的语言环境，虽然意识到了中外文化差异，但是缺少对秘鲁文化具体深入的了解，也缺乏相关的跨文化意识，因此简单地认为秘鲁的文化行为模式与我们习惯的模式相同，在使用手势的时候自然地认为"OK"这个手势的含义在秘鲁和在其他国家都是一样的，即为"同意对方的提议"。而事实情况是，这个手势在秘鲁的含义是"确认知道对方为同性恋"。教师跨文化敏感意识的缺乏导致其忽视了在不同语境下手势语使用的意义差别，虽然没有造成非常严重的跨文化冲突，但在一定程度上影响了课堂教学和师生关系。

当然，由于文化差异的存在，跨文化误解和冲突的产生是不可避免的，教师必须要有这方面的敏感意识，对可能产生的误解和冲突提前做好心理准备。在教学过程中，教师需要多观察、多留意、多反思。遇到问题，要及时解决问题。在误解和冲突发生时，有必要对引发跨文化误解的行为进行分析，找出造成冲突的深层次文化原因，理解其行为背后的文化模式，避免同类型的错误再次发生。另外，教师在跨文化教学中，需要多和学生及本土教师进行交流。在本案例中，教师意识到了自己的行为引发了跨文化误解，于是向学生和本土教师同事咨询，最终了解了具体的手势语文化内涵的不同，并向学生进行了解释，让学生了解教师使用错误手势语行为背后的文化原因，理解两国文化差异的存在，从而化解了跨文化冲突。

对外汉语教师需要重视手势语等非语言行为上的跨文化差异，加强跨文化敏感意识的培养，深入了解和学习不同行为背后的文化模式，尽可能地避免或减少跨文化误解和冲突的产生。

我在西班牙英西学校的日子

作　　者：王丽丽（西班牙拉斯帕尔马斯大学）
赴任国家：西班牙
教学对象：小学生
点 评 人：吴中伟（复旦大学）

　　2012 年 9 月，在拉斯帕尔马斯大学孔院工作一年后，我被安排到当地的英西学校任教。

　　英西学校是加纳利地区规模最大的私立学校之一，也是拉斯帕尔马斯孔院最重要的教学合作单位之一，学前班、小学部及初中部均开设汉语课程。该校开设汉语课程的 5 个校区分别是：学前班所在的不列颠校区、一二年级所在的哥伦布校区、三四年级所在的狄更斯校区、五六年级所在的牛顿校区及中学部所在的班达玛校区。

我被安排到牛顿校区教五六年级汉语，开始了我在英西学校的工作。

与其说牛顿校区是一所学校，不如说是一座别墅，白顶红墙的三层建筑掩映在一片似锦繁花中，甚是漂亮，之前我从来都不知道学校还可以开在别墅里。

第一次来到牛顿校区，校区主管 Lourdes 首先给我介绍了牛顿校区去年开设汉语课的情况，她说："去年这里开过一年的汉语课，但课堂纪律不好，所以今年校方特地给你每个班都安排了一个老师管理纪律。"听到这，我十分疑惑："这里的纪律到底有多不好管呢？"

Lourdes 拿出去年的汉语课本给我看。书名叫《轻松学汉语》，是一本少儿版的零基础教材。Lourdes 继续说："今年我们要从头开始学习这本书。"我很不解："为什么学过了还要重新再学一遍呢？"可是听到她那不容置疑的口气，话到嘴边我又咽了下去。

接下来，她递给我一张课表。汉语课安排在每周一、三、五，每天 6 节课。周一的排课情况是：

11:00—11:45　5C 班

11:45—12:30　6C 班

12:30—13:15　6A 班

13:15—14:00　5A 班

14:00—14:45　6B 班

14:45—15:30　5B 班

也就是说，从周一上午 11 点到下午 3 点半，我要连续上 6 节课，中间没有一分钟的休息！还有这样的排课？周三和周五从上午 9:45 开始上课，到下午 3:30 下课，除了上课之外还有批改作业时间，就是没有午饭时间。我不解地问 Lourdes："没有午饭时间吗？"只听 Lourdes 斩钉截铁地说："No!"看到她那丝毫没有商量余地的样子，我没有问下去。我初来乍到，她之前根本不认识我，她这样做，一定不是针对我个人。

Lourdes 继续说："上课之前你要先跟学生讲清楚课堂纪律，这个非常重要。"我拿起笔，一条一条地记好：

1. 保持安静。

2. 举手回答问题。

3. 轮流发言。

4. 老师许可后方可起立。

5. 管理好自己的物品。

6. 不准借口喝水而离开教室。

7. 轮流上厕所，下课前 5 分钟不准上厕所。

接下来，Lourdes 带我去每个班里跟大家见面。那个时候是上课时间，Lourdes 也不管这些，每到一个教室，她连门都不敲，推门就进。进去之后，她跟同学们介绍说："这是你们新来的汉语老师。"我看到一群小学生整整齐齐地坐在那里，瞪大了眼睛看着我，我很高兴地跟他们打招呼说："你们好，我叫王丽丽，很高兴认识大家。"同学们也跟我打招呼说："你好！你好！"

跟同学们见过面后，Lourdes 安排我分别在这些班级里听课，她还特地给我搬来了一把椅子。

连续听了 6 节课之后，我发现同学们上课听讲很认真，课堂相对安静，气氛也很活跃，我当时心里还很庆幸，觉得这群孩子真不错！

周末，我按照 Lourdes 的要求上交了本学年的教学大纲及接下来两周的备课内容。

之后，我正式开始了在英西学校的教学。

周一的第一堂汉语课是 5C 班，首先我自我介绍说："我来西班牙已经一年了，很高兴成为你们新的汉语老师。"我逐条宣布了课堂纪律，学生们都听得很认真。

接着，我拿起汉语课本说："这本书我们今年要从第一课开始重新学习。"话音未落，坐在后面的一个女同学就开始发问："这本书我们去年已经学过了，为什么还要重新学一遍？"我一看来者不善，便说："是吗？那你们把十个数字用汉语说一遍给我听听。"同学们七嘴八舌回答："一、二、三、四、五、六、七、八、九、十。"

我一听，十个数字数下来全部是第一声。我说："你们说的是什么？我怎么没有听懂？声调呢？声调哪里去了？"听我这么一说，没人再敢接话。我继续说道：

"所以，今年我们要从第一课开始重新学习！"

那天的课上，我先从拼音的基本发音和声调讲起。虽然他们之前都学过拼音，但是我发现，西班牙学生不会发 6 个送气音 "p、t、k、c、ch、q"，"zh、ch、sh、r" 四个舌尖后音的发音部位也不对。他们基本没有声调的概念，四声发音不准且混作一团。发音问题多练习就可以纠正，可是声调就没有那么简单了。声调教学一直都是对外汉语教学的一大难点，而针对西班牙学生的海外汉语的声调教学又该如何进行呢？

我先给同学们讲了一个故事。记得还在上海的时候，我有一个瑞典学生，我给他上高级汉语课。有一天，我正讲着课，这个学生突然抬起头说："我吻你。"我吓了一跳，心里想："怎么回事？你竟然想吻我？"说到这里，同学们笑了。我又问他一遍："你说什么？"他还在说："我吻你。"这时，我用英语问他："Do you have any questions?"他也用英语回答我说："Yes, I have a question."然后，我说："You should say，'我问你'！"

说完，我把"我吻你"和"我问你"的拼音写在白板上，读给大家听，让他们听听这两者有什么区别。同学们纷纷说没什么不一样。我又把相应的英文翻译写在白板上，大家便窃窃私语起来。

我解释道："汉语中的不同声调代表不同的意义，而且抑扬顿挫的声调让汉语听起来更像音乐，所以，大家在学习汉语时一定要重视声调。"

接下来，我又鼓励大家说，"其实学习汉语是很多方法的，只要大家认真听讲，认真思考，就会学到很多有意思的东西。"

从上午 11 点到下午 3 点半，第一天的 6 节课总算有惊无险地完成了。下课后，我迫不及待地冲向厕所。至今依然清楚地记得，从 2012 年 9 月 10 号到 2013 年 6 月 18 号期间，所有工作日的周一上午 11:00 到下午 3:30 的 4 个半小时里，我从来都没有上过厕所。连续 6 节课讲下来，我又饥又渴，嗓子冒烟，整个人都有点站不住了。当老师这么多年，第一次有了累的感觉。

放学后，6 个班的同学先由带班老师带到操场排队，然后 Lourdes 带大家走到大门口。120 多个学生聚集在门口，嘻嘻哈哈，打打闹闹，那声音有且只有一个词可以形容——震耳欲聋！西班牙人怎么受得了这般嘈杂吵闹？而 Lourdes 就站在校门口，逐个叫学生的名字，然后把每一个同学亲自送到家长手里。在牛顿校区工作的两年里，我所看到的是，每天放学后都是 Lourdes 站在大门口亲自送走每一位同学。

20 分钟后，学生差不多走光了。Lourdes 看到我还站在那里，她示意我也可以走了。我跟老师们打过招呼后，离开了学校。之后的日子里，我都是等学生走完后才离开。没有人要求我这样做，只是我觉得我不能比学生先回家。回到住处已经是 4 点半了，赶紧弄点儿吃的填饱肚子。吃完饭后，我倒头就睡。

从站在英西学校的讲台的第一天起，我面临的第一个难题就是——记住 120 个西班牙学生的名字。

开课伊始，Lourdes 给我做了一本汉语课记录册，里面有同学们的名单，一百多个西班牙人的名字直看得我眼花缭乱：Alejandro, Claudia, Francisco, Alejandra, Alvaro, Patricia, Ainhoa, Azahara, Paula, Laura, Antonio, Estefanía, Alberto, Raquel, Orlando, Carlos, Carolina, Eduardo, Javier, Yenedey……

教室里没有现成的座位表，我的首要任务就是给每个班级制作一张座位表。

所以，刚开始的时候，在课堂上我称呼同学们 "good boy" 或 "good girl"，再借着提问的机会多问一句："请问，你的名字是？" 然后赶紧把名字记下来。等我好不容易把每个班的座位表做好后，他们又换座位了！我只好重新再做一份。就这样，等我把 120 个学生的名字和人都对上号的时候，整整 4 个星期过去了。

其实，记名字也算不了什么，最大的难题还是——课堂纪律。

刚给他们上课没几天，我就发现有两三个班的学生"原形毕露"了。课堂上坐没坐相、东倒西歪、交头接耳、乱扔东西、相互打闹、随便走动的情况非常严重，好家伙，就是没有认真学习的，课堂简直乱成了一锅粥。我简直不敢相信自己的眼睛——怎么会有这么乱的课堂？我终于明白了 Lourdes 告诫过我的话了。

我一遍遍重复着："请安静一点"可是根本没人听。带班老师也在吆喝："安静，安静！"可是他们依然我行我素，完全无视老师的存在。带班老师终于忍无可忍了，大声吼道："安静！安静！"他们这才稍稍收敛了一些。可是，带班老师的这一声吼着实吓到我了，怎么可以这么粗鲁地对待孩子呢？问题是不光西班牙老师这样吼，就连一向以优雅著称的英国老师也这样吼。

安静了还没有 5 分钟，他们又开始了嬉笑打闹。我也提高了嗓门："Alejandro,

别说话了！"Alejandro 一听，立马转过身来，双手一摊，一副无辜的样子："我什么都没说，我什么都没说！"这不是明摆着撒谎吗？我说："你明明就在说话！"这时他却用手指向刚才跟他说话的 Javier："是他，是他！"Javier 见状，也迅速指向Alejandro："是他，是他！"他们就这样相互指着对方。我说："你们两个都别说话了！"这时他们俩又在说："全班都在说话，你不说他们，为什么只说我们两个？"

这边还没消停，那边又传来莫名其妙的哈哈大笑声。

我的课堂就是这样，如此"精彩纷呈"。

其实，不光汉语课堂是这样，德语课堂也如此。记得我的一个德国同事每次上完课后的一句口头禅就是："Disaster! Disaster!"终于，也不知从哪一天开始我也学会了吼叫："安静，安静，你们给我安静！"我简直不敢相信自己在课堂上也有河东狮吼的时候。

这简直颠覆了我的教育理念。我从来都没有想过，我也会对孩子吼叫。我简直无法原谅自己这样的行为。然而，这样做却是行之有效的课堂管理方式，至少在加纳利是这样。这就是西班牙的教育现状，控制不了课堂纪律，一切教学活动都无从谈起。

记得有一年，拉斯孔院老师开总结会的时候，有一位年龄稍大的老师上台发言，他说的第一句话就是："我这一年的工作主要是维持课堂纪律。"老师们都笑了。因为他说出了大家的心里话。而更有年轻气盛的老师"断言"："西班牙的教育是没有希望的！"

然而，更严重的问题还不是这个。

记得那是一个周五的听写课。每次听写之前，我都会跟同学们说："首先，你们要诚实，然后尽最大努力去写。"但还是有的同学听不进去。那天，在五年级的听写课上，一个坐在最前面的男生时不时回头看别人的作业本，我几次提醒他"坐好""不准回头"等，他还是不听，歪坐在那里对我嬉皮笑脸。我走到他旁边，用手轻轻把他的头摆正，笑着跟他说："这样坐好了！"

周末过后，Lourdes 找到我说，这个男生的父母跟她说我拽他的耳朵。我跟Lourdes 说："我没有拽他的耳朵，只是在提醒他要坐好。"Lourdes 说："我知道我们有文化差异，各自的表达方式不一样。但是你要知道，西班牙保护儿童的法律非常严格，以后要避免跟他们有肢体接触。"真没想到，我刚到英西学校没几个星期，就差点"触犯"了西班牙的法律。我说："我完全没有伤害他的意思，但是就这件事，我会去向他道歉。"接着，我又问 Lourdes："那要是不小心碰到了学生该怎么办？比如说，我在给他们批改听写的时候碰到他们的手了？"Lourdes 说："就是避免跟他们有肢体接触。"我跟 Lourdes 说："谢谢你能告诉我这些。"

上课之前，我把那个男生叫出来，就上周五发生的事情向他道歉。我首先请他原谅上周五的事情，我并不是要伤害他，只是在用中国人的方式提醒他，而且我保证以后不会发生类似的事情，另外也请他转达我对他父母的歉意。我注意到，在我说这些话的过程中，那个男生一直没敢抬头看我，只是在点头。

还有一次，也是在五年级的课堂上。

那天，混乱不堪的局面再次出现。多次提醒无效后，我无奈地说道："在中国，我从来都没遇到过这样的课堂。"这时，一个女生立马抢过话头说："这不是在中国，这是在西班牙！"我说："我知道是在西班牙……"还没等我再说点什么，那个女生继续说道："我们是付了钱的！"她的这一句话让我非常震惊。我说："我不管你付钱不付钱，我知道你来学校就应该是学习的。"

结果，这个学生就到 Lourdes 那里去反映，说我说中国学生好，西班牙学生不好。很快，Lourdes 找到我说："我知道文化会有差异，但是，不要把两个国家的学生做比较，在课堂上，不要说除上课内容以外的话题。"

在我刚进英西学校之初，我的学生们就给我"上"了一课又一课，让我吃了很多"堑"，长了很多"智"，也让我明白了法律和公平的重要性。

可是，怎样才能控制好课堂纪律呢？

那天，我去给六年级的一个班上课，一开始我跟他们强调纪律："保持安静，认真听课。"他们也都答应了。可是没过十分钟，教室里又乱作一团，课已经上不下去了。我说了几次"安静"后，毫无效果，而带班老师好像也早已习惯了这种局面。记得之前 Lourdes 跟我说过，如果他们不听话，就交给带班老师处理。可是，这样的事情发生得多了，带班老师也习以为常了，顶多吼两句，要不就是罚他们出去。可是，这不能从根本上解决问题。

我一次次苦口婆心地跟他们说："你们要认真听讲，好好学习，要为了有一个更好的将来去努力。"可是，他们根本不在乎，继续嬉笑打闹。我终于意识到，跟他们讲道理是没有用的，这不是一个"讲道理"的场合。记得 Lourdes 曾经跟我说过："如果他们再不听话，你让他们来找我。"我发现，这一招真的管用。有几次，我让几个上课乱说话的男生去找 Lourdes，结果他们就开始跟我求情："No! No! 丽丽老师，我保证再也不说话了！"我毫不心软，说："去，现在就去！"结果，等到他们从 Lourdes 那里回来后，明显地老实了很多。我甚至还发现，每当我在课堂上一提 Lourdes 的名字，他们简直要肃然起敬了！

的确，作为一名校区负责人，Lourdes 一直都以惊人的热情和精力在工作着，她从来都是认认真真地履行每一项职责，凡事亲力亲为，说到做到，从不食言，她在工作上从未有任何丝毫的马虎和懈怠。在这里，Lourdes 就是权威的代名词——她也值得拥有这样的权威。

我也好像明白了什么……

那次，一个男生在课堂上大声喧哗，几次制止未果，我终于忍无可忍，说："出去，你给我出去！"他反问我："为什么？为什么？"我说："因为你没有得到我的许可就随便说话，出去！"他乖乖地出去了。

又有一次，还是在六年级的课堂上。我在讲课的时候，一个调皮捣蛋的男生一会儿交头接耳，一会儿自言自语，我和带班老师几次提醒他，他就像没听到一样。没办法，我只好在他的喋喋不休中继续讲课。突然，他转过头来问我："为什么中国人——"我说："我拒绝回答你的问题！"他非常惊讶，一个劲儿地在问我："为什么？为什么？"我说："你没有事先举手得到我的允许就说话，还有，你的问题跟上课内容无关。"

我再给他们班上课的时候，带班老师找到我，说这名男生跟 Lourdes 说我拒绝回答他的问题，让我再跟他解释一下。带班老师把这名男生找来，我跟他说："是你先不遵守规则，还有你的问题跟上课内容无关，所以我可以拒绝回答。"带班老师也在旁边说："这些我都看到了，的确是这样。"这个男生无话可说。

进教室后，我借机把学生"训"了一通。我说："我们有自己的规则，每个人必须遵守。我之前交代得很清楚，你们也没有异议。如果你首先违反了这个规则，那就是你的问题。事实上，我非常愿意回答你们的问题，前提是你必须先举手并得到我的许可。另外，对于我刚才说的话，大家有什么问题吗？"同学们都纷纷摇头。那节课上得还比较顺利。下课后，带班老师过来跟我说："丽丽老师，谢谢你帮了我一个大忙。"

渐渐地我发现，你跟学生讲"权威"、讲"规则"、讲"法"的时候，他们才会听，才会有所畏惧。

课堂管理基本有法可寻了，可是秩序混乱的原因又何在呢？

记得进入英西学校后不久，面对工作中的种种问题，我决定再忙再累也要学习西班牙语。只有了解语言和文化，才能了解行为习惯和思维方式，方能解决问题。知彼知己，百战不殆。

我去请教我的西语老师："为什么这里的学生在课堂上说话这么随便、不遵守纪律、学习也不够努力？"西语老师告诉我："这跟社区教育有关，社区教育水平高的，人们的素质普遍就高；社区教育水平低的，人们的素质普遍就低。"西语老师还问我一个问题："学生早饭吃什么？"我对这个问题有点不解，但我仍回答说："早饭就是面包夹火腿，或者奶酪，有的吃一些小甜点。"西语老师说："西班牙人喜欢吃一些热量高的食物，这也是孩子活泼好动、兴奋的一个原因。"有道理！在中国，一下课教室里趴倒一大片，在这里，学生们永远都是精力旺盛、不知疲倦为何物。我以前从未想过要从饮食的角度来思考教学，受教了！

我又去问我的西班牙朋友，她是两个孩子的母亲。她认为这跟家庭教育有关，有的家长会吼骂孩子，有的则不会。

我问我的西班牙同事，她认为这是年龄的问题。

我也问过 Lourdes，她认为这是带班老师的问题。

我也在反省，课堂上出现了问题，老师一定脱不了干系。

无论是什么原因造成的，有一点是非常明确的，那就是——这并不是孩子本身存在的问题，归根到底还是教育的问题。

记得我的中国同事也跟我探讨过这个问题，我说："如果汉语老师不会教，或者教错了，这一定是我们的问题。但西班牙学生在课堂上的行为习惯问题，并不是汉语老师来了之后才出现的。"然而，通过不断地观察和了解，我隐约感觉到，西班牙人会认为汉语课出现的问题就是汉语老师的问题。

正当我以为课堂走上正轨的时候，各种"挑战"接踵而至。

学生："我不想学汉语，我以后又不去中国。"

我："去中国不是学习汉语的目的，学汉语是为了学到不一样的、对你有用的东西。"

学生："中国人吃蟑螂吗？"

我："中国人不吃蟑螂，我们只吃可以吃的。"

学生："为什么中国人吃鱼翅？"

我："据我所知，捕杀鲨鱼的并不是中国人。"

学生："为什么中国人吃狗肉？"

我："在中国确实存在少数地区吃狗肉的事情，但是我本人并不吃狗肉。就像在欧洲某些地区，人们吃马肉一样，我们对此也无法理解。"

学生："为什么中国人吃猫肉？"

我："在中国，我从来没有见过、也没有听说过有人吃猫肉。"

诸如此类的问题在我的课堂上接二连三地出现，尤其是"吃狗肉"和"吃猫肉"的问题被问了一遍又一遍。为什么呢？我决定去寻找答案。

记得以前看过一篇文章，题目是《菜名的学问》，说的是英文中关于食物命名要遵循的原则问题。首要的一条就是，为了不引起人们的不适，英文中不会直接用动物的词语来命名食物。比如说，"猪"是"pig"，而"猪肉"是"pork"；"牛"是"cow"，而"牛肉"却是"beef"。

我先问我的英国同事："在英语中有没有'狗肉'这个词？"英国同事说："没有'狗肉'这个词，只有'狗'这个词。"我有所醒悟了，原来我们所说的"吃狗肉"一词，在英语中其实就是"吃狗"！这是我以前所没有意识到的。我继续问："'吃狗'这一行为在英国文化中意味着什么？"英国同事回答："狗在我们的文化中就是家庭中的一员，'吃狗'这一行为就像吃爷爷奶奶一样。"一句话说得我哑口无言。

我又跑去问我的西语老师："在西班牙语中，有没有"狗肉"这个词？"西语老师摇摇头说："没有，只有'狗'这个词。"我继续问道："那在西班牙文化中，'吃狗'这一行为意味着什么？是一种罪恶，还是一种甚于罪恶的东西？"西语老师说："是甚于罪恶的东西。"我望着西语老师，良久没有说话，我想我已经明白了。

"狗"的问题算是有了答案，继续"猫"的问题。

那天，西语老师跟我讲了一个故事。他说在西班牙语中有一个词语"leyenda urbana"（城市传说），说的是在中国人聚居的地方，猫咪会神奇的消失，所以西班牙人就说猫被中国人吃掉了。我无从考证这个"城市传说"，但是，我至少了解到了事情的一方面。——学习才是寻找答案的最好方式。

感谢我的学生，感谢他们让我从另一种角度来审视我的文化，也感谢他们教会我要站在世界的高度看待问题。

思考题：

1. 在日常教学和海外教学中，每天都会发生很多有趣的事，如果不及时记录，很快就会遗忘，对此，你有哪些记录的方法，是否养成了记录的习惯？

2. 面对种种"以偏概全"的问题甚至误解，作为汉语教师，我们有何应对良策？除了礼仪，汉语教师是否应接受包括逻辑、辩论、说话艺术等方面的培训？

专家点评：

王丽丽老师是一位很会讲故事的人。从案例分析的要求来看，王老师写得似乎有点松散，不过，我倒是很喜欢读王老师的故事，那么真实有趣，娓娓道来，引人入胜，有情节，有描写，有分析，有思考，让我们看到一个汉语老师的艰辛、无奈、困惑、快乐、敬业、智慧、思考。

教小孩子，很不容易。教外国孩子，更不容易。在外国教外国孩子，尤其不容易。因为，教小孩子，考验老师的课堂管理能力，而课堂管理，往往又涉及文化差异问题。另外，给小孩子解释语言现象，也更费力，文化差异问题也更突出。

国际汉语教师在国外工作和生活中，在跨文化交际方面究竟有多大问题？有人觉得，其实问题不大，是我们小题大作；有人觉得，其实问题很大，是我们重视不够。其实，这方面得具体情况具体分析，得看特定的教学对象和教学环境。

王丽丽老师所讲的故事，时时处处都体现着文化冲突，考验着教师的跨文化交际能力。

如何处理跨文化冲突问题？王老师的体会是："在这三四年的时间里，我一直都是一名'倾听者'与'学习者'"。

说得非常好。如果需要补充一点的话，那就是：作者其实还是一位思考者。通过王老师的讲述，我们看到了一位在跨文化环境中的探索者、思考者。

王老师通过自己的思考发现：课堂管理中的跨文化冲突虽然无处不在，却有化解之法，那就是要重视"规则"和运用"规则"。

王老师还思考了一个问题：孩子们为什么对"吃狗肉"反应那么强烈？原来，在西方文化中，狗是家庭成员，"吃狗"简直就是吃亲人，难怪"是甚于罪恶的东西"。

顺着王老师提出的问题继续思考下去的话，我觉得，这两个例子，再次说明了一个道理，表面上不同的文化，本质上都是相通的。正因为是相通的，所以，我们有可能从"另一种角度来审视自己的文化"，"站在世界的高度看待问题"。于是，我们就会释然，理解，通达。

工作中的"入乡随俗"

作　　者：左菲菲
赴任国家：乌兹别克斯坦
教学对象：大学生
点 评 人：缪俊

　　2015年11月中旬，我作为公派汉语教师赴乌兹别克斯坦撒马尔罕国立外国语学院东方语教研室工作。坦白说，去乌兹别克斯坦之前，我对这个国家知之甚少，只知道它地处中亚。有些资料介绍说乌兹别克斯坦的自然气候和我国的新疆地区比较相似，于是在我的想象中，乌兹别克斯坦大概会是漫天黄沙、驼铃悠远。

　　带着许多想象和猜测，我来到了乌兹别克斯坦。北京到塔什干的航班于乌兹别克斯坦当地晚间7点降落，从飞机上俯瞰塔什干，已是万家灯火。从机场到宾馆的出租车上，我已迫不及待地想看看这个我即将工作两年的国家。初冬，夜色已深，透过车窗可以看到塔什干宽阔的道路，道路两边十分整齐而粗壮的树木，许多树木的树干足有两人合抱那么粗，绿化之好大大出乎我的意料。我一直觉得塔什干是一座建在沙漠里的城市，不禁感慨现实和想象的差距如此之大。

第二天一早，我搭乘塔什干到撒马尔罕的高铁，那是中亚地区唯一的高速铁路。年轻的高铁服务员身着剪裁得体的浅灰色制服，外配灰色大衣和灰色的皮帽，保暖又时尚，堪称高级灰的设计经典。之前我看过一些介绍乌兹别克斯坦的文章，配图中的人物大都身穿民族服装，没想到这里其实很现代。从机场到高铁，我能感到这是一个充满活力的国家，年轻的公职人员和服务员大都可以说俄语或英语。从塔什干到撒马尔罕的高铁全程两个小时，一路上村庄、雪山、荒漠，还有成群的牛羊间或出现，美丽的风景深深吸引了我。沿途的荒漠并不是寸草不生，而是生长着低矮的草丛，一群群黑色、白色的牛羊在山坡上吃草，好像大片大片的云朵飘在山间，真是一番美景。另一点印象深刻的是，乌兹别克斯坦人特别尊老爱幼，对带小孩儿出行的父母非常照顾。无论在机场还是火车站，工作人员都会让带小孩儿的父母走绿色通道，安排优先入关检查和上车。有一次，火车站的工作人员发现队尾有一家人，小男孩大概七八岁的样子，父母还提了很多行李。工作人员示意他们优先进站，排在前面的人群自动让出了一条路。

乌兹别克斯坦的第二大城市撒马尔罕比塔什干规模要小一些。早在 2000 年，撒马尔罕就被联合国教科文组织评为"世界文化遗产"。作为中亚最古老的城市之一，古丝绸之路的重要枢纽，撒马尔罕有着 2 500 余年的历史。撒马尔罕国立外国语学院坐落在市中心，目前在校学习的本科生 3 069 名，硕博士研究生 167 名，在职教师326 位，外籍专家约 20 位。

撒马尔罕国立外国语学院有英、德、法、西、意、日、韩、中、阿拉伯等外语专业，每个专业的同一年级按学生的原生家庭语言分为乌兹别克语班（简称"乌语班"）和俄语班两个平行班。

2015 年 11 月至 2016 年 6 月，我负责教授汉语专业一年级俄语班的汉语必修课，教材选用刘珣主编的《新实用汉语课本》（俄文版）。另外，我还负责汉语专业三年级乌语班的"汉语修辞和课文分析"和"汉语外交术语"两门课,教材均为自编。

一年级俄语班的汉语必修课每周课时为12节,三年级乌语班的"汉语修辞和课文分析"和"汉语外交术语"这两门课程,每周课时分别为4节。每天备课、上课、批改作业的生活紧张而充实。根据学院要求,每门课程按授课类型分为"讲授""实训"和"考试"三部分。例如"汉语修辞和课文分析"这门课分为三部分:讲授18课时,实训20课时,考试复习6课时,共计44课时。"汉语修辞和课文分析"这门课对于汉语专业三年级学生来说是比较难的。汉语修辞多使用书面语,而学生掌握的多是日常生活中使用较多的口语词汇,书面语词汇量有限,因此每次课单是扫清生字和生词障碍就要花费不少时间。另一方面,汉语修辞涉及中国的传统文化,加大了课程难度。比如中国人常说"他壮得像头牛",学生认为这个例子不美,因为乌兹别克斯坦人会说"男孩子壮得像座山"。于是,我在举例时更加小心谨慎,尽量做到通俗易懂,并结合他们的文化。我曾参考了黄伯荣和廖旭东主编的《现代汉语》里的修辞部分,但这本书是写给中国学生看的,对外国学生来说太难。为了让学生更好地理解修辞,我只能多找一些例子,在分析时讲解修辞的具体用法。乌兹别克斯坦的网络不佳,网速较慢。尽管汉办官网上有大量的汉语学习资源,却无法有效利用,这也是目前乌兹别克斯坦汉语教学的一个不足之处。我只能自己购买流量包,查询和下载一些例句、文章和修辞试题。课堂上,我给学生逐字逐句分析了朱自清的《春》《绿》《荷塘月色》等文章,找出其中的各种修辞手法。"汉语外交术语"这门课程则是紧跟"新华网",让学生通过阅读新闻,掌握当前最新、最热的外交词汇。

10周的时间转瞬即逝,"汉语修辞和课文分析"和"汉语外交术语"这两门课程的"讲授"和"实训"部分已经结束。三年级乌语班的班长告诉我,考试时间是学校规定的。于是,我在课后找到负责排课和考务工作的系副主任Yosuv,向他说明两门课程的教学进度并询问考试安排。Yosuv告诉我,学校会统一安排期中和期末的考试时间,我可以先安排学生做测试,然后给学生第一单元和第二单元的成绩,也可以把考试试卷准备好交给他。汉语专业三年级乌语班一共是13个学生,一共需要13+2份试卷。考试的时候由学生随机抽取作答,学校会发给学生统一的答题纸。听完Yosuv的回答,我有点不知所措,感觉自己的计划都被打乱了。第一,时间离期末还早,"汉语修辞和课文分析"这门课的内容本来就很难,如果不能趁热打铁进行考试,学生很有可能把修辞课的内容都忘记了。第二,出15份试卷的工作量不小,一般在中国考试就是 AB 两套试题。Yosuv 见我面露难色，继续解释说，学校每学期的课程安排都不一样，有些课程安排在前面集中上课，这些课程结束后，其他课程则在接下来的时间里集中上课。所有课程在学期结束前统一进行考试。

想起刚刚到学院工作的那段时间，每天都有意想不到的消息，常常感到手忙脚乱、人仰马翻。为什么这样说？因为乌兹别克斯坦的大学与中国的大学有很多不同的地方。比如国内大学一整个学年的教学、考试和休假计划都会公布在校园网的"教学日历"上，严格执行。乌兹别克斯坦的大学则不同。每学期开学初，学校会通知各专业老师本学期需要开哪些课、每门课多少课时，然后由各专业教研室主任协调老师的总课时量。具体的上课时间和地点由教师自己去找负责教务的系副主任安排。上课和考试时间通常是提前一两天才通知。可能今天通知，明天就考试。所以那段时间，真是感觉天天都是"晴天霹雳"。另外，所有的课表会公布在教学楼一楼的走廊上，上课的时间和地点常常变化，每周都会有变动。最初不了解情况，我曾有过一次因上课时间变化而找不到学生的尴尬经历，幸好当时是把我的上课时间往后推了，险些酿成"老师没来上课"的教学事故。后来，我便养成了每周一去看本周课表的习惯。有一次，Yosuv 请我去他的办公室，说一位女老师年纪大了，早起上第一节课感觉有些吃力，想换到我的第三节。我说没问题，我喜欢早起，第一节课正好思路清晰。Yosuv 和女老师都表示非常感谢。有时想想，可能是乌兹别克民族天性自由，没有事先计划的习惯，而一直身处"计划"中的我，反而不适应这种"灵活机动"的工作方式了。

经过一段时间的磨合，我对乌兹别克斯坦的大学有了一定的了解，再遇到类似的情况，我已经"见怪不怪"了。兵来将挡，水来土掩，自己想办法解决问题才是当务之急。学校的规定要遵守，而为了不让学生忘记上课内容，我只能自己想办法。我给学生找了大量的练习题，每人一份复印件，要求他们在期末考试前做好交给我。学生课业繁重，可能更多的精力要放在目前开课的课程上。没有办法，我只好嘱咐学生有问题随时来找我。

在期末考试前，我把"汉语修辞和课文分析""汉语外交术语"这两门课程的各15 份考卷交给了 Yosuv，由他拿到院办去签字盖章后，组织学生考试。Yosuv 和东方语教研室的主任看到我严格遵守学校的规章制度，认真完成教学任务，都很高兴，连说"感谢你的爸爸"。这一次我又懵了。看我一脸不解的表情，东方语教研室的主任对我解释说，"在乌兹别克斯坦，如果一位女性取得好的成绩或工作出色，我们认为是这位女性的父亲教育得好。"得到了外方同事的认可，我非常开心。沟通太重要了，只有了解和尊重赴任国的文化、习俗，才能真正做好各项工作。

思考题：

1. 你认为哪些做法可以帮助公派汉语教师调整心态，更好地适应不一样的环境？
2. 在陌生的环境中可以从哪些渠道了解必要的信息？怎样梳理这些信息，提醒自己"入乡随俗"？
3. 在海外的生活、工作中该如何及时、有效地获得帮助？如何争取更多有利条件？

专家点评：

奔赴海外任教面临的挑战不仅仅来自汉语教学，也不仅来自语言沟通障碍，如何适应海外的工作、生活，尽快融入新的环境，是摆在每一位外派教师面前的必答题。

本例中，左菲菲老师发现外方院校在教学计划、考试安排等方面和中国大学有诸多不同，有时安排好的事情也会临时发生变化。习惯了国内大学按部就班、井井有条进行教学的人很可能一时难以适应。所幸的是，左老师没有在突如其来的差异面前迷失方向。她没有纠结于当地的做法是不是"合理"，也不计较考试与教学在时间上的脱节对教学效果的影响，而是在尊重、接纳现状的前提下努力进行自我调整，最大限度争取理想的结果。

跨越文化差异的第一步就是放下成见，避免从自身经验或价值观念出发直接对新变化作出负面评价。只有做到"见怪不怪"才能集中精力解决真正重要的问题。因此，当地大学的规定需要遵守，被打乱的计划可以重建，左老师清楚地认识到当务之急不是据理力争，而是想办法帮助学生克服集中授课和期末考试相隔太久的困难。

　　同时，案例中左菲菲老师的经历还可以引发进一步的思考：每每事到临头手忙脚乱究竟是什么原因造成的？如何提前掌握信息，主动做好准备？遵守现行规定的同时如何为汉语教学争取更多有利的条件？一味强调妥协最终会不会影响教学效果？妥协的底线在哪儿？如何在融入环境、适应现状的过程中坚守底线？

　　在汉语教学中，文化差异的影响同样发人深省。中国人视为生动形象的语句在外国学生眼中则缺乏美感。反之亦然。汉语教师应该引导学生接受中国人的审美情趣，还是乐见汉语在异域文化的熏陶下萌发奇葩？尊重、接受异域文化的同时，如何彰显文化自信、发扬中国文化的独特魅力？

　　入乡随俗、顺势而为是外派教师必备的职业素养。如果说尊重、接纳异域文化是"顺势"的表现，那么如何在这一前提下"有所作为"则关系到外派教师能否完成所肩负的使命。本例作者的经历反映出外派教师面对的共性问题，随着作者的笔触探讨经验得失，读者可以从中获得不少启发，对自己面前的跨文化难题给出更好的解答。

学生"很忙"

作　　者：左菲菲（上海外国语大学）
赴任国家：乌兹别克斯坦
教学对象：大学生
点 评 人：于月明（美国卡内基梅隆大学）

　　乌兹别克斯坦共和国是一个由 130 个民族组成的多民族国家，使用语言的种类也非常多，乌兹别克语是其官方语言，属阿尔泰语系突厥语族葛逻禄语支，是世界上历史最悠久的语言之一。由于历史原因，俄语在乌兹别克斯坦仍有十分重要的影响力，属通用语之一。电视、广播、报纸及生活的方方面面都是乌兹别克语和俄语并用，尤其是在塔什干和撒马尔罕这样的大城市，俄语的普及率和使用率都非常高。在广大的农村和郊区则以乌兹别克语为主。居住在撒马尔罕的塔吉克族较多，因此也有一部分学生说塔吉克语。

乌兹别克斯坦实行十二年制义务教育，孩子从 7 岁开始上学，到 18 岁上大学前都是国家支付学费。一年级至九年级在同一所学校学习，然后是三年高中或职业技术中学，之后可以选择考大学或工作。根据教学语言的不同，幼儿园可分为乌兹别克语幼儿园、俄语幼儿园，学校则分为乌兹别克语学校和俄语学校。乌兹别克族的孩子通常会选择就读乌兹别克语班（简称"乌语班"），俄罗斯、亚美尼亚、塔吉克、鞑靼族、朝鲜族等民族的孩子通常会选择俄语班。

选择就读何种语言的幼儿园和学校，除了家庭原因之外，父母还会从孩子未来就业的角度考虑。例如，乌兹别克斯坦的国家公务员通常从乌兹别克语学校和大学的乌语班中选拔。如果父母希望孩子未来从事国家公务员的工作就会为孩子选择乌兹别克语的幼儿园和学校。俄语原生家庭的孩子（例如乌兹别克斯坦的俄罗斯族、亚美尼亚族、塔吉克、鞑靼族、朝鲜族等家庭属于俄语原生家庭），因乌兹别克语水平有限，会更多地选择就读俄语幼儿园和俄语学校。

乌兹别克斯坦的孩子在学校会学习一门外语，通常是英语或德语。因此，一个学习汉语专业的大学生可能同时掌握 5 门语言，即乌兹别克语、塔吉克语、俄语、英语或德语，以及汉语。多民族多语言的环境造就了乌兹别克斯坦学生特有的语言天赋。

撒马尔罕国立外国语学院有英、德、法、西、意、日、韩、中、阿拉伯等外语专业，每个专业的每个年级都按学生的原生家庭语言分为"乌语班"和"俄语班"两个平行班。

2016 年 9 月至 2017 年 6 月，我负责教授汉语专业一年级俄语班的汉语必修课，教材选用刘珣主编的《新实用汉语课本》（俄文版）第一册。汉语专业一年级俄语班一共有 10 名学生，8 女 2 男，7 名塔吉克族、1 名乌兹别克族和 2 名朝鲜族学生。班级里塔吉克族的学生说塔吉克语、俄语、乌兹别克语和英语。其中一个塔吉克族的女孩子 Nargiza 中学时学的是德语，她德语也说得特别好。乌兹别克族学生说乌兹别克语、俄语和英语。朝鲜族学生说俄语和英语。与中国不同，乌兹别克斯坦的大学生基本都是走读，学校的宿舍不多，只有小部分外地的学生住宿舍。一年级俄语班的 10 位学生里只有 1 人住校，其余的 9 个学生都是走读。

《新实用汉语课本》第一册的1—6课以汉语拼音为主，有简单的对话。学生对汉语拼音掌握得很快。在第6课结束后，我给学生做了汉语拼音的小测试，内容包括听写声母、韵母，给拼音标声调，用汉语拼音完成对话等。测试结果很好，学生们也很开心，因为他们一直听说汉语很难，现在他们对汉语不那么害怕了，有了一些信心。1—6课只有60个生字，都是最基本、最常用的汉字，学生掌握得还不错，基本上可以按照汉字的笔顺书写。第7课开始以汉字为主，学生开始学习一些句型结构和用法。之后课文越来越难，生字生词也越来越多。

第7课、第8课结束后，我分别进行了听写测试，内容包括生词和重点句子。学生听写测试的情况差强人意。与此同时，这个班的出勤情况也有所变化。开学之初，我跟学生约法三章，明确"出勤率"会占"单元成绩"的30%。尽管我的课多安排在早上第一节，刚开学的时候，10个学生基本上都能准时来上课。开学还不到两个月，班里就有迟到、请假的情况出现。第7课、第8课测试不理想，我觉得一方面是课文难度加大了，另一方面是有些学生没有来上课，在家里也没有对课文生词进行有效预习和复习。针对这种情况，我重申了课堂纪律，强调了按时上课的重要性。但结果还是老样子，班里两个男生的出勤率越来越低，落下的功课也越来越多。还有几个女生也常常请假，我感到学生们都很忙。我觉得有必要和学生好好沟通一下，计划在第一单元测试结束后和学生们谈一谈。

第一单元测试结束后，我把10位同学聚到了一起，请他们和我说一说心里话，为什么不能按时来上课？为什么现在成绩下降了？这些都是我迫切想知道的。看到我期盼的眼神，学生们也纷纷敞开心扉，向我说了实情。原来，传统的乌兹别克斯坦家庭通常是多子女的大家庭，出生和成长在这样的大家庭里，每个孩子都十分独立。女孩子可以娴熟地做家务，照看弟弟妹妹，缝纫衣服和做饭。家里的一日三餐基本上都是女孩子的任务。每天放学一回家，女孩子就要先忙着为一家人准备晚饭。男孩子则早早地开始经济独立，常常利用课余时间去打工。撒马尔罕是一座旅游城市，每年都会接待大量的外国游客。男孩子会去做导游，自己赚钱支付大学学费和各种生活开销。

那时我才知道，班上的两个男生Dmitri和Furkat是去打工赚钱了。Dmitri做导游，有时还会带团去其他城市，因此常常缺课。Furkat家里开了旅行社，他和爸爸常常去帮游客办理签证，业务繁忙。几个女生也都讲了各自家里的情况。Aziza 有一个姐姐在塔什干上学，还有一个弟弟和 3 个妹妹，每天放学回家准备晚饭和照顾弟弟妹妹是她的任务。Mavljuda 和 Ruhshona 两个人都是家里最大的孩子，都有 4 个妹妹。同样是姐姐的 Valerija，她的母亲去年刚刚生了宝宝，小妹妹才一岁。一方面，她们都是家里的大孩子，做饭、洗衣、照顾弟妹，帮助父母做家务责无旁贷；另一方面，她们也感到很苦恼，在家里没有时间学习，甚至有时不能按时到学校上课。其他学生也是差不多的情况，他们无法像中国的大学生一样心无旁骛地学习。

学生告诉我，在乌兹别克斯坦有早婚的习俗，一般男女青年在 20 岁左右就会结婚生子。我现在教的是一年级，所以目前班上还没有人结婚。但学生说他们的父母已经在物色人选，帮他们张罗婚事。校园里那些身着民族服装、头戴王冠的女生都是刚刚结婚的大学生，女生会在婚后的半年里打扮得特别漂亮。而且乌兹别克斯坦的传统是小两口一结婚就会生育一个孩子。这也解决了我另一个疑惑——为什么校园里的孕妇这么多？我十分欣赏学生的独立生活能力，同时也对这样的情况感到无能为力，毕竟打工和做家务占用了他们很多宝贵的学习时间。我向学生表示，希望他们打工和做家务尽量不要和上课时间冲突。学习汉语，不下一番功夫，是学不好的。尽管乌兹别克斯坦的大学生有语言天赋，但后天的勤奋不可或缺。我十分真诚，学生们也纷纷保证以后一定会尽量按时来上课。

课后学习是巩固新知识、打磨技能技巧的重要途径，是教学过程中不可或缺的一环。按照我的预想，学生下课后应当完成对课堂内容的预习、复习，并完成相应的练习。从实际情况来看，我只能充分利用宝贵的课堂时间，把知识点讲清楚，同时让他们抓紧时间练习。经过这一次推心置腹的交谈，我和学生拉近了关系，也增进了互相理解。如何充分利用课堂时间弥补课后学习的不足，是我和学生要一起面对的问题。备课时，我找了大量的例子和练习题。课堂上每讲一个知识点就集中做一些练习，争分夺秒来强化学生的理解和记忆。化整为零也是没有办法的办法，实属无奈。可喜的是学生们很认真，上课时他们紧跟我的思路，在有限的时间内完成了很多操练。尽管教学效果没有达到预期，但已经是尽力而为。

思考题：

1. 课堂上学生们出勤率低的原因是什么？
2. 案例中的老师用了哪些方法解决学生出勤率低的问题？
3. 面对这些具有语言天赋、但家庭负担重、不能全力投入学习的学生，你认为老师还可以采用哪些方法来提升学习效果？

专家点评：

老师一开始就详尽地介绍了该校学生的民族、语言背景。由于学生多民族、多语言的背景，他们语言天赋普遍比较高，很可能每人都同时掌握了四五种语言。按理说，学生的这种语言背景是学习语言的优越条件，对学生学习新的语言会有不少帮助。但是根据老师的介绍，一个学期下来，学生的学习成绩差强人意，对汉语的学习热情不够高，课外所花的复习时间不够多，学习效果不够好。虽然后期在课堂教学安排中做了一些调整，增加了一些课堂内的实践，但结果仍不如预期。对此，老师认为其主要原因是学生特殊的家庭情况导致他们课后没有时间对课上所学的内容进行复习，加上不够勤奋，因此课堂教学效果无法保证。

对此情况，我个人看法如下：

1. 根据老师的介绍，这个班级的学生确实因民族习惯及各个学生的家庭负担使他们在课外必须承担较多的家务，课外复习的时间较少，导致所学内容不能及时掌握，继续学习困难较多。

2. 学生的客观情况是造成学习效果不甚理想的原因之一，但我认为学生普遍语言天赋较高，这是在语言学习中一个得天独厚的优越条件。如果教师在教学中能充分利用学生的这一特点，合理安排课堂教学，调整教学方法，培养学生的学习兴趣，启发学生的多元思考，相信会得到更好的效果。但感觉教师在这方面似乎做得还不够，在教学安排上有以下几个方面的不足：

（1）未能将语言作为一个交际工具的整体来进行有意义的教学。

老师未能完全将语言作为一个交际工具来进行教学，在实际教学中不是将语言作为一个整体，并以"交际"作为目标来进行教学，而是将拼音、词汇和语法分割开来进行教学，相互之间未能很好地进行联系。这样，学生学到的都是"碎片式"的知识，而非真正"相互关联"的、"有意义"的"语言"，学生在课堂上可能主要是模仿，而无法真正在理解的基础上"实际运用"学到的知识进行交流。语言学领域多年的研究证明，语言必须在进行有意义的交流中才能真正被掌握。因此，教师必须将语言作为一个整体，在教学时给学生提供尽可能多的可进行交流的课堂环境，让学生能进行有意义的实践操练，以帮助学生当堂理解掌握所教的内容。如若未做到这一点，学生在短时间内凭着对汉语的新鲜感，在兴趣的驱动下确实能记住一些内容，但是时间一长，因无法将所学的语言知识进行实际运用，学习兴趣自然会减退，学习的动力会不足，在客观困难面前主动努力克服的愿望会越来越弱，以至于无法持续努力，导致半途而废。举例来说，在教拼音时，教师是否将拼音融合到实际的词汇和句子中让学生练习？是否仅以音素或单词为单位进行教学？如此，学生的兴趣无法持续，对所学的内容无法实际运用，也就无法融会贯通，真正掌握，达到长期记忆的效果。一旦后面碰到新的、较为复杂的词汇或句子，便无法在理解的基础上学习，也就无法记住并掌握，这样他们必须完全靠课外的复习才能掌握所学的知识。但由于学生课外没有很多时间进行复习，自然也就无法掌握所学的知识。久而久之，学生学习中的困难不断积累，学习变得越来越无法应付，最后结果只能是半途而废。如果教师能在课堂上不断地将需要学习的内容组织成与实际生活有关联的、有意义的简单对话，使学生对所学的内容有能"学以致用"的感觉，那么学生上课时会更有兴趣主动争取开口交流，大胆进行实践操练，这样在课堂上便能掌握当天所学的内容，课后就不需花太多时间复习，那样效果应该会更好。

（2）教学过程中未能充分利用学生的"多语言背景"这一优越条件。

教学中似乎缺少了让学生结合自己的多种语言进行比较的这一过程。由于学生的民族及语言背景，他们都具有较好的语言天赋，因此学生对于各种语言中的一些语素会有较好的感性知识。在教学的过程中，教师若能让学生将汉语中的一些现象与他们所掌握的几种语言进行对比，并帮助启发他们分析其中异同，相信不但会激发学生学习的兴趣，而且会让他们能更快更好地融会贯通，逐步做到自己主动将几种语言联系起来，进行比较和分析，以达到真正理解的程度。如果那样的话，学生的学习兴趣会越来越浓厚，学习动力会越来越强，课外主动争取机会多复习、多实践的积极性会越来越高。

（3）教案中没有提到老师是否将汉语与中国文化结合起来进行教学，是否结合了学生的不同民族背景、不同文化背景来教学。如果让学生将自己的文化背景与中国文化进行联系、比较，并将这一做法贯穿在整个语言教学的过程中，相信学生的学习兴趣会大大提高，理解也会大大加深。

二

跨文化交际案例

美洲、大洋洲篇

我在仙人掌之国墨西哥

作　　者：耿文娟（新疆师范大学）
赴任国家：墨西哥
教学对象：大学生
点 评 人：梁云（新疆师范大学）

　　墨西哥，位于北美洲，北部与美国接壤，南部与危地马拉和伯利兹相邻，西临太平洋和加利福尼亚湾，东临墨西哥湾与加勒比海，首都为墨西哥城。墨西哥是美洲大陆印第安人古老文明中心之一，闻名于世的玛雅文化、托尔特克文化和阿兹特克文化均孕育于此。墨西哥城北部太阳金字塔、月亮金字塔所在地特奥蒂瓦坎古城被联合国教科文组织列入《世界遗产名录》。

　　随着皮克斯动画片《寻梦环游记》的热映，大家纷纷把目光投向了墨西哥这个美丽的国家。我已经在这里工作和生活 3 年了。世界那么大，一起去看看吧！

一、初见

2016 年 1 月 13 日，我从上海浦东机场起飞，历经 16 小时的飞行（中间经停美墨边境城市蒂华纳，办理入境）到达墨西哥首都墨西哥城，在墨城等待 5 个多小时后转机，又经过一个小时的飞行终于抵达我工作的城市——莱昂。

出了莱昂德尔巴乔机场，一眼就看到来自中国台湾的 Cindy 老师和北京志愿者甜甜，她们热情的拥抱，让我在漫长的旅途后感到无比温暖。

关于莱昂，我曾查阅过《孤独星球》，在介绍有关墨西哥旅游的章节里，有这样几句话，"你的旅程很可能会在工业城市莱昂结束""你应该不会在莱昂停留"，读完之后，我的心猛地一沉。事实上，莱昂虽然不太有趣，但交通非常便利，离最具殖民地风情的瓜纳华托仅有 40 分钟车程。而且，莱昂的国际化程度很高，有众多外资企业，英语使用率也很高。

二、学校简介

我工作的学校——伊比利亚美洲大学莱昂分校，是墨西哥非常有名的天主教私立大学。

伊比利亚美洲，是对使用西班牙语、葡萄牙语、加泰罗尼亚语的美洲国家和地区的总称。因为这些国家和地区曾是西班牙或葡萄牙的殖民地，在文化方面深受原宗主国的影响，例如当地官方语言都是西班牙语、葡萄牙语或加泰罗尼亚语，主要宗教为天主教。由于西班牙、葡萄牙、安道尔本身都位于欧洲的伊比利亚半岛，伊比利亚美洲由此得名。

我所工作的学校是一所天主教学校，最初由天主教会创办。现在，除了所有学生在毕业前必须选修 3 门和天主教有关的课程之外，与普通大学无异。

该校共有本科专业 20 个，硕士专业 14 个，博士专业 1 个。学生约有 2 000 人，本科全职教师 98 人，兼职教师 382 人，硕士及博士生导师 57 人（截止至 2017 年 9 月统计数据）。

该校学生来自墨西哥各地。学生只需提供相关材料，申请入校即可，不需要参加高考。学费约合 3 000 元人民币每月，大概半数的学生能申请到 20% 、40%、50% 不等的奖学金，毕业生就业率很高。

三、工作简介

初到墨西哥伊比利亚美洲大学莱昂分校，我被分配到语言中心工作。语言中心负责在全校开设外语课程——汉语、英语、日语、法语、德语、葡萄牙语、意大利语等。

我在语言中心有独立的办公室，办公设备一应俱全。语言中心的主任非常支持我的工作，同事也非常友善。

我的教学对象主要为国际关系和商务专业的三、四年级学生，汉语为他们的选修课程。在教学初期，我和学生彼此都不熟悉，我的西班牙语水平有限，学生的汉语水平也极为有限，但好在学生基本都会英语，我们渐渐熟悉起来，学生也对学习汉语越来越有兴趣，希望能好好学习汉语，将来有机会去中国看一看。

除了日常教学工作，我还组建了汉语角；举办了中华传统文化讲座，介绍了中国生肖文化、剪纸文化、饮食文化、传统节日等；组织了剪纸活动、包饺子活动；带学生去瓜纳华托市参加了墨西哥塞万提斯文化节，观看从中国远道而来的京剧表演；带学生去墨西哥城中国大使馆，参加中墨建交 45 周年系列活动等。

四、文化体验与碰撞

1. 墨西哥人的热情友善

每次见面和告别，墨西哥人都会行拥抱贴面亲吻礼，行礼的时候不用真亲，只要右脸贴对方右脸，对着空气发出亲吻的声音即可，如果不喜欢也不必勉强。但他们也非常敏感，很容易情绪化，在交往的过程中一定要耐心。在教学中亦是如此，如果学生喜欢任课老师就会非常配合，学习兴趣也很高；但如果学生不喜欢任课老师，就会有明显的抵触情绪。

墨西哥人非常有礼貌，早中晚遇见的礼貌问候是必不可少的；在公共场合排队非常有秩序，在不用排队的地方男士永远让女士先走；服务业的工作人员也都非常有耐心。

2. 墨西哥人的时间观

新学期伊始，学校会发放本年度校历，在校历上清楚地标出上课、放假、考试、补考、登成绩等重要的时间和节点，老师根据校历制定自己的工作和生活计划。

学期初，我会根据校历制定我本学期的教学计划，清楚标明各班级每节课上下课时间、教学安排、考试安排、考试评分标准、课堂纪律等，然后打印给每位学生。我自己的那份会要求每位学生签字留底，以免学生考试挂科时，以不了解教学要求为由投诉任课老师。

每月初，我会把自己的工作时间表发给主任，在工作时间表上清楚地标明每个时间点我的工作安排，确保她能在任何工作时间找到我。办公室主任如果希望我在非工作时段配合她完成一些工作，一般都会提前发邮件预约，确认我能参加才会把我考虑进去，很少有临时的口头工作邀约。同样，如果我的教学需要特别协助，也要提前发邮件申请预约，虽然效率偏低，但能保证在相应时间准时完成相应的工作。

看到这里，你是不是觉得墨西哥人很守时？其实并非完全如此。

我在这里工作两年了，汉语课每节时长 100 分钟，而学生迟到早退的时间长度常常是 1—99 分钟不等。有一次学生迟到，我问都要下课了你怎么才来，学生说因为我太热爱汉语了，即使只能再听 5 分钟我也要来，弄得我哭笑不得。

多次跟学生强调不要迟到，并且尝试各种奖惩制度无果后，我无奈跟教学主任反映，想问问有没有好的解决办法，结果主任自嘲道："没有办法，虽然我也是墨西哥人，但墨西哥人就是这样啊，不太守时。不过没关系，只要他们不影响其他学生上课就行。"对此，除了继续耐心跟学生沟通外，我觉得拥有一个包容的心态，也很重要。

3. 墨西哥人的生死观

每年从 10 月 31 日起，墨西哥举国欢庆"亡灵节"。这一节日体现了浓厚的印第安民族文化特色。墨西哥著名作家、诺贝尔文学奖获得者奥克塔维奥·帕斯说："死亡其实是生命的回照。如果死得毫无意义，那么，其生必定也是如此。死亡才显示出生命的最高意义；是生的反面，也是生的补充。"

这不但成为带有墨西哥民族特征的文化现象，也表现了墨西哥人的价值与哲学观念。在电影《寻梦环游记》中我们看到每年的亡灵节人们祭奠亡灵，却无悲哀之意，甚至载歌载舞，通宵达旦，意在与死去的亲人一起欢度节日，欢欣鼓舞地庆祝生命周期的完成。死亡不是终结，而是另一段旅途的开始。

五、墨西哥出行小贴士

1. 关于签证

除了申请墨西哥签证外，还可选择使用美国签证，有 B1、B2 美签可以免墨西哥签证，在墨西哥停留 180 天。

2. 注意安全

注意安全！注意安全！注意安全！重要的事说一百遍也不为过。墨西哥很美，但是社会治安较中国来说，还是有差距。当然，一般旅游城市的治安状况还是非常好的，不用过于担心。

在墨西哥旅行，尽量不要独自一人行动，晚上避免不必要的外出。尽量住在条件好的区域。低调消费，不要炫富，身上不要携带大量现金，在银行不要一次取太多现金。穿着低调，切忌暴露，礼貌拒绝陌生人搭讪和陌生人提供的食物饮料。

3. 选择当地旅行社

墨西哥的旅行社大多非常专业，可以保证安全，旅行价格适中，路线合理，餐饮一般都美味卫生，如果见到外国游客，会尽量安排会英语的导游。

4. 墨西哥的小费文化

如果在比较好的餐厅用餐一般都要付 10%—15% 的小费，除非你对服务非常不满；在酒店如果有帮忙提行李、停车的工作人员，一般也需给一些小费。

图 1　耿文娟老师在墨西哥汉语课堂上

思考题：

1. 作为一名准备从事汉语国际教育的人来说，无论在国内还是国外，都会遇到跨文化交际的问题，这一问题在国外尤为突出，有的人因为不能很好适应、融入其中而出现种种问题，甚至导致极端事件发生，对此该如何进行的心理建设？做好哪些跨文化适应准备？从作者身上，你能学到什么？

2. 开展中华传统文化活动是海外孔子学院汉语教学的一部分，你准备选取哪些内容？在开展这些活动的时候要注意些什么？

专家点评：

　　读万卷书，行万里路，放在作者身上真是再合适不过了，耿文娟还在攻读汉语国际教育硕士期间，就赴吉尔吉斯斯坦孔子学院担任汉语教师志愿者一年，毕业后又只身远赴墨西哥，只是因为对汉语教育的热爱！一个看起来柔柔弱弱的小姑娘，一旦从事了汉语国际教育事业，就犹如神灵附身，变成了女汉子，这大概也是这么些年来汉语国际教育事业能够快速发展的原因之一吧。看到太多这样默默奉献的汉语国际教育硕士，他们从青涩到成熟的成长经历，让我感慨颇多，作者就是其中之一。

　　文化是一个国家、一个民族的灵魂，而跨文化则是从对自我文化的熟悉到对另一个国家、另一个民族的文化的逐步了解、熟悉，是两种灵魂的比较、碰撞。跨文化适应则是每一个在国外从事汉语国际教育工作的教师必须经历的一关。

　　首先，跨文化适应要有良好的心态。作者在文章初始就表现出其所具备的良好心态，一是路途虽遥远，"历经 16 小时的飞行""5 小时的等待""1 小时飞行"，而作者独自一人，没有丝毫紧张和恐惧，有的只是期待和放松，有的只是见到两位陌生的汉语教师的亲切和温暖；二是当她了解到莱昂的不足时，并没有灰心丧气，而是能够客观公正地评估现实环境，发现莱昂的优点："交通非常便利""国际化程度很高"等。作为汉语国际教育工作者，具备良好的心态是十分重要的。

其次，跨文化适应要有对事业的热爱。作者跨越万里，奔赴一个完全陌生的国家，克服种种困难，都源于对事业的热爱，有了这份热爱，就有克服困难的信心，虽然文中感受到的是作者的闲庭信步，但实际上是经历了心理、身体的纠结，比如想尽办法改变学生的迟到，才逐渐到入乡随俗。

第三，跨文化适应要有一双善于发现美的眼睛。正如罗丹所说，"世界上并不缺少美，而是缺少发现美的眼睛。"作者正是带着一双善于发现美的眼睛去欣赏墨西哥：莱昂的优点，同事的支持和友善，学生的可爱，墨西哥人的礼貌，墨西哥的死亡文化，墨西哥的美景美食。对异国文化敞开的心态、对异族人的信任、保持与周围环境的健康互动是提升跨文化适应的有效方法。

第四，跨文化适应就是入乡随俗，不要跟自己较劲，更不要跟对方较劲。作为一名汉语国际教育工作者，如果做不到入乡随俗，你就会这也看不惯，那也不顺眼，总是跟人和事过不去，最终也许会情绪崩溃，当然工作也可能做不好。做到了入乡随俗，你会发现，工作、生活都是那么美好，所在国的人们都是那么可爱！让你的学生爱上你的课，爱上汉语，爱上中华文化，爱上中国，那你就成功了。作者在经历了一段时间的纠结，"尝试各种奖惩制度无果"，对差异和挫折采取宽容态度不失为明智之举。

我们能否成功地跨文化适应，取决于我们如何改变自己，如何去平衡自己的传统文化与世界其他文化，促进融合，而不是抗拒、逃避，或者企图支配他者。相互欣赏，相互包容，才能互学互鉴。

汉语国际教育的路还很长，但是有这么多热爱汉语国际教育的人，一路上有你有我，就不会孤单寂寞。相互欣赏，相互包容，不忘初心，继续前行。

我的文化接触经历

作　　者：邵菁（上海外国语大学）
赴任国家：波兰、韩国、日本、德国、美国
教学对象：大学生
点 评 人：刘乐宁（美国哥伦比亚大学）、刘静静（上海外国语大学）

一、见面时的礼节

　　我第一次去国外工作是 1996 年在波兰华沙大学汉学系任汉语教师。两年的工作经历让我了解了斯拉夫民族的语言、波兰与德国、苏联之间的历史纠葛等。至今还记得的一件小事是波兰人见面时的亲吻。出国前，我已有 6 年的对外汉语教学经历。在国内跟留学生交流时，告别或见面也会拥抱。但我一般不会主动拥抱，都是被动接受，不反感，也没有不适。刚到波兰不久，朋友邀请我去她朋友家做客。到了那里，主人站在门口迎接，当然少不了亲吻。我期待中的是左右脸颊两下亲吻，结果那天还有第三下，这是我意料之外的。我当然没有什么不高兴，但是不知我当时的反应是不是有点尴尬。至今我还不知道在波兰什么时候亲吻两下，什么时候亲吻三下，或者是随意的。

没想到 2017 年下半年，我在上海外国语大学进修班中级汉语会话课的课堂上碰到了类似的案例，这次是外国学生对中国文化的不适应。那一课讨论的问题之一是："说说来中国后让你感到新奇的事"。由于学生对"新奇"这一词语的褒贬义掌握得不好，在发表看法时谈到中国好的方面和不好的方面都有。一名西班牙女孩表示，在中国她不知道怎样跟人打招呼，这让她非常苦恼。她觉得在中国，人和人之间比较冷淡，而在西班牙，人们见面时都要拥抱和亲吻，她渴望人和人之间的身体接触。她的发言结束后，来自各国的学生都发表了各自的看法。作为老师，我也告诉她，各民族表达感情的方式不同。在中国，我和我最亲密的朋友见面也不会拥抱和亲吻，但是我们之间可以无话不说，完全信任。在中国传统社会中，人与人之间的距离相当近。比如，我们几乎没有什么个人隐私，大多数问题都能问；去特别好的朋友家不用事先预约等。但是，我们还是不会见面就拥抱、亲吻。最后，一名在中国住了很久、也有很多西方朋友的韩国女孩让她不要担心，并给了她一个建议：和中国朋友讲讲西班牙人的礼节，大部分人并不在乎被拥抱、亲吻。如果有人表示不适，你就不要那样做。联想到我之前的"亲吻尴尬"和西班牙学生"无亲吻就不适"的案例，真让人忍俊不禁。

二、女性的家庭和社会角色

我从小在上海长大，接受了较多西方教育和文化熏陶，虽然不主张女权主义，但是男女平等的观念根深蒂固，包括做家务这件事。在传统的韩国家庭里，男人是不进厨房的，当然现代社会中的年轻人有所改变。2002 年，我第一次去韩国釜山外国语大学做交换教师。有一次参加学校组织的教师活动，只有我一个女教师参加。午饭时，大家坐在一张长长的桌子前，一位男老师从包里拿出一个苹果想分给大家吃，便把苹果和一把刀放在了我面前。我完全没有理会，当时的想法是——这是他的苹果，他没叫我拿，我怎么能拿。

2006年，我有幸第二次去釜山外国语大学执教，两年多的韩国工作和生活经历让我对韩国女性的家庭和社会地位有了更深的了解。韩国传承了中国儒家文化所提倡的社会秩序，女性承担了绝大多数的家务。所以，一般在家里，妈妈会给大家盛饭、削水果。我意识到，那次活动中的那个苹果应该由我这个唯一的女性来削。

韩国女人看起来很辛苦，但是只要稍加观察就可发现，下午在咖啡馆、宾馆、高级饭店里喝咖啡、聊天的，却是女性居多。职业妇女有自己的交往圈子。男性虽然承担的家务事较少，但是工作更加辛苦紧张，压力较大。

从韩国回来后，闺蜜们发现了我的变化。一起聚会时，我会不时地给朋友倒茶、盛汤。以前不太会照顾别人的我，现在显得温柔体贴。我也觉得这样的改变对我来说很好。这种改变并不是有意识的，而是潜移默化的。我在韩国的经历没有让我替韩国女人叫屈，反而使我受到了他们文化的影响。

三、送礼物

上海外国语大学从20世纪80年代与日本京都外国语大学建立校际交流项目并一直保持至今。那时候听交流回来的前辈说过，到了日本行李还没打开，就被日本老师告知："请带上礼物去见理事长。"当时听到这样的话，对日本的送礼文化确实有点儿惊讶，因为在中国，我们一般不太好意思明示要给某人送礼。另一方面，日本人的礼物在中国人眼里真的很"轻"。我碰到过一个较为典型的例子。我在京都外大教过的一名日本学生来上外做交换学生。在上海他有困难，我自然会帮他。有一次，他向我咨询旅游的事情，我买了电子版的《孤独星球》给他。他旅游回来后，带回了当地的特产，好像是花生糖之类的。见到我后，他说："老师，我给你带了礼物。"接着，从书包里拿出了一袋糖，又从这一袋糖中拿了一颗给我。我当然知道他送礼物表示感谢的心情，从心里觉得日本孩子真淳朴。

文化接触让我们互相了解，我们从他国文化给我们的惊讶里也会反观自己的行为。就拿送礼物来说，中国人的礼物相对较重。在有些国家，送的礼物太贵重反倒会让人为难，或有贿赂之嫌。

四、文明行为的小细节

这是发生在德国的一件小事。朋友家的小朋友虽然是华裔，但是生在德国，长在德国，文化根底是德国的。之前，我从没在意过，当我在公共场合或别人家里做客，从餐椅站起来时会不会把椅子推进餐桌，方便其他人进出。也许下意识会，也许不会。那天，我去朋友家做客。朋友家的餐桌和餐椅是红木的，当时我就觉得很重，脑子里闪过一个念头：小心点，别搬椅子时碰到了桌子。可能就是因为这一点，所以我用完餐后没把椅子推进去。我在朋友家住了一两天，谈话中朋友告诉我他儿子说："又是一个吃完饭不把椅子推进去的中国人。"我对朋友说出了当时怕椅子太重碰坏家具的想法，也对她说很高兴她告诉我小朋友的观点。真的，我一点也没不高兴，反而觉得走南闯北就是为了学习，为了完善自己。从此以后，每次去饭店吃饭或者去别人家做客，我都会有意识地这样做。我不太清楚在中国传统文化中，我们是不是有这样的行为规范，但是我从心里觉得小小的细节体现了人的文明程度。不管身处什么样的文化环境，这样做都是与人方便。

五、美国的种族平等意识

美国是一个移民国家，我所居住的纽约皇后区 Jackson Heights 就是一个多种族的聚居地。印度裔、拉丁美洲裔、西班牙裔、亚裔等各族裔混居。在公众场合也常常能听到各种语言。相对而言，我认为中国汉族人的种族意识不强，包括我自己。虽然每个民族都有各自的特点，一般我们对各民族的特点也有大致的了解，但是到了美国，你千万别堂而皇之地谈论这些特点，即便是优点。

2017 年 10 月底，我抵达纽约，到巴鲁克国际金融孔子学院工作。来美不到一个月，我们需要买一些装饰品布置新办公室。中外方院长和我们两位汉语教师一起商量买什么，怎么布置。最后外方院长 Matt 拿出 100 元美金给我们两位汉语老师，作为购置经费。中方院长在一旁提醒我们说："Matt 平时很节约的，你们用钱也要节约一点。"我当时用英语半开玩笑地说："放心吧，我们是上海人。上海人是中国的犹太人。"Matt 立即让我小声点，以后不要轻易说这样的话。我马上表示接受。虽然我的本意是表扬上海人像犹太人一样精明，但是在美国千万不要轻易或公开地对别的种族做价值判断。这也提醒我在今后两年工作中要适应这里的文化环境。

思 考 题:

1. 面对这则案例中提到的尴尬问题,你会怎么处理?

2. 案例中提到不同国家之间见面时礼节有哪些不同? 文化间有哪些差异? 除了作者提到的这些差异,你还了解其他的吗?

3. 案例中的老师在文化接触中面对各种跨文化冲突是怎么处理的? 你赞同她的观点吗?

专 家 点 评:

作者平实而凝练地记叙了自己"跨文化接触经历"中见过或亲历过的 5 个案例,包括"见面时的礼节""女性的家庭和社会角色""送礼物""文明行为的小细节"及"美国的种族平等意识"等。娓娓道来,读者亦如身临其境一般与作者一道,细细体悟那些看似平常却引人思考的"跨文化认同经历"。

"文化认同"是一个界定何为"我"、何为"他者"的过程,也即作为身份识别、规范求同和归属感确立的一种符号与意义的赋予过程,它与人们所处的特殊"文化情景"密切相连,在不同层次、范围上有着不同的性质、方式和效果预期。跨文化交流背景下的"文化认同"可有两种表现:既表现为因语言相同或相近、宗教信仰相同、地域相近或相邻等而产生的亲近感和归属感;也表现为因文化差异而产生的"冲突"。在对外汉语教学中,如何更好地处理好后者,尤为重要。

作者以其在波兰华沙大学、韩国釜山外国语大学、日本京都外国语大学、德国朋友家、巴鲁克国际金融孔子学院等跨文化接触的经历为背景,以具体文化情景下的不同感受和体验为基础,向读者很好地展示了其在跨文化交流背景下如何尊重并得体地处理因文化差异而产生的"冲突"。如"女性的家庭和社会角色"案例中作者意识到中韩文化差异后,发生了潜移默化的"变化",不仅没有替韩国女人叫屈,而且由不太会照顾别人变得更加温柔体贴。"送礼物"案例中作者面对自己曾经帮助很多的学生送给自己的礼物仅是"一小颗糖"时,看到的不是礼物之"轻",而是学生表达感谢的"淳朴心意"。"文明行为的小细节"案例中作者在知晓朋友儿子对她饭后不把椅子推进去的做法有意见后，不仅没有不高兴，而是觉得走南闯北就是为了学习，为了完善自己，并因此而感高兴。当然，这与作者自身所具的文化素养不无关系，这从其不用"文化震撼"而用"文化接触"的表述中亦可见一斑。

　　总之，了解不同文化间的差异性能使我们更准确地理解话语和行为背后的含义。对于不同的文化，我们应该相互尊重，承认差异存在的合理性，容忍并接受不同的意见。在跨文化接触的情景下要实现和谐相处，就要做到"我"与"他者"之间文化上的"欣赏"与"分享"，即"文化的互为主体性"，而这种和谐的实现源于人类本性的相通，即"人类心灵的共同点"。作者很好地做到并传达了这一点。

中秘分享食物的文化差异

作　　者：叶雯娜（上海外国语大学）
赴任国家：秘鲁
教学对象：社会各阶层人士
点 评 人：央青（中央民族大学）

秘鲁是一个发展中国家，经济水平居拉美国家中游。秘鲁天主教大学孔子学院是秘鲁四所孔院中规模最大的一所，位于首都利马，年平均注册学生为 1 600 人左右。天主教大学孔院开设成人、青少年、儿童汉语课程，其中成人汉语课程比重最大。

作为一名外派的汉语教师志愿者，我主要教授成人汉语班。孔院每年会推选 2 位优秀学生参加秘鲁赛区汉语桥比赛。高同学是一位大四学生，是我到任利马之后第一学期教的学生，因为学习态度端正、成绩优异、口语水平出色、外表俊朗，当时就给我留下了深刻印象。在孔院内部选拔汉语桥参赛选手的时候，高同学已经完成了《新实用汉语课本》1—4册的学习。我推荐了高同学，同时也鼓励高同学参加孔院的初选。高同学不出意外地顺利通过了初选，拿到了参赛资格。我是高同学的推荐人，也曾是他的老师，因此我和他比较熟悉。

临近秘鲁赛区的汉语桥比赛，孔院的负责老师计划为两名参赛选手购买中国风的服饰。高同学（男）、负责人陈老师（女）和我一同去利马的中国城挑选。

到中国城的时候还是上午，中国城店铺分散，一直逛到下午还没有买齐装备，我们决定在中国城吃午饭。选择了一家海鲜饭比较有名的餐厅后，我们3人各点了一道主食，一起点了一份小吃，就在餐厅外的开放式座位等着上菜。因为第一次来这家餐厅，不知道餐厅的菜量大，上菜后我才发现，我点的那份主食一个人肯定吃不完。我们每个人的主食有两份口味不同的海鲜炒饭和一份小食。开吃之前，陈老师把她的小食分给我和高同学一点，我也把小食分给了她一些，大家都可以尝尝不同的味道。高同学点了一份跟我一样的主食，因为他是男生，再加上之前走了一上午，应该已经很饿了，所以十分轻松享受地吃着，我见他完全没有"吃不掉"的担忧。

主食吃到一半，我已经有了很强的饱腹感，感觉吃不下了。陈老师吃的速度也慢了下来，喊着"太饱了，吃不下了"。但是高同学完全没有压力地吃着。我问他，"你不饱吗？"他笑着回答，"不啊，我吃很多的。这些完全可以吃得下去。"又过了一会儿，陈老师放下了刀叉，盘子里留了一些吃剩的小食和炒饭。这时候边上走来一个乞丐，盯着她吃剩的食物，高同学提醒说："老师，你可以把食物给他吃。"陈老师眉头一皱说："啊，这样不好吧，这些都是我吃剩的，已经很少了，而且也不干净呐。"高同学劝道："没关系啊，它们还是食物。他很饿，而且一直看着这些吃的，没关系的。你给他吧。"陈老师摇摇头，依旧坚持自己的想法："不了吧，这样真的不太好，我可以把这些给他。"说着，陈老师拿起刚才大家没有吃完的一小包花生米，递给乞丐。我看了一眼陈老师狼藉的盘子和那包干净的花生米，心想换做是我，也会这么做的。我也不会把凌乱不堪的剩饭给别人，即使是施舍，也会施舍得相对体面一些。

不一会儿，我和高同学都吃好了。但是他的盘子干干净净的，一点儿也不剩，我的盘子里剩了好多炒饭和小食。"哎，好浪费啊，可是太多了，真的吃不下。"我无奈地说道。"你吃饱了吗？"陈老师问高同学。"没有。"高同学老实地回答："我可以吃你的吗？"他突然问我。毫无防备的我被他一下问住了，因为我不曾想过他会想要吃我剩下的食物，不知该如何是好。我看了一眼陈老师，发现她也正尴尬地看着我。当时我想，如果我说"不可以"，这样拒绝别人会显得有些不礼貌。而且我吃饱了，高同学没有吃饱，把我吃不完的食物给他吃，既避免浪费，也可以填饱他的肚子，想来拒绝他也没有正当的理由。但是如果我说"可以"，这毕竟是我已经吃过了的，师生有别，男女有别，我虽然愿意分享，但是把自己吃剩的食物分享给他人，既不礼貌也不卫生，实在是不合适。我陷入了两难，只能试探地问他，"你不介意吗？"高同学睁大了眼睛，一脸不可思议地看着我，"当然不介意啊，这是食物呢！"于是我连忙说，"好的好的，你不介意的话就快吃吧，正好我点的太多了。"我把盘子递到他的面前。他十分自然地吃了起来。

看着高同学没有任何不好意思的样子，我和陈老师尴尬的眼神交流也就转变成了缓和氛围的交谈。陈老师说："我发现你们好像不介意吃别人吃过的东西哦？"高同学抬起头，答道，"如果是亲人，或是关系好的人，就没关系。"我心想，也许是高同学觉得与我的关系好吧，那样也没什么不妥。于是我接说："哦，这个就是习惯不一样吧。在中国，我们一般不吃别人吃过的东西，感觉会不太礼貌，而且别人也不会主动给你的。"高同学接话："是吗？在这里没有关系的，食物是食物，不要浪费了。"我又想，可能海鲜饭算比较贵的东西，所以他不想浪费，也是可以理解的。

我回想起来，之前跟同行的贾老师还有几个秘鲁朋友去参加一个当地著名的日本美食节。朋友里包括 Ale（27 岁）、Ale 的妹妹 Dani（23 岁）、Ale 的男朋友 Julio（30 岁）。当时 Dani 买了一份 sopa（有面条、馄饨、蔬菜的浓汤），但是她喝不完，大约剩了三分之一，就端着碗走来走去。我们问她："你是找垃圾桶扔掉吗？"Dani 道："不啊，我在找 Ale 的男朋友，他胃口大，吃的东西多，会帮我吃掉。"当时我跟贾老师都大吃一惊。首先是觉得姐姐的男朋友还没有成为正式的亲戚，相处的时候还是需要保持一定的距离，处处要注意礼节，怎么可以将喝剩的汤给他呢？其次是觉得，Dani 手里的汤面已经凉了，里面剩下的很少，且喝过的汤给别人喝，会非常不卫生。我和贾老师都以为这是 Dani 吃不完想要倒掉的食物，但是 Dani 却说想要给 Julio 吃。这是我和贾老师当时都无法理解的。

贾老师心直口快地问："这是快吃完的，给他没有关系吗？他会吃吗？" Dani 答："当然啊，这可是食物，而且他是我姐姐的男朋友，我们是家人。他又爱吃东西，当然会吃。"我看着那碗可怜巴巴的剩汤，心里为 Julio 担心，他真的会愿意吃吗？但是在碰到 Julio 后，Dani 给他递上这碗汤，说自己喝不掉了，Julio 开心地接了过去，品尝起来。我跟贾老师不自然地对笑着，说如果是自己，是不会把喝剩的汤给"姐夫"喝的。从小家里人便教育我们，给别人的东西应该是体面的，不可以给人吃剩的、玩剩的东西。我与贾老师都表示接受并且尊重 Dani 的做法，但是自己不会这样做。

关于高同学吃我剩下的炒饭问题，在他不介意这样做的前提下，我也可以坦然接受。但是我不会主动请一位秘鲁朋友品尝我吃剩的食物，也不会接受他们吃剩的食物。在高同学的事发生之后，我在与秘鲁朋友出去的时候学会了谨慎地选择食物，尽可能地自己吃完自己那一份，以免尴尬的事情再次发生。

思考题：

1. 你怎么看待案例中因分享食物体现出的文化差异?
2. 如果你是案例中的这位老师，遇到上述情况，你会怎么办？为什么?

专家点评：

从案例结构上看，作者有事件的描述，有原因分析，也有处理方式的反思，结构完整。交待清楚了背景，比较详细地介绍了案例事件的发生、发展过程，也细致描写了人物的对话、行为、心理活动等，具有真实性和典型性。

从案例内容上看，作者呈现了在拉美国家任教期间所遇到的文化适应问题及应对策略，分析了秘鲁人和中国人对待与他人分享自己吃过的食物是否符合礼节和卫生习惯的跨文化差异。作者能够换位思考，从秘鲁的社会现状和经济原因去分析案例所反映出来的对待食物的不同态度，具有客观性。案例提出了遇到此类跨文化交际冲突的应对策略，即在与秘鲁人的跨文化交际中，应理解和尊重对方的做法，尊重当地的文化交际原则和价值观念，并且以"互相尊重互相理解"为前提，告知对方中国人的习惯，以期得到对方的理解。

与异文化产生矛盾的时候，理解和积极的沟通很重要。入乡随俗就是一种主动适应的态度，有很大一部分入乡随俗的行为其实只是习惯的调整和改变。本案例反思中指出，对于异国的风俗习惯，如果实在不能接受，可以不入乡随俗，但是应尊重秘鲁人的习惯，并且理解当地的风俗和环境。反思比较深刻。

在海外工作环境中如何成功实现跨文化交际，这是每位国际汉语教师需要思考的问题。由于中外文化背景的显著差异，难免会遇到一些跨文化交际的困难。作为海外汉语教学一线工作者，建立开放、尊重、移情的文化相对主义态度，有利于提高跨文化交际能力。一方面，在遇到文化冲突时，应求同存异地对待，采取宽容的态度。另一方面，主动了解当地文化和风俗习惯，更好地了解自己的教学对象，理解并努力适应当地文化。在选择文化依附时，是入乡随俗、完全接受还是持保留和尊重态度，这需要从跨文化交际的实际需要出发，具体情况具体分析。

梦幻光影里的美国

作　　者：万小芳（上海外国语大学）
赴任国家：美国
教学对象：中学生
点 评 人：方珍平、黄健秦（上海外国语大学）

　　离开那片遥远而神奇的土地，恍如一梦，过往如电影倒带般在脑海中播放。近一年的赴美时光，我多半待在任教的私立韦伯中学，所见只是美国社会的冰山一角，只希望能给读者展现一个感性的美国高中生活画面。

　　韦伯中学位于田纳西州的贝尔巴科小镇，离孔院所在地墨弗里斯伯勒约 40 分钟车程。韦伯中学建于 1870 年，历史悠久，环境优美。在校生总数 350 人左右，师生比大概 1 比 7，寄宿人数约占学生总数的 1/3。学生来自世界上 17 个国家，中国学生数量逐年上升，现约有 30 名。学校对于留学生的收费相对较高，但为了保障生源多样性，校方会酌情减免学费，以吸引外国学生和运动人才。

一、管理制度

韦伯的管理非常严格。着装方面，周一至周四，学生必须穿西装校服，男学生和男老师须打领带，周五才可以穿 Polo 衫。考勤方面，教师必须在专门的系统上记录学生出勤情况，学生迟到累计 5 次就会被记过一次，记过累计 11 次就会被退学。

学生还会因抄袭等问题被记过，韦伯对于诚信问题几乎是零容忍，学生必须在试卷上签署承诺书。有个小留学生由于抄袭外文网站并拒绝承认，校长一怒之下直接给了 13 次记过，并责令其乘当天的飞机回国。虽然学校投入大量时间精力招生，但开除学生也是常事。一所位置偏远的私立学校能屹立 150 年之久，与其严谨的校风是密不可分的。

寝室规章制度更为严格，早晚餐签到、熄灯时间均有具体规定。学校有专门的护士给有需要的学生分发药物，学生不允许私藏任何药品，以防毒品混入。住宿生必须使用专业软件签进签出，去哪儿都必须在该系统中登记，以便宿管老师随时掌握动态，学生如若忘记，则会有清洗校车、打扫食堂等惩罚。

每栋宿舍楼有学生十几人到二十几人不等，均配有 4 位宿管老师，这也让远在万里之外的家长放心。我作为中文老师也属于住校老师，要承担宿管工作。主要是工作日从晚餐到熄灯前的巡视；每月承担一次周末值班，从周五下午 4 点至周日晚上 11 点；辅导初中生的数学和物理作业，由于语言障碍，每次辅导都是一次小小的挑战。

为了丰富住宿生的课余生活，周末值班的老师需要组织一次校内外活动，例如每周一次的超市购物、逛商场、看电影、看比赛等。为传播中华文化，我也组织过学生去孔院观看新年晚会。

野外生存探险活动也是该校的一大特色，除了常规的划船、野营等短期项目，学生必须在毕业前参加为期一周的野外生存活动才能顺利拿到毕业证书。

二、师生日常

大约每 6 周会有一次教学部门的例会，老师的教学问题、学生的学习困难都可在例会上讨论并研究解决方案。日常教学方面，学校给予老师很大的自由，每位老师均可按照自己的想法、依据学生的水平，自行设计并开展教学活动。

学校特别强调沟通的重要性，教学方面有问题，任课老师应及时与部门老师或管理老师沟通；个别学生学习有困难或有其他问题，应及时与学生、家长以及指导老师沟通。

韦伯中学不设班主任，但每个学生都会有指导老师；指导老师制度（中学生导师）也是这所学校的特色之一。每位全职老师都要兼任指导老师（有点类似国内的研究生导师制度，但没那么强调专业性）。学生入校时就分配指导老师，一位指导老师通常会带 8—10 位学生，他们是学校与家长沟通的桥梁，也是学生日常学习和生活的顾问。指导老师还要督促学生完成成果展示活动，这是学校的传统项目。9年级展示背诵，10 年级展示演讲，11 年级需要自行设计并完成一个项目，12 年级则要求做一份研究报告。

学生可以充分发挥创造性，没有主题限制，独立思考、完整设计，培养的是研究创新能力。可以做手工椅子或音乐盒，可讲述自己照顾大熊猫的经历，也可以原创一首歌曲。学生需要上台讲述选题原因、过程以及最后的收获（像研究生开题答辩的中学迷你版）。有一个学生竟然上台做了一场题为"学生不应该有作业"的演讲，点名批评了几位在场的老师，这也展现了美国学生独特的个性。上台前学生自然很紧张，但结束后成就感满满，整个过程准备很充分，是一次很好的锻炼和成长的机会。

学校教工大致分为 faculty 和 staff 两类，从刚毕业的本科毕业生到麻省理工的博士都有。私立学校没有退休制度，员工年龄跨度从 20 岁到 90 岁，最年长的职员已经 92 岁了，她的工作就是给校友写温暖有爱的信。她热爱生活，每天必须化上精致的妆容才出门，坚持运动，自驾上班，可乐、甜点、炸鸡、汉堡在老奶奶的食谱里也一样不少。

大部分教师除了教学工作，还兼任体育教练、指导老师、宿管老师或校车司机等，工作量大，而报酬也高。

三、美式日程

　　工作时间是朝八晚四，周一、三、五是相同的日程，共 7 节 45 分钟的课程。还有 45 分钟的晨会，类似国内的升旗仪式，会有老师来念一段《圣经》，教导学生如何成为一个更好的人。之后通常是成果展示，最后老师可以宣布一些重要事项或进行一些颁奖活动。我曾在全校师生面前介绍汉语水平考试，用汉语念出学生名字，既紧张又骄傲。

　　周二有 3 节 85 分钟的长课，下午有 45 分钟的学生俱乐部活动；周三则有 4 节 85 分钟的长课。每周一到周五下午 3:05 到 3:50 分是课后辅导时间，老师们没有办公室，所以都会待在教室里，等学生主动前来要求辅导。

　　虽说下午 4 点就放学了，但学生们往往需要去参加运动项目，通常会训练到 5:30，或者是参加比赛，之后还要回家完成课程作业。这里的学生虽说没有国内高考压力那么大，但也并非想象中那么轻松。

　　中学也非常看重学生的运动能力，每个季节的运动课程都不一样，种类非常丰富，射击、高尔夫、长曲棍球、橄榄球、篮球等。老师也可以选修这些课程，所以我也体验了用子弹击碎飞盘的快感。

　　众所周知，美国人热爱运动，学生常常在周末来学校训练，尤其是重要赛季，训练更为频繁，而且早上 6 点就必须赶到。没听说过他们早起学习或周末补课。每个橄榄球赛季都会引起全国轰动；也有篮球赛季等。孩子的音乐会，在晨会上演讲，话剧表演，还有学校特别的 parent's day、grandparent's day、毕业典礼等，家长们都非常重视，必定排除万难前来，仪式感满满。逢孩子比赛，家长们也几乎必到场。

　　为了给孩子们创造优越的学习条件，家长们更是在学校的各种募捐活动上豪掷千金。由于没有国家财政支持，学校收入都来自家长及校友的捐赠；学校设有专门的校友联络部门，有专人手写生日贺卡寄给世界各地的校友（就是上面那位 92 岁的老奶奶），每年还会组织校友见面会。在美国，如果你有亲属曾就读于某所学校，那你被该所学校录取的概率也会大大提升。我能深切体会到毕业生们对母校的深厚情谊，很多人都是祖孙三代就读于同一所学校，无论高中还是大学。

四、课程设置

美国的中学和大学一样，都是自己选修课程，各年级的学生可能会出现在同一门课上，不像国内中学生有固定班级和教室，所以学生集体荣誉感也不凸显。课间休息仅 5 分钟，还必须用来换教室。

AP 课程（Advanced Placement）也是美高的一大特色，能否提供足够多的 AP 课程成绩，是影响学生择校的重要因素。中学选修 AP 课程的情况，是大学接受申请、评判学生学习能力的重要参考，但 AP 课程普遍偏难，有些人干脆不选任何 AP 课，轻松度过高中阶段，但这也意味着很难进入名校。

AP 课程会有相应的考试，如果得到理想分数，在进入大学后可以免修相应学分，当然学费也会相应减少，美国是根据学生选修课程的多少收取学费。美国大学的学费真的非常贵，加上住宿和书本费，一般家庭难以承受，我有个同事工作快十年了，还在还当年的大学贷款。

说到大学录取，虽说也有美国高考，但大学录取主要参考的还是学生平时在高中的表现，包括平时成绩、体育天赋、领导能力等。学生的每次作业、测试、考试成绩都会被记录进每一个学期，最后累计为"A、B、C、D"各等级。由于平时成绩非常重要，所以学生往往非常看重老师的分数，甚至因此会和老师争论。

课程和考试难度因校而异，私立学校要求更高，所以公立"全 A"与私立"全 A"在招生官眼里，含金量并不相同。私立学校之间也有排名，申请者就读的高中越好，就越有利于申请到名校。

但是，想要上私立高中，接受个性化教育，必须有强大的经济实力，因为门槛很高。虽然上公立中学，表现优秀也会被名校录取，但相对来说，私立学校的精英教育确实在多方面超越了普通公立学校。

五、汉语课程

学校以小班制教学为特色，所以我任课的班级人数非常少，汉语要和拉丁语、西班牙语、法语等外语课程竞争，尤其在美国南方地区，选修汉语课的人数不多，加上全校只有我一个汉语老师，所以学生从 10 年级到 12 年级都有，级别分别为HSK2 级、4 级、6 级，学生少，课型多，备课量大。教学之余我还开设了一个中国文化俱乐部。

为了让孩子们尽快适应汉语学习，我尝试了各种方法来激发他们的兴趣，根据学生的兴趣备课。但由于和之前老师的要求不一样，HSK4 级班的学生一致认为，我对他们的要求过高，特别是在口语方面。

虽然学校有中国学生，但美国学生几乎不用汉语和他们交流，这让我非常着急。根据学生们的提议，我开设了美食汉语口语课，和学生一起做月饼、粽子、汤圆、饺子等中式美食，在制作过程中，努力引导他们表演相关对话。虽然出行不便，取材不易，准备过程非常繁杂，但看着学生们越来越愿意说汉语，我无比欣慰。尤其是 HSK2 级班，学生要和我一样站着上课，既不容易犯困，交流操作也更方便，虽然学生刚开始反对，但慢慢也爱上了这种随性的方式，操练时间充分，学生的汉语表达能力明显提升。每次听见学生用学过的汉语"怼"我时，我真是觉得又好气又好笑，心里更是偷着乐。美国老师经常使用课堂在线互动反馈平台，如 Kahoot、quizlet 等，我也借用来进行教学，美国学生真的特别喜欢 Kahoot，每次玩这个游戏他们就特别激动。

记得有学生问我："老师你为什么总是这么 energetic，每节课都那么有热情，好像永远不会累？"我把一位恩师的话告诉他："因为学生永远没有第二次机会上你的同一节课，所以每一次都必须精心准备。"孩子们当时就被我的回答感动了。

说实话，很感谢学生这一年的陪伴，为准备 HSK 及中文 AP 考试，我给了他们非常大的压力。也很感谢他们选择了汉语课——选西语或法语，对美国学生来说会简单很多，但他们却坚持选择了汉语。

课程评价里，有位学生给我写了几千字的评语，客观地指出了我的优点和不足，让我非常感动。他说很期待看见我以后成为一名优秀的汉语老师，我也很期待未来看到他能说一口流利汉语。

六、地域文化

田纳西州地处南方，大大小小的基督教堂遍布，就连方圆几十里空无一人的校园旁边都有一座小教堂。这里的人们几乎都是基督徒，待人友好，对于初来乍到的我给予了非常大的帮助。有些教堂甚至专门开设免费的英语课，帮助外国人提高英语水平，让人感觉如冬日里的一缕阳光，和煦温暖。

　　每周日去教堂做礼拜，大概是美国南方人最重要的活动，也是他们重要的社交方式，很多人都是在教堂遇见了自己的另一半。他们随牧师一起阅读《圣经》，探索其中的奥秘，参加教堂组织的各种活动。礼拜结束后是分享自带美食的 potluck，布满芝士拉丝的美国披萨，南方特有的甜茶，每个家庭的甜点，都散发着浓郁的香甜气息。

　　除去工作，我和小伙伴们利用了几乎一切空闲时间去欣赏美国的风光，从美西大峡谷的壮阔到美东纽约的繁华，再到热情洋溢的美国南部佛罗里达，回到内陆的田纳西，游历了十余个州。

　　记得第一次看见大海，我在太平洋的东岸，故乡却在大洋彼岸，无限感慨；每一次从窗口眺望，都希望记住每座城市的模样，期待在多年后重返时会有他乡遇故知的感慨。最感谢旅途中互相照顾的好友们，是他们升华了每次旅行的意义。

　　"开眼看世界"，只有亲自去走一遭，才有最真切的感受，这是一场梦幻般的美好相遇，梦醒时分，我却依旧在怀念那些动人的细节。尽管记忆越来越模糊，过往的那些时光却成为生命中一道永恒的光。

图 1　万小芳老师在美食汉语课堂上

思考题：

1. 汉语国际教育，往往一个人就是一个团队，我们将会被派到一所学校，独立从事汉语及文化教学，你做好准备了吗？你有哪些拿得出手的课程设置？

2. 每一种文化都有可观之处，外派生活中，除了日常教学，我们还应该学习些什么？哪些可以借鉴，哪些需要讨论，在对比中思考我们文化的"根"在哪儿？

专家点评：

汉语外派教师，既是文化使者，也是学习者，对研究生志愿者来说，更是一次难得的机会。

如果从一个更宏阔的近代史视角来看，自1839年虎门销烟开启了中外文化的激烈冲突，林则徐、魏源等开明之士"开眼看世界"，中国人在文化上重新开放、兼容，努力学习吸收西方的先进技术，如"师夷长技以制夷"的洋务运动，催生了一批民族企业，骨子里透出倔强的民族性格和精神。留学看世界，80年漫漫寻路，直到1921年中国共产党的诞生，面貌焕然一新，引领建国、独立、富强、复兴，前后不过两百年，却已是"天翻地覆慨而慷"了。

站起来、富起来、强起来的中国人，应该自信！

此一时彼一时，今日中国人之留学和19世纪已不可同日而语了。在挺起胸膛的同时，我们还要虚心地向国外学习。美国的潮流与文化毕竟深深地影响着近百年来的世界，必定有其过人之处。在做好老师的同时，也要做好学生这一角色，这是我们出国时应有的态度。深入实地考察、学习，以不断地创新和进步，永葆民族的活力。所以，我们要客观地了解其理念、文化与技术，尽可能多地吸收其精华。

作为汉语老师，要对我们自己的国情、文化、性格熟谙于心，知道我们的优势与短板。知道优势，才能真正自信；知道短板，才能有选择地吸收。安如磐石般地对亲眼所见的世界进行客观冷静地比对、入木三分地分析，既不夜郎自大，也不盲目崇洋，这才是应有的理性态度。最后还要能提出更好的方案，方能将

"学贯中西"的学者精神落到实处。

除了思想根基要筑牢之外，我们的才干也要在日常养成，要成为优秀的、有魅力的教师，功夫不仅仅在教学。外派志愿者往往一个人就是一个团队，要独自面对整个学校的汉语教学，棋琴书画，十八般武艺，"才"到用时方恨少，"多面手"贵在平时，若临阵磨枪，徒有其表不得内核。一个人的业余爱好和业余生活决定其品位与境界，志道游艺，才是理想的汉语教师。同时也可以让自己的生活更加高雅充实，传递出有深度、有内涵的中国青年形象。

作者在美国中学教汉语，既认真考察了美高的制度文化、描绘了美国人的生活面貌，也脚踏实地进行课程改革，开启了美食汉语口语课程，这种创新精神值得肯定。

"因为学生永远没有第二次机会上你的同一节课，所以每一次都必须精心准备"，这句话体现了中国教师的认真态度和高度的责任感。这样的师道，具有跨文化的人类共性，能打动不同国度的人们，我们更要为之点赞了！

拓展阅读书目：

资中筠：《美国十讲》，广西师范大学出版社，2014 年。

端木义万：《美英报刊阅读教程》（第 3 版），南京大学出版社，2012 年。

一

跨文化交际案例

非洲篇

摩洛哥，明快纯净的北非色彩

作　　者：徐朦朦（郑州财经学院）
赴任国家：摩洛哥
教学对象：小学生
点 评 人：盖艳丽（战略支援部队信息工程大学洛阳校区）

　　从没想过自己会踏上非洲的大地，更想不到自己会去摩洛哥。在报名志愿者选拔考试前，我对这个国家的认知仅局限于不爱"吻手礼"的小王子和《卡萨布兰卡》。

　　2017 年 9 月 1 日，我们一行十一人经过长途飞行，终于抵达摩洛哥。可爱的严院长带着一位帅气的摩洛哥小伙来接机，从穆罕默德五世机场送到我们的住地。

一、孔院的教学生活

摩洛哥一共有 3 所孔子学院，哈桑二世大学孔子学院位于久负盛名的卡萨布兰卡，2017 年招生人数为 1 500 人左右。我承担了少儿小班、一年级周六班以及两个一年级平行班的教学任务。

孔院的特色活动是中摩国际会议、"风从东方来"文化大篷车和"伊本·白图泰"系列比赛。文化大篷车一年至少要举办 8 次，去不同地方表演并宣传中华文化。表演内容由老师们自己组织排练，太极扇、安塞腰鼓、二胡、古筝、旗袍秀、汉服秀等等。我也因为文化大篷车体验了一把明星的感觉，每次外出活动都会有摩洛哥人排着队要跟我们合影。"伊本·白图泰"系列比赛涵盖了中文诗歌、会话、歌曲、书法等内容。孔院最忙的时候要数春节前后，我们曾在 6 天时间里连着举办、参加了 8 场活动。

汉语国际教师不仅要教好汉语，也要成为国家形象的使者。外派工作既应秉承孔子的理念和精神，也要让教学"因地制宜""接地气"。课余时间，我们常常在一起讨论教学方法，比如怎么教"j、q、x"更有效，怎么教汉字更有趣，怎么让小朋友上课时精力更集中。我们除了要充分了解自己国家的国情、文化和历史，还要了解时事问题、人民代表大会制度、当代中国经济等，因为学生们会问许多问题，他们甚至会讨论如何看待慈禧太后这样的历史人物。

很庆幸自己平时多少了解一点，讨论的过程只要坚定立场，讲出道理，学生并不会太过刁钻，毕竟他们了解到的也只是表面，想知道的也只是你的态度。我们在课上课下与学生的交流，其实也是一种外交活动，这会增进两国人民的相互了解，为两国文化的交流做出点滴贡献。交流是要讲究语言艺术和技巧的，比如学生问中国的佛教和伊斯兰教有什么区别，问哪种宗教更好的时候，我们可以从"仁"和"爱"的理念入手，回答这两个宗教的共性。

孔院的教学让我和学生们结下了深厚的友谊。因为我的名字"Mengmeng"跟法语中的"Maman"（妈妈）很像，每当少儿班的孩子们叫我名字的时候，总让我有种自己是他们妈妈的错觉，他们还会来找我要亲亲，要抱抱，玩游戏够不到黑板的时候还要举高高。如果说小孩子是调皮的"小恶魔"，那成人班的学生就是贴心的"大天使"，在我生日的时候精心准备了海边派对，哪怕我回国了，还时不时地关心我的感情，催我结婚，真的是一群"老母亲""老父亲"般的学生。

二、从卡萨布兰卡到撒哈拉

2018 年 4 月，为期半个月的春假开始了，我和志愿者同事沿着卡萨布兰卡→马拉喀什→阿伊特·本·哈杜→凯拉·姆贡纳→梅尔祖卡→阿加迪尔→索维拉一路旅行，足迹在摩洛哥圆满地画了一颗心。

我们走走停停，跨越高山，漫步海滩，从城市到沙漠，从车水马龙的都市到赶着毛驴去集市的乡村，沿途景色渐渐返璞归真，也日趋苍凉。

我们用 3 天时间，开过平原、越过雪山，来到了三毛笔下的撒哈拉沙漠，供人休整的驿站像一位等待戈多的老人，千年不变地坚守在这里。领驼人是一位年轻的小哥哥，从出生起就没有离开过沙漠，他告诉我："自己对卡萨布兰卡这样的大城市并没有特别的向往，只是有一天，如果有可能的话，他会跑着去卡萨。"

三毛说："在这儿，无穷无尽波浪起伏的沙粒，才是大地真正的主人，而人生存在这儿，只不过是拌在沙里面的小石子罢了。"

在这里，自然才是一切的主宰，我从不怀疑自己会随时被沙漠吞噬。夜晚的撒哈拉真的是美极了，她愿意把自己所有的柔情呈现给你，天为被，沙为席。我们一起寻找大熊星座、小熊星座，为哪条是银河而争论，和不同国家的旅人围着篝火唱歌，随着柏柏尔传统音乐律动。

撒哈拉景色虽美，但生活不易。驼队里骆驼的最小年龄已从两年前的 7 岁龄变为现在的 3 岁龄，小小年纪已经开始为生计奔波，好在柏柏尔人很爱惜它们，进沙漠前和出沙漠后的一整天时间，主人会卸下重重的骆驼鞍，解开缰绳，让它们自由地散步、吃草。

骆驼不易，人也不易。我们到达沙漠的当天晚上，由于各种原因，本该 7 点的晚餐一直延迟到 10 点才开始，鸡肉塔吉锅、薄荷茶、冷硬的面包，吃起来竟是人间绝味，大概是混着撒哈拉的沙子，吃起来更香更有嚼劲吧！难怪三毛写道："长久的沙漠生活，只使人学到一个好处，任何一点点现实生活上的享受，都附带地使心灵得到无限的满足和升华。换句话说，我们注重自己的胃胜于自己的脑筋。"

说到满足与升华，如果有机会，真的建议把撒哈拉沙漠之行加入"有生之年必游系列"，绝对不容错过。从沙漠出来的路上，听着腾格尔的《天堂》，我第一次感受到心灵的涤荡，看到树是可爱的，看到房屋是美好的，看到行人是可亲的，看到路边的石子都带着不可名状的生命力。小伙伴们虽然饱受风沙和旅途煎熬，但此刻却生动活泼了许多。我坐在车里静静感恩所遇到的一切，有种想要拥抱全世界的冲动，不由得热泪盈眶。

整条路线走下来，我们所有人都在感叹摩洛哥真是"上帝的宠儿"，面积虽小却"五脏俱全"，平原、山川、沙漠、海洋应有尽有，春夏秋冬四季分明，小麦、稻米等五谷齐全，还有那难以忘怀的漫山遍野的野罂粟。

我们沿着海岸线一路开回卡萨，那段时间正值美国空袭叙利亚——离我们仅仅3天车程的地方，那里的人们由于常年生活在战乱之中，所以这次打击并没有造成很大的恐慌，这是多么让人心疼的"习惯"。我们也真正体会到，只有祖国强大，才有我们普通人的"诗和远方"。

如果有机会去摩洛哥，你可以找一家咖啡馆，像摩洛哥人一样，悠然地坐在凉棚下，点一壶薄荷茶，放上两三块方糖，看着来来往往的人们，听着嘈杂中夹着的流浪艺人的歌声，我想你能从白天坐到黑夜，就这样坐一辈子，任由时光流逝。

春假的旅行还让我发现了一件趣事，摩洛哥的车在出厂时自带一个像刻录机一样的东西，当然这不是用来刻录音乐的。这张"盘"会刻录司机的行车时间，为了防止司机疲劳驾驶，摩洛哥规定司机每开车两小时，就必须休息5—10分钟，警察会不定时不定点地抽查，只要看看刻录盘，就知道司机有没有违规。

三、摩洛哥人

如果让我用几个词概括摩洛哥人的性格，我可能会选择：爱足球、热情、奔放、自信、悠闲。摩洛哥人很爱足球，大街小巷随处可见穿着拖鞋踢球的小孩和大人。

摩洛哥人很开放。因为地理和历史的原因，摩洛哥的年轻人受西方文化的影响很深。在这儿，很难遇见全身只露一双眼睛的女孩，她们可以尽情地穿短裤和吊带裙，也并不避讳和"猪"有关的话题，这大概是阿拉伯世界最不"清真"的国家了。摩洛哥人很关心信仰问题，但从来不会逼迫别人，学生们总是好奇地问我："老师，中国人是不是都信佛教？"

摩洛哥人热情、奔放。他们对你好奇的时候，会盯着你看，被你发现后，也不会不好意思，更不会收回目光。在大街上，常常会有人大声跟你喊"你好！""Bruce Lee！"或者"Kung fu"。我的小伙伴还会半路"被求婚"，偶尔走着走着，突然从路边冲出来一个人大声喊"I love you! Marry me! Marry me!"也会遭遇半路被搭讪，被追要电话的情况。学生也常常会邀请我们到家里去，如果不吃到肚子滚圆是出不了他们家门的。

摩洛哥人很自信，学生会用坚定的眼神看着我说："老师，非洲是世界的未来，摩洛哥是世界的未来！"

摩洛哥人也很悠闲，悠闲得甚至让人觉得有些"懒"。我们12个志愿者，不管是去银行交房租，还是去警局办居住证，一定要4人一组分批次去。我们打趣道："人多了是会累着他们的。"我一直到现在都有一个疑问，大部分摩洛哥人不用工作吗？在中国的大街上，我们很难看到二三十岁的年轻人三五成群地聚在一起闲聊，很难看到中老年人在街头巷尾的咖啡馆一坐就是一天，但这些在摩洛哥司空见惯。他们也可以在菜场随便切块萝卜或者捡个瓶盖就悠闲地下棋，一下就是一下午。

这一年的摩洛哥生活既充实又悠闲，像世外桃源，像一场梦。当然，记忆也不一定都真实，如果有一天我忘记了，就让这些文字来帮我回忆吧。

最后附一份游历清单：

卡萨的里克咖啡厅、摩洛哥购物中心、哈桑二世清真寺和联合国广场、拉巴特的穆罕默德五世陵墓、丹吉尔的非洲洞和斯帕特尔角、菲斯的皮革染厂和清真学院、梅克内斯的古城遗迹、舍夫沙万的蓝色小镇和云山雾海、马拉喀什的"不眠广场"和 YSL 花园、阿加迪尔的海鲜、索维拉的海边、艾西拉的涂鸦、得土安的 cemetery、"法国小镇"伊芙兰的雪景……

图 1　徐朦朦老师和摩洛哥学生在一起

思考题：

1. 来到一个陌生的国家，如何缩短跨文化适应周期，从而更快地了解、熟悉并且融入当地文化？本案例提供了哪些可以借鉴的办法？
2. 2019 年 3 月 31 日，第 30 届阿拉伯国家联盟首脑会议在突尼斯召开，请谈谈你认为在阿盟国家该如何搞好汉语教学。

专家点评：

　　本案例从孔院的教学工作、假期的心形之旅、摩洛哥人性格特点三个侧面向我们展示了一个多姿多彩的摩洛哥。我们感兴趣的是本文的志愿者是如何从"对这个国家的认知仅局限于不爱'吻手礼'的小王子和《卡萨布兰卡》的"小白"迅速成长为能够对摩洛哥人的性格观察入微，分析得头头是道的"摩国通"？换句话说，作者是如何缩短跨文化适应周期，快速了解、熟悉并且融入当地社会、文化的？有哪些经验值得借鉴？

　　首先，要设法尽快适应学校的教学工作。作者对海外教学有正确的认知，所以能够认真对待。课余时间经常与同事讨论教学问题：拼音和汉字如何教？小学生的课堂如何管理？教学中遇到政治制度、宗教问题、历史、时事问题如何处理？作者对教学的尊重也赢得了学生的尊重。课上课下，师生们结下了深厚的友谊。作者不仅适应了课堂，也站稳了课堂。

　　其次，通过参与孔院的活动，有意识地接触本地人，拉近与本地人的距离。摩洛哥孔院的活动别具特色，既有中摩国际会议的模拟，还有"风从东方来"大蓬车活动对中国文化的宣传和介绍，更有以摩洛哥著名旅行家"伊本·白图泰"命名的系列比赛。体现中国文化特色的活动得到了本地人的喜爱，排队合影就是明证。文化交流应该是平等的，不论国家大小，历史长短，同时也应该是双向的。只有这样，交流者双方才能因交流而互鉴，因互鉴而发展。

　　再次，通过参观旅行，尽可能多地了解异域文化。从卡萨布兰卡到撒哈拉，行走的足迹在摩洛哥圆满地画了一颗心。从城市到沙漠，领略了不同的风景，体会到了沙漠生活之艰难，理解并认同摩洛哥人的生活，对摩洛哥喜爱的感情油然而生。旅行使人们在亲近自然的同时，能够直观感受五彩缤纷的异域文化，也是一种有效的体验式学习方式，对跨文化交际能力培养有一定作用。

最后，在日常接触中注意观察、了解当地人的性格特征。作者对摩洛哥人性格的了解不是来自书本，而是来自日常生活和工作中的接触与交流。与当地人交朋友，是了解当地文化，融入当地社会的捷径；能否与当地人交朋友也是检验一个人跨文化交际能力高低的重要标准。

与国内的对外汉语教学相比，海外汉语教学有自己的特点，所以对教师的要求也有所不同。海外汉语教师处在异域文化的包围之中，是文化中的弱势群体。在这种情况下，跨文化适应能力、跨文化交际能力的培养就显得尤为迫切和重要。本案例提供了一个比较好的观察角度。

中华文化传播案例

欧洲篇

春节文化专题课

作　　者：李青（上海外国语大学）
赴任国家：匈牙利
教学对象：中学生、大学生、研究生、社会各阶层人士
点　评　人：郑振贤（上海外国语大学）

　　2012 年 11 月，我来到匈牙利赛格德大学孔子学院任教。虽然之前在国内有多年对外汉语教学的经历，经验比较丰富，但是出国任教还是头一回，所以对我来说，这既是一个挑战，也是一个宝贵的机会，心中难免有些激动，同时又充满了期待。

　　我的工作地点赛格德市享有"阳光之城"的美誉，是匈牙利南部的重要城市，也是匈牙利著名的大学城，有 3 万多名大学生。来到这里以后，我逐渐适应了这里的工作和生活，并且慢慢喜欢上了这里。赛格德明媚温暖的阳光和洋溢在年轻人脸

上的微笑都给我留下了美好的印象。

随着工作的逐步深入和展开，我对当地的社会情况和当地人的生活也有了越来越多的了解。我的学生有中学生、大学生、研究生，还有社会人员，涵盖了社会的各阶层和各年龄段。总的来说，匈牙利人学习外语的积极性和能力都比较强，很多中学生在学习第二、第三门外语，大学生和上班族中掌握三四门外语的人也不在少数。很多赛格德人告诉我，现在匈牙利人学习汉语的热情高涨，一方面是因为中国的高速发展，学习汉语可以有更多的机会；另一方面也是因为汉语本身的独特魅力。他们都觉得会说汉语是很酷的事情，正如一句匈牙利谚语所说，"如果你能学会汉语，你就什么都能学会"。

学习一门语言的过程，也是逐步了解、学习一种文化的过程。对该文化了解、接受的程度，则会直接影响语言学习的效果。从事对外汉语教学以来，特别是来到孔院工作之后，我对此有了更深的感触。学生们对中国的文化、历史、当代中国的发展以及中国人生活的方方面面都非常感兴趣，常常在课上和课后问我各种问题。因此，在 2014 年马年春节即将到来之际，我决定在教室为我的社会班（6 级）学生上一次关于"春节"的文化专题课。社会班学生已经学习了 20 周左右的汉语（每周4 课时），他们年龄、教育背景和工作背景差异很大，但都对中国传统节日这一主题表现出了浓厚的兴趣，对此次文化专题课充满了期待。为了避免出现文化课上"老师枯燥地讲、学生被动地听"的情况，此次课采用"老师展示"和"学生参与"相结合的方式，设置了多个互动环节以及丰富多样的活动，共分两次进行，一次 20分钟。

一、第一次课

环节一：引出主题

首先以问题引出主题。在课堂上，我提问："对于你们来说，一年中最重要的节日是什么？"学生回答："是圣诞节。"再问："大家知道对中国人来说一年中最重要的节日吗？"有的学生回答："新年。"有的学生回答："中国新年。"也有的回答："不知道"。然后，我告诉大家"中国人最重要的节日是春节。还有一周，今年的春节就要到了，我们一起来了解这个节日，好吗？"学生们异口同声地回答"好！"这时大家的求知欲和积极性已经被充分调动起来了，于是自然而然引出了本课的主题——"春节"。

环节二：展示幻灯片和播放动画视频

首先，我给学生列了一个生词表，生词表中都是之后幻灯片和视频中出现的重要词语。要求他们要会说、会用这些词语。这既有助于帮助学生理解文化内容，又可以扩展他们的词汇量。要求他们要掌握的词语是：

1. 春节	chūnjié	Spring Festival
2. 农历	nónglì	lunar calendar
3. 年画	niánhuà	Chinese New Year painting
4. 剪纸	jiǎnzhǐ	paper cutting
5. 团圆	tuányuán	reunion
6. 春运	chūnyùn	Spring Festival travel rush
7. 除夕	chúxī	Spring Festival's Eve
8. 预定	yùdìng	to reserve
9. 守岁	shǒusuì	to stay up late on Spring Festival's Eve
10. 压岁钱	yāsuìqián	lucky money

在生词教学中，学生不理解一些词的意思，问我："老师，压岁钱是什么钱？""春运是什么意思？"

于是，我通过展示制作好的幻灯片和图片向学生们介绍有关"春节"的各种文化知识，并告诉学生："大家在看和听的过程中可以记笔记，尤其是自己特别感兴趣和有问题的地方，而且我们后面还会举行一个有关春节的知识竞赛，大家也可以准备起来。"我介绍的主要内容如下：

1. 春节，也叫中国新年、农历年，农历的一月一日是农历新年的开始。春节已经有四千多年的历史了，是中国人最重要的传统节日。

2. 中国人用十二个动物（属相）——鼠、牛、虎、兔、龙、蛇、马、羊、猴、鸡、狗、猪，来代表每年。2014 年是马年。匈牙利人喜欢马，中国人也很喜欢马。你可以看到很多跟马有关系的东西，特别是在过年的时候，比如挂历、邮票等。

3. 春节的一个重要意义是"团圆"，就是全家人在一起庆祝。在外地或者外国的中国人，会想办法回家跟家人一起过年。所以春节前，坐火车、汽车、飞机回家过年的人非常多，交通非常繁忙。中国人把春节前后交通最忙的一段时间叫做

"春运"。

4. 庆祝春节的活动大概会持续一个月。但在春节前，人们就已经开始忙着准备过年了，这也是春节的重要组成部分。主要是买年货、大扫除、贴"福"字和春联、贴剪纸和年画。

5. 春节的主要习俗和庆祝活动有：吃饺子、吃年糕、吃年夜饭、守岁、舞龙舞狮、拜年、给孩子压岁钱、放鞭炮、烟花表演等。

6. 生活在世界各国的中国人都会庆祝春节，越来越多的当地人也开始跟华人一起庆祝春节。

从学生们聚精会神的表情和啧啧的称赞声中，可以看出他们对这些内容非常感兴趣，不停地写着、记着，有的学生还跟着幻灯片读出新学的生词"年画""团圆"等，还有的学生用手机拍下有趣的图片。

为了加深学生的理解，我又为他们播放了关于春节的动画视频。视频一结束，学生纷纷打开了话匣子。Emma 觉得中国的传统年俗很可爱，Alex 表示很喜欢春节的意义，Gabor 觉得十二生肖很有意思……大家畅所欲言，表达自己的感想。

环节三：回答学生提出的有关问题

在展示幻灯片和视频并介绍了春节的有关知识之后，我们进入了提问的环节。学生们的求知欲和探索欲早就被激发起来了，提出的问题也是五花八门，如"'福'字为什么要倒着贴呢？""春节的时候中国人放假吗？放多长时间的假呢？""剪纸和年画，通常是什么图案？有什么意思？""压岁钱有什么特别的意义？"等等。特别是有关"吃"的方面，大家最感兴趣，问题也最多，如"年夜饭有什么特别的菜吗？""年糕好吃吗？"我告诉他们年夜饭一定要有鸡和鱼，"鸡"与"吉"谐音，是吉祥的意思；"鱼"与"余"谐音，是年年有余的意思。年糕有甜有咸，吃法很多，很好吃。还有学生问我："老师会做饺子吗？怎么做的？"于是，我就给他们讲解了一下包饺子的方法并给他们演示了几个包饺子的动作，学生们听得津津有味，不少人还跟着我比划、模仿起来。

"春节"文化专题课第一次课在热烈、欢乐的气氛中顺利完成了。学生们学会了与春节有关的词语，了解了与春节有关的各种文化现象，对于这一节日各方面的知识有了一个比较全面的认识。这些都为下节课的顺利开展奠定了良好的基础。

二、第二次课

环节一："春节"知识竞答

为了考察上次课的教学效果和学生对文化知识的掌握情况，复习上次课的内容，我特意设置了知识竞答环节。上次课结束前，我给学生布置了家庭作业，要求认真复习所学，为知识竞答做好准备。一上课，大家马上进入比赛状态，摩拳擦掌、跃跃欲试。班上共有 8 个学生，我请他们自由组合成两组，每轮各派出一人抢答，回答正确的队得一分，共 10 题，获胜的组可以得到奖品。知识竞答的题型有选择题、列举题和简答题。例如：

（1）春节有多长的历史？

A. 2 000 年　　　　B. 4 000 年　　　　C. 3 000 年

（2）春节前的准备有哪些？（买年货、打扫、贴对联……）

……

最终，一组学生以一题优势险胜，他们击掌祝贺、欢呼雀跃，另一队学生虽然有些许失落，但也觉得虽败犹荣。我马上对所有同学的认真准备和积极参与给予了充分的肯定和表扬，大家都觉得意犹未尽，希望老师以后可以多组织这样的活动。

环节二：欣赏春节音乐，学习新春祝福语

知识竞答环节结束了，大家还处在兴奋的状态中。接下来，我请学生们观看了歌曲《恭喜发财》的 MV，并请他们谈谈自己的感受。他们都觉得"很热闹""很快乐""节奏比较快"。我让学生们猜猜这首歌曲表达的意思，大家都觉得应该是祝贺"新年好""一切顺利"的意思。我肯定了大家的猜测，并问他们想不想学习有关春节的祝福语，学习用汉语拜年？学生们都觉得这很有用，也非常酷。于是我给大家解释了歌曲里出现的祝福语，又给大家补充了一些拜年时常说的祝福语，比如"万事如意""恭喜发财""新春吉祥""幸福安康"等，要求每个学生至少学会说 3 句。然后，请大家模仿拜年的情景互致问候并进行表演。学生们学得很认真，大部分人都学会了五六句。不但学得起劲，而且表演时也是绘声绘色，妙趣横生，课堂气氛非常活跃。

环节三：进行自由讨论

自由讨论环节是请学生们谈谈通过本次文化专题课他们对中国春节感受最深的

是什么。大家各抒己见，有的说是"各种好吃的东西"，有的说是"红色"，有的说"习俗很有意思"，还有的说"表演很精彩"。接着他们还谈了理由。然后，我进一步引导学生结合他们庆祝匈牙利最重要的节日"圣诞节"的情况，比较两者有无相似之处。有的学生说："都有很多好吃、好喝的东西。"大家听了都笑了。有的学生说："都有假期，我最喜欢假期。"还有的学生说："都要回家跟家人一起庆祝，所以团圆的意思都是非常重要的。"对于这些看法，大家都纷纷点头表示赞同并进一步谈了自己的想法。

最后，我对"春节"文化专题课进行了一个简要的总结。很多学生觉得意犹未尽，纷纷表示以后可以多介绍中国传统节日。我愉快地答应了他们，并表示会在今后的教学中再安排类似的文化专题课。

思考题：

1. 第一堂课的设计和第二堂课的设计有哪些关联性？教师在第二堂课中采用了哪些方式来完成课堂？对你有什么启发？
2. 教师为什么要通过圣诞节引出春节，并且在讨论中通过圣诞节和春节的对比讲述春节的意义和春节的习俗？

专家点评：

本案例是在国外教学语境下实施的汉语教学。教学地点是匈牙利赛格德大学孔子学院课堂，教学对象为具有不同文化背景的社会各阶层人士，既有学生又有职业人士，教学时间为当年的春节，教学内容为中国春节。根据这些语境因素，教师选择了一些有代表性的春节习俗知识和相应的汉语表达，并且选择了特定的教学手段和教学方法。孔子学院能提供多媒体设备以及相关的资料，可以进行形象生动的教学。由于是向不同教育背景和不同知识水平的人士讲述中国的传统节日，教学中选择具有典型性的、比较熟悉的内容，采用对比和讨论的方法以及体验的形式来讲述中国的春节，这更容易让外国学生了解和接受。

第一堂课一开始，教师就抛出问题："你们一年中最重要的节日是什么？"学生很自然地回答："是圣诞节。"通过对圣诞节的谈论，教师又问"你们知道中国人一年中最重要的节日吗？"这就很自然地进入了本次教学的主题。圣诞节和春节有一定的相似性，可以进行对比。这两个节日都有欢乐祥和的气氛，都是家庭团聚的节日。通过对圣诞节的讨论引导学生对中国春节的认识和理解。

然后，教师用动画视频展示中国春节，使学生有身临其境的感受。讲述从春节"办年货""贴春联"以及"春运"一直到"吃年夜饭"和"拜年"。通过具体形象的活动，来呈现春节的欢乐气氛和家庭团聚的情景，这让学生对春节有个比较完整的认识。播放视频前，教师通过幻灯片讲解了有关春节的词语，一方面帮助学生提高表达能力，同时也通过这些词语的学习加深了学生们对春节的记忆。

最后，设计了回答学生提问环节，这不仅有利于学生进行语言交流训练，也有利于学生进一步认识和理解春节的意义。其实这一环节也是师生讨论。学生都是成年人，对上一环节中获得的知识，会有自己的想法，或想进一步了解。回答学生的提问不仅能满足学生的求知欲，而且能进一步深入讲述春节及其意义。

第二堂课为知识竞答、体验春节和自由讨论。知识竞答帮助学生记忆已获得的知识，这样的安排不只是巩固已学的知识，而且为本堂课的后两个环节的顺利进行做好准备。

体验春节包括欣赏音乐和学习拜年问候语。教师选择了两项有关联的事件——观看《恭喜发财》和学习拜年问候语，并把这两件事串联起来。《恭喜发财》的音乐欢快热闹，歌词通俗易懂，表达人们美好的希望和祝福。在学生们了解并讨论歌曲所表达的新年喜庆的意义后，紧接着教师安排了春节拜年的场景，要求学生至少说3句话，互相新春问候，并进行表演。这让学生感受节日喜庆气氛的同时，在拜年的场景中用学到的汉语相互问候祝愿，活学活用，不仅活跃了课堂的气氛，而且培养了交际能力。

第三个环节是师生自由讨论，对春节的习俗各抒己见。通过对比匈牙利的圣诞节和中国的春节引导学生进行讨论，更能使学生认识和理解春节对中国人生活的意义，有利于启发学生的思考和顺利地用汉语进行表达，这也是对整个教学的归纳和总结。

这两堂课的教学导入和教学结尾前后呼应，教学环节层层推进。整个教学过程的设计和教学内容的选择和编排，以及教学方法的选择，都考虑到了教学对象的特点，课堂深入浅出、形象生动，参与性强，这有利于匈牙利学生认识和了解中国的春节，有利于教学目标的实现和教学任务的顺利完成。本次课程在中国文化的学习和汉语的实际运用方面结合得自然流畅，既让学生们感受了中国节日文化，又给他们创造了汉语交流的机会。

西班牙汉语桥比赛纪实

作　　者：王丽丽（西班牙拉斯帕尔马斯大学）
赴任国家：西班牙
教学对象：中学生、成人
点评人：吴中伟（复旦大学）

　　2011 年 11 月，作为一名汉语教师志愿者，我被国家汉办派往西班牙拉斯帕尔马斯孔子学院任教。当时，我还在上海外国语大学汉语国际教育硕士专业读研二，师从国际文化交流学院院长张艳莉教授，已在学院担任过两年的汉语课老师。

　　拉斯帕尔马斯位于西班牙加纳利群岛之一的大加纳利岛，加纳利群岛被誉为大西洋上的明珠，因其四季如春的气候而成为欧洲的度假天堂，大加纳利岛又因作家三毛而名震华人圈。

拉斯帕尔马斯孔子学院起始于 2010 年，初期为孔子课堂，2011 年升级为孔子学院。我 11 月到孔院的时候，由于师资不到位，孔院有好几个班级已经停课了。很快，我被安排给成人班上课。这个班刚开始学习《新实用汉语》第一册，班上一共有 4 位同学，Dácil 是班上唯一的一名中学生，刚刚 14 岁。但正是这个 Dácil，在次年的西班牙汉语桥比赛上大放异彩。

虽然我之前没有使用过《新实用汉语》教材，但是有在上海多年的学习及工作经历，我在教学上对自己还是有信心的。

记得刚上课没几天，我让 Dácil 读课文，她把"租房子"读成了"借房子"，我趁机问她："你是上海人吗？"她愣了一下，问我为什么问她这个问题。我说："上海人不说'租房子'，只说'借房子'。"她笑了，同学们也都笑了。从此以后，我跟同学们开玩笑说她是上海人，而她也很自豪地拍拍胸脯说："嗯，我是上海人！"

在听写拼音的时候，Dácil 经常前后鼻音不分，好几次把"yínháng"写成"yínhán"，我只好无奈地说："你真不愧是上海人啊！"看着她笑容满面的样子，我想起了十几年前，在那个万里之遥的山东乡下，有一群天真可爱的孩子，在一个年轻女教师的带领下，每天都斗志昂扬幸福地学习着、成长着。

Dácil 上课听讲特别认真，而且接受能力很强，每次的课后作业也完成得很好。而且从其他同学及家长口中得知，她特别热爱中国文化，家里时常放中文歌曲，就连爸爸妈妈也会说"你好""谢谢"等简单的汉语，这更加坚定了我要好好培养她的决心。

3 月的一天，孔院外方院长跟我说："汉语桥就要开始了，今年的辅导任务就交给你了，五月份比赛。演讲和才艺表演，你好好搞一搞，到时候我要检查，去年我们可是拿了三等奖的。"我当时就说："演讲题目我已经有了。"外方院长问我是什么，我故意没跟他说，因为我要留到他验收的那一天。

等我把这个参加汉语桥的消息告诉 Dácil 的时候，她很兴奋。我跟她说："演讲题目我已经有了，就叫《我是上海人》。"她笑着说："我也是这样想的。"真是心有灵犀一点通。

接下来的任务是要把这篇演讲稿写出来，还要保证在 3 分钟以内讲完。这下 Dácil 有点犯难了，怎么写呢？我说："你把平时的事写下来就好了。"她答应了。等我晚上回去打开 QQ 的时候，我发现她的 QQ 签名已经改成"我是上海人"了，这个精灵的小丫头！

尽管课业繁重，Dácil 还是在一个星期以后把演讲稿交给了我，几百字的演讲稿真是难为她这个学习汉语刚一年的孩子了。可是我知道她能完成，每周 10 个最喜欢的句子、一篇作文的家庭作业可不是让他们白做的。

在整体思路不变的前提下，我从词语应用、句子表达等方面做了一些修改，使得这篇演讲稿更清新、流畅而幽默。然后我告诉 Dácil，回去好好背下来。

过了几天，外方院长问我："汉语桥准备得怎么样了？"我说："差不多了，我有信心。"听我那有点自大的口气，外方院长瞥了我一眼，说："你能拿个三等奖就不错了，去年我们可是三等奖！"

其实，在这期间，我每周两次辅导 Dácil 汉语桥的知识问答部分。知识问答涉及中国历史、地理、文化、国情等诸多方面，而且全是汉语，这对于 Dácil 来说确实很有难度，但是我们还是坚持了下来。

又过了一个星期，Dácil 跟我说演讲稿背好了，我说："背给我听听。"我坐在下面，Dácil 站在讲台上。

"大家好，我叫 Dácil，今年 15 岁，我学习汉语已经一年了。我出生在西班牙，可是我要说我是上海人，你可能会说，这怎么可能？不信你听，侬好，偶叫达丽，阿拉上海人，让我来告诉你这个故事吧……我的心中偶像是黄晓明……夏亚侬！"

真情，流利，感人！还没等她讲完，我已经按捺不住上前紧紧地抱住了她，连声说着"太好了""太好了"。看得出来，Dácil 对自己的表现也十分满意。

是时候请外方院长和同事来检验一下了。大家都被 Dácil 那从容自若、流畅自然的演讲折服了。同事说："这样的演讲稿，也就只有你想得出。"我说："不，是 Dácil 写的，我只是改了一下。"外方院长很认真地跟 Dácil 说："有个地方你得改一改。你得说：'我要找个像黄晓明一样的男朋友。'"还没等他说完，教室里已经笑成了一片。

可是正式比赛之前出了一点小插曲。原本 Dácil 的才艺表演是 3 人弹唱歌曲《对不起，我的中文不好》，这个节目在前一年的当地华人华侨的春节联欢晚会上演出过，当时大获好评。本想拿到正式比赛中亮亮相，没想到就在比赛前两周，一个助演同学生病住院了，另一个因为工作原因也去不了了。临时换节目又来不及，我只好请另一位参加比赛的同学 Ainoha 帮忙，还好她答应了。可是因为大家都很忙，Dácil 和 Ainoha 一直没机会碰面，直到我们登上去马德里的飞机前一刻，大家才见面。

到达马德里后，当晚开幕式结束后，我们回到宾馆没有休息，立即准备第二天的才艺表演。Dácil 和 Ainoha 在我的房间里，大家一起讨论如何两个人出演本来 3 个人的节目，她们两个又一遍一遍地排练，一直排练到一点多。

第二天，正式比赛开始了。比赛前抽签，Dácil 抽到了第二个出场，我当时有点儿担心出场太靠前影响成绩。上场前，我拥抱了她，对她说："你是最好的，相信你自己！"

"大家好，我叫 Dácil，今年 15 岁，我出生在西班牙，可是我要说我是上海人……老师还说在我的身上一定有中国人的基因，其实在我家里没有人是中国人。可是自从接触了汉语以后，我是越学越爱学，就越想知道更多的关于中国的文化和知识……上海的中西合璧吸引了我，以后我想去上海旅行，还有学习汉语，我还想去上海外国语大学看一看，因为那是我的汉语老师学习和工作的地方……谢谢你们！夏亚依！"

一切都在预料中，自然流畅的真情流露打动了在场的所有人，大家都给 Dácil 报以热烈的掌声。下场后，我给了她一个大大的拥抱。吃午饭的时候，作为评委之一的外方院长跟我说，Dácil 的演讲成绩是所有参赛学生中的第一名，有的评委甚至还打出了满分。他当时都被感动了。

下午是回答问题和才艺表演部分，回答问题环节大家都差不多，5 个题目基本上就对两三个。才艺表演的演出很顺利，但因为我们临时取消了背景音乐，Dácil 改为自弹吉他，气氛还是有些不够热烈。

Dácil 最终获得了汉语桥比赛西班牙赛区的中学生组的第二名，中国驻西班牙大使馆教育组负责人纪彩玲老师亲自给 Dácil 颁奖。Dácil 和获得第一名的同学都取得了当年赴中国参加全球汉语桥比赛的资格。当然，Ainoha 表现也非常出色，她获得了成人组第二名的好成绩。

赛后，纪老师还特地跟我说："Dácil 只学了一年汉语就说成这样，真不简单。"纪老师还拍着 Dácil 的肩膀勉励她继续努力，争取为西班牙取得好成绩。

几个月的辛苦终于没有白费。赛后，我问外方院长："您对这个结果还满意吗？""满意！"外方院长说。我说："自从我到我们孔院后，这是第一次出岛，我可不可以在马德里多待两天呢？""可以！"外方院长很爽快地答应了。

初春的马德里，蓝天白云，红花碧草，或红或黄或白的各式建筑，让我目不暇接，漫步在 Gran Vía 大街上，我心驰神往，马德里美得让人心醉。

很快，Dácil 在汉语桥获奖的消息不仅登在了拉斯帕尔马斯大学的网站上，还登上了大加纳利岛的省报《La Proviencia》，汉语桥比赛获奖一事对当地汉语教学的发展起了一定的推动作用。

同年 11 月，Dácil 与同伴一起代表西班牙队在昆明举办的世界中学生汉语桥比赛中获得三等奖，至今仍是西班牙人在汉语桥比赛历史上的最好成绩。

附录：Dácil 演讲稿《我是上海人》

大家好！我叫 Dácil，今年 15 岁，我出生在西班牙，可是我要说我是上海人。不信，你听："侬好！偶叫达丽，阿拉上海人。"让我来告诉你这个故事吧。

刚开始学习汉语的时候，我的笔画和笔顺总能写对，从未有过什么麻烦，所以我的汉语老师总是开玩笑说我是中国人，我很高兴听到这句话。

有一次上课的时候，老师让我们读课文。该我读了，我应该读"我想租房子"，然而我却读成了"我想借房子"，老师就一直看着我，我问她怎么了，她笑着问我："你是上海人吗？"我说："不是。为什么呢？"她说："因为上海人不说'租房子'而说'借房子'，所以你是上海人哪！"从此以后，上课的时候老师和同学们总是开玩笑说我是上海人。

还有我们经常听写，写汉字我没有任何麻烦，可是听写拼音的时候，我有时候会忘记后鼻音"g"。比如说我会把"yínháng"写成"yínhán"，而忘记了后鼻音"g"。老师就告诉我上海人说话是不分前后鼻音的，所以她说："你绝对是上海人！"

老师还说在我的身上一定有中国人的基因，其实在我家里没有人是中国人，可是自从接触汉语以后，我越学越爱学，就越想知道更多的中国的文化和知识。告诉大家一个秘密，我的 QQ 签名就是"我是上海人"。

上海的中西合璧让我十分向往，我的梦想就是有一天我去上海旅行，还有学习汉语。我还想去上海外国语大学看看，因为那里是我的汉语老师学习和工作的地方。当然了，如果有机会见到我的偶像黄晓明就更好了。

怎么样？你们觉得我是不是上海人呢？伊在哪相信偶是上海人了吧？

谢谢大家！夏亚侬！

思 考 题：

1. 对于偶发的"非预设事件"，你在教学过程中会怎样处理？
2. 请结合具体事例谈谈你是怎样做到"以学生为中心"的。

专 家 点 评：

王丽丽老师用生动的语言给我们讲了一个"轻轻松松"指导学生拿大奖的故事。

让一个刚学一年汉语的孩子写几百字的演讲稿，不容易。但是王老师说得"轻飘飘"的："你就把平时的事写下来就好了。"

王老师胸有成竹。她之所以胸有成竹，是因为她其实早就已经帮学生把演讲稿"写"好了。帮学生"写"演讲稿的过程是一系列偶然因素构成的。

学生把"我想租房子"读成了"我想借房子"，老师开玩笑说她是上海人，"因为上海人不说'租房子'而说'借房子'"。学生把"yínháng"写成"yínhán"，后鼻音变成了前鼻音，老师又开玩笑说他是上海人，因为上海人说话是不分前后鼻音的。读错词语，写错拼音，本是令人沮丧的事情，但是王老师能够机智调侃，化沮丧为有趣，非但没有打击学生的积极性，反而更激发了学生的学习动力。更没想到的是，居然还"顺便"帮学生找到了很好的演讲主题。这实在是一件很偶然的事情，难怪作者说，此案例"不具有普遍性"。

但是，课堂上本来就充满了偶然性。有学者把课堂上的偶发事件称为"非预设事件"并进行研究。应对这些非预设事件，需要教师的机智。这种"机智"，体现出教师的专业性，体现出教学艺术。

首先，这种"机智"，有赖于教师扎实的专业基础和敏锐的教学意识。有了这种专业能力，才能随时"抓住"学生的亮点或错误，把它适当"放大""提醒""点拨"。

这种"机智"，有赖于教师的联想能力。把看似无关的事情联系到一起，由此及彼，信手拈来，收放自如，举重若轻，不是轻易能做到的。

这种"机智"，还有赖于教师真正做到以学生为中心。教学中如果缺少了师生间的平等和亲近，就难免缺少变通和化解，课堂就显得生硬和僵化。

其实，王老师这位名叫 Dácil 的学生，本来就有很强的学习动机——"上课听讲特别认真""特别热爱中国文化"。Dácil 的学习并不轻松——"每周一篇作文"。王老师的指导也很辛苦——"每周两次辅导"。在这些基础上，那些"偶然因素"，就起到了"点睛"的作用。

汉语教学既是科学，也是艺术，这是汉语教学的魅力所在。把科学性和艺术性结合起来，可不是一件"轻轻松松"的事。

中华文化传播案例

美洲、大洋洲篇

七夕节文化活动纪实

作　　者：翟保军（上海外国语大学）

赴任国家：秘鲁

教学对象：社会各阶层人士

点 评 人：郑振贤（上海外国语大学）

　　2012 年，我受国家汉办和学校委派赴秘鲁天主教大学孔子学院任教。秘鲁位于南美洲，安第斯山脉纵贯国土南北，西部沿海地区是干旱的平原，东部地区则为热带雨林。秘鲁有着悠久的历史，孕育了美洲最早人类文明之一的小北史前文明以及辉煌的印加文明。秘鲁是总统制议会民主共和国，官方语言是西班牙语。

　　秘鲁天主教大学孔子学院位于首都利马。利马在秘鲁西部，濒临太平洋，是全国最大的港口，终年少雨。在大部分殖民地时期，利马是南美洲最重要的政治和商业中心，利马古城区则是联合国世界遗产之一。

孔子学院的两大工作重心是推广汉语和传播中国文化。文化传播是提升文化自信和文化软实力的重要途径，与汉语教学不同，其受众更为广泛，也可以由此激发参与者对中国文化和汉语学习的兴趣。为此，世界各地的孔子学院均会开展丰富多样的文化活动。传统文化是中国国情的重要组成部分，是国家文化软实力之根本体现，而传统节日又是一项重要的传统文化内容。

2006年，七夕节被我国列入第一批国家级非物质文化遗产名录，现在也被认为是中国的情人节。七夕节有其独特的历史渊源，也展示了中国人对心灵手巧和美好爱情的追求，因此我所在的孔院开展了一次七夕节文化活动。

2012年8月23日是中国的传统节日——七夕节，考虑到参与者的时间，活动安排在当地时间8月24日下午举行。8月10日，孔院中方教师（两位公派教师、6位志愿者教师）和两位外方工作人员开会，集中讨论七夕节活动的相关安排，包括活动的环节、人员安排、资金准备、场地布置、物品购买等。一周后开始通过孔院网站、当地社区组织等渠道进行活动宣传。在人员安排方面，为提高孔院学生对活动的关注度，教师在班里宣传该活动的同时，也鼓励学生参与承担一些活动的组织工作，应该说参与活动本身也是一个深入了解中国文化和学习汉语的好机会。

七夕节文化活动于8月24日中午12时30分正式开始，地点安排在孔院的大教室。我与一名孔院学生做主持人，活动共吸引60多名当地民众参加，有七八十岁的老人，也有一些中学生。

我首先致欢迎词："尊敬的各位来宾，亲爱的朋友们，大家下午好！欢迎来到秘鲁天主教大学孔子学院的七夕节活动现场。"然后介绍第一个活动："七夕节是中国的传统节日，它的来历和习俗有很多说法。下面请一位老师向大家介绍七夕节的情况。"我的搭档主持秘鲁同学则用西班牙语说明，活动的每个环节开始前，均由我们两位主持人进行汉语和西班牙语的串场。

第一个活动是介绍七夕节的来历和习俗，包括穿针乞巧、投针验巧、吃巧果等。因为活动的参加者大部分不会说汉语，该环节需要用西班牙语进行介绍。有一名志愿者教师本科为西班牙语，他义不容辞地承担了这一环节的主讲工作。七夕节的传统对当地民众来说是较为新颖和新奇的，精彩的解说还配合着精美的图片，所以大家听得都很认真。通过介绍，大家对中国的七夕节有了较为系统的了解。

因为现在七夕节又是一个爱情节日，活动安排了一男一女两名志愿者教师为大家演唱了经典的黄梅戏《天仙配》选段。虽然条件有限，没有更换演出服装，但是两位演唱者根据视频进行了多次彩排，演唱和动作都尽量模仿经典。为提高互动性，表演者还现场教授几句唱词，鼓励大家积极参与。虽说南美人给人热情奔放的印象，但很多时候还是因人而异。只有两名大学生主动上台，因为人数有点儿少，一位志愿者用西班牙语说："我们只学几句，很简单，大家来体验下啊。"这时又有两名中学生在周围人的鼓励下上台，一起学习演唱。这次只从"树上的鸟儿成双对"教到"我与娘子戴发间"，内容简短，而且前后曲调类似，便于学习。我们也为演唱者准备了歌词，上面有汉字、汉语拼音和西班牙语解释。登台的4位同学模仿得不错，大家都报以热烈的掌声。

图1　演唱《天仙配》

12:50，一位志愿者教师给大家展示双喜剪纸。中国人结婚时，双喜字是必不可少的，表达幸福喜悦的心情；而剪纸也是中国重要的传统手工技艺，是传统文化的符号之一，在海外也有相当的知名度。这个环节将剪纸和爱情婚礼元素结合起来，也引发了大家的兴致。3位老师分别给大家发放了剪刀、铅笔和红色的彩纸，大家都跃跃欲试。为便于大家观看学习，志愿者老师做了如何剪双喜的幻灯片，首先简单介绍了双喜字的内涵和使用场合，然后介绍了折纸、划线、剪纸的技巧和步骤，一边播放，一边现场操作展示，另外安排了两位助教老师在下面巡视，及时提供帮助。

双喜字的剪纸相对简单，也易于操作，20分钟后，大家打开自己的剪纸，看到自己的作品，非常高兴，也感觉很奇妙，纷纷向周围的朋友展示自己的作品。教授的老师也说："大家剪得非常好，这个作品大家可以带回去，也希望它给大家带来喜气和好运啊！"之后，由两位助教老师回收剪刀和铅笔。

图2　展示双喜字

下午1:35，两位老师带领大家进行穿针的比赛。七夕节又称乞巧节、穿针节，穿针是七夕节重要传统习俗，希望天上的仙女给自己聪明的心灵和灵巧的双手。穿针可以考验人的眼力和巧劲，大家也都不陌生，为提高比赛的难度，体现配合能力，要求两人一组，一人拿线，一人拿针，进行穿针比赛，在3分钟时间内穿针数量最多者获胜。游戏分为两轮：情侣组和朋友组，获胜者奖品是象征吉祥的中国结手链。

考虑到七夕节有中国情人节的说法，我们设置了情侣组，在活动筹划时，考虑到找参赛队员有一定难度，便想了一些办法，在活动时，因为情侣也不多，老师也在会场观察，找到并确认情侣后，鼓动他们参加，最后找到两组参赛者。一位老师发放针线，并嘱咐拿针时要小心。大家拿到针线后，便开始进行练习，两分钟后，比赛正式开始。一个人穿针还能凑合，但是两人配合的话，可能没那么顺利了。然而，有一组表现突出，男生气定神闲，女生专注认真，在规定时间内穿了6根针，获得了胜利，并赢得了中国结手链，他们非常高兴。

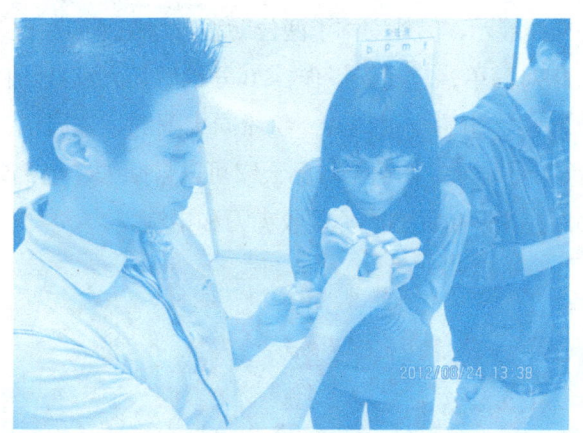

图 3 穿针引线的默契组合

　　经过了前面几个活动环节的预热，大家放得开些了，到了朋友组的比赛，大家都纷纷举手，比赛很快找到了 4 组队员。台下的观众兴致也很高，替他们加油。朋友组的比赛紧张而激烈，最后穿了 5 根针的一组获得了比赛的胜利，拿到中国结手链后他们也很高兴，还向台下的观众进行展示。

　　下午 1:50，最后一项活动开始，展示中国传统的结婚仪式，由孔子学院的两位秘鲁同学扮演新郎和新娘。一位老师首先简单地介绍了中国的婚礼活动，并准备了一些结婚的东西，比如花生、红盖头等。"新郎"和"新娘"的扮演者均是由老师挑选出来的在班里表现较为积极主动的同学，并在一周前开始找时间进行活动内容的讲解和演练，服饰则是去当地的中国城购买的。

　　展示传统的结婚仪式时，一位老师担任司仪，引导两位"新人"进行拜天地的演示，拜堂仪式后，还进行了新郎挑去新娘红盖头的表演。男生的舞台表演欲较强，一举一动，充满韵味。大家也看得有滋有味，兴致很高。然后"新人"还给大家发了喜糖。大家吃着喜糖，也品尝着爱情的甜蜜。

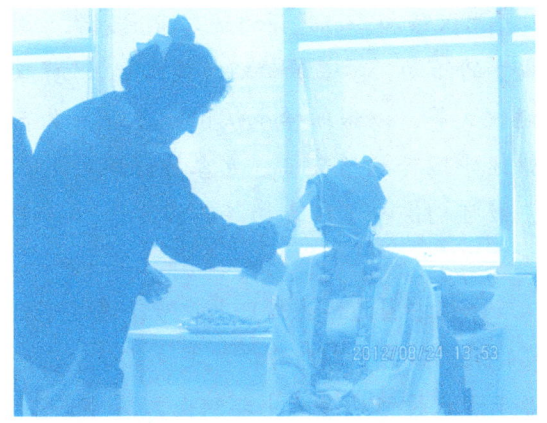

图4 掀起你的盖头来

下午2:00，活动接近尾声，主持人感谢大家的到来，并给大家送上祝福。活动结束后，大家表示收获很多，并且意犹未尽，纷纷与中方教师合影留念，表达了对活动的满意以及学习汉语和中国文化的愿望。这次活动很好地展示了中国的传统文化，促进了当地民众对中国文化的了解，对孔院也是一个很好的宣传。

思考题：

1. 活动中安排学唱黄梅戏《天仙配》、剪双喜字、穿针比赛和表演中国传统的结婚仪式，这对认识和理解七夕节的意义有什么作用？
2. 为什么要对外国学生通过体验性活动或游戏类活动来讲述中国的传统文化？

专家点评：

此次教学活动是在国外教学语境下实施的教学活动。活动地点是秘鲁天主教大学孔子学院课堂，教学对象为具有不同文化背景的孔子学院学生和当地居民，年龄最大的有七八十岁的老人。活动时间为2012年七夕节第二天的下午，活动主题为中国传统的七夕节。根据这些特殊的语境因素，教师选择了一些有代表性的七夕节习俗，并用汉语和西班牙语讲述。考虑到教学对象的特殊性，设计了几个体验性和游戏类的活动，学唱黄梅戏《天仙配》、剪双喜字、穿针比赛和表演中国传统的结婚仪式等，以帮助学生认识和理解七夕节的意义。使用体验性和游戏类的活动讲述中国传统的节日，更容易让学生认识和理解传统节日的意义。活动举办前，教师们进行了认真的筹备和宣传，以吸引更多的当地人员参加。

活动的第一个环节介绍中国的传统节日七夕节，通过穿针乞巧、投针验巧、吃糖果来讲述七夕节的来历和七夕节的习俗。七夕节是中国传统节日中极具浪漫色彩的节日，它来源于古代神话故事《牛郎织女》。如果通过《牛郎织女》的视频展示，加上语言讲解，能形象而生动地讲述七夕节，更能使外国学生认识和理解七夕节的意义，也能理解为什么人们把七夕节看作中国的情人节，七夕夜有情男女面对星空倾诉衷肠，感叹牛郎织女的悲欢离合并期盼美满姻缘。牛郎织女的故事比七夕节更为人们所熟知，可以通过牛郎织女的故事，形象生动地引出七夕节。

第二个环节为学唱黄梅戏《天仙配》。《天仙配》也是天上人间的爱情故事，歌词通俗易懂，易于上口。学唱《天仙配》能很好地帮助外国学生理解七夕节的意义。歌曲《天仙配》在外国学生中有比较大的影响力，也是外国学生比较喜欢的一首歌曲，选用《天仙配》来诠释七夕节独具匠心。学生们能够通过学唱"树上的鸟儿成双对""夫妻恩爱苦也甜"来体验坚贞的爱情和憧憬美好的姻缘。

第三个环节为剪纸。剪纸是中国的传统民间艺术，双喜字象征男女喜结良缘，又象征子孙满堂，家庭幸福美满。通过剪双喜汉字和贴双喜汉字的活动来表达和祈盼婚姻美满、家庭幸福。通过此项活动，能让外国学生生动形象地感受中国人对爱情和美满婚姻的渴望。学生们高举自己的剪纸作品，满脸笑容，希望带来喜气和好运。

第四个环节是穿针比赛。七夕节也叫"乞巧节"，牛郎织女中的织女是一位心灵手巧的仙女，每当七月初七夜晚，女孩子们面对晴朗的星空，摆上时令的瓜果，乞求织女赐予她们聪慧的心灵和灵巧的双手，祈求自己的纺织、缝纫、刺绣等技艺日益娴熟，祈盼美满的姻缘早日到来。穿针是做针线活儿必备的功夫，能顺利穿针引线就得巧了。穿针比赛是用来表现针织女红的技艺水平。让学生参加穿针比赛，身临其境地体验节日气氛，展示一下自己灵巧的双手。尤其是让情侣成双成对地参加，相互配合，情趣盎然。

第五个环节是展示中国传统的结婚仪式。婚礼总是欢乐的，让秘鲁学生穿戴传统服饰扮演新郎和新娘，按中国传统的仪式拜天地，掀盖头，发喜糖，大家看得津津有味，兴致勃勃，感受中国传统的婚礼习俗，吃着喜糖品味甜蜜的爱情。

本次文化活动的各个环节围绕着七夕节的主题——坚贞的爱情和美满的姻缘展开，通过游戏和体验活动让外国人感受并且体验中国传统文化，进而对七夕节有较全面的认识和较深入的理解。要说改进的话，建议增加第六个环节——展示当代青年人七夕夜晚的生活，能使这个传统的节日更具现代感和亲切感，也能展示中国传统文化的传承。

庆元宵猜灯谜

作　　者：何敏（上海外国语大学）
赴任国家：匈牙利
教学对象：社会各阶层人士
点 评 人：杨金华（上海外国语大学）

　　我所在的匈牙利赛格德大学孔子学院是 2012 年 10 月新建成的孔院，所在地赛格德市是一座人口不到 15 万的小城，也是一座典型的大学城。虽然赛格德大学有 3 万多名学生，但是并没有学习汉语的传统，更没有中文系。当地的民众对中国也了解甚少。因此，自孔院建立以来，我们一直致力于开展各种文化活动、举办讲座来激发当地民众和学生对汉语和中国文化的兴趣。春节是我国最重要的传统节日，按照惯例，匈牙利的各个孔院都要在大年初一赴匈牙利首都布达佩斯参加并组织那里的春节庆祝会活动。为了让赛格德的民众也能体验中华春节的欢乐气氛，我所在的孔院策划了赛格德元宵庆祝会。

2014年2月14日是马年元宵节。考虑到这一天正好是周五，大部分学生都要回家过周末，为了吸引更多的大学生参加活动，扩大影响力，我们决定提前一天举行元宵节庆祝会。

元宵节是中华民族重要的传统节日，2014年2月我们准备举行大型的游园庆祝会，以借此机会进一步扩大中华文化与孔子学院在当地的影响力，吸引更多的市民和学生到孔院来学习汉语。为了准备好这次活动，我们在新年前就开始了相关的筹划工作，并提前半年把活动策划放进了赛格德秋季文化活动宣传册，临近活动前夕还制作了精美的活动宣传海报，并张贴于各学院的教学楼、每一个中小学教学点和居民区公告栏。

落实活动的地点和时间是首要任务。地处赛格德市市中心的赛格德大学校长办公楼大厅空间大、环境好、知名度高，常年举行各类重要活动和展览。所以，孔院很早就和校方沟通，最终顺利得到大学支持，批准我们孔院在此举办元宵节庆祝会。

匈牙利民众爱看书、爱思考，而我国素有元宵节猜灯谜的特色习俗，因此在保留2013年元宵庆祝会做元宵、写书法、画熊猫、画京剧脸谱、品尝中华美食等活动的基础上，本次元宵节活动特地安排了具有中国元宵民俗特色的猜灯谜活动。这项活动由我策划准备，让我倍感压力和挑战。

中国的灯谜源远流长，文化底蕴深厚。猜灯谜是一种智力挑战，看懂谜面、猜中谜语都不是易事，需要参与者具有丰富的中华文化、历史典故的知识储备。而赛格德的汉语学习者都是初级水平，普通民众对中国的了解也相当有限，参加活动的人员对中华文化、历史典故的了解可以说基本上为零。

灯谜从中文翻译成英文，再翻译成匈牙利文，文要达意也不易。此外，猜灯谜作为中国的一项传统活动，其猜测方法也有其独特的一面。特别是一些汉字谜，对匈牙利民众来说，即使懂一些汉字，但很可能因为不懂方法而与答案失之交臂。在匈牙利举行猜灯谜的活动，不是为了挑战当地民众的智力，而是为了增进当地民众对中华文化的了解和好感，希望更多民众参与并乐在其中。如何让赛格德民众克服文化语言差异，体验到灯谜的乐趣呢？

首先，要选择合适的谜语。中华谜语源远流长，种类丰富。所以，虽然是中国特色的灯谜，但必须简化且"本土化"，挑选一些有趣的、通俗的灯谜。我从网上和书上收集来的 3 000 多条灯谜中筛选出了 30 多条谜语，这些谜语分属字谜和事物谜两类。选择字谜是因为字谜既能体现出汉字的特点和中华文化的深厚底蕴，又能提升学生学习汉字的热情。这些字谜主要是为孔院的学生准备的，作为刚建院一年的孔子学院，学生们的汉字掌握量极为有限。在日常教学中，汉字教学可以说是一大难题。学生们的母语匈牙利语是字母文字，汉字对于他们来说，更像是一幅画，而不是文字。认识每一个汉字、书写每一个汉字对他们来说，都是不小的挑战。好不容易记住了，几天不接触，又忘记了，所以学生对汉字普遍存在畏难的心理。作为汉语教师，一直以来，都在想设法提高学生学习汉字的兴趣、增加汉字学习的趣味，所以我特地选择了以下九个汉字字谜：

1. 儿女双全　　　　　　　　　　打一字——好
2. 女儿出了嫁　　　　　　　　　打一字——家
3. 朋友一半　　　　　　　　　　打一字——有
4. 小两口一条心　　　　　　　　打一字——患
5. 你有他有，众人都有，我却没有　　打一字——人
6. 两个月　　　　　　　　　　　打一字——朋
7. 你多心了　　　　　　　　　　打一字——您
8. 九十九　　　　　　　　　　　打一字——白
9. 九十八　　　　　　　　　　　打一字——杂

这些汉字谜的谜底除"患"以外都是学生学习过的汉字，猜谜的方法集中在意思和字形的结合上体现了汉字的构型特点。而且，在汉语课堂教学汉字时，我也有意识地渗透了汉字的各种造字法。比如，学到休息的"休"，就会引导学生了解这个字是左边一个人，靠在右边一棵树上休息。学到"米"字，就让学生猜猜这个字可以代表哪个数字。

考虑到来参加活动的普通民众可能并不了解汉字，也不认识汉字，我为他们精心挑选了一些事物谜和动物谜。事物谜中包括一些中国特色的事物，如筷子（两姐妹，一样长，酸甜苦辣都先尝，尝得再多也不胖），茶（生在山林里，颜色都一样，

到了你们家，有红又有绿）等；也有当地的特色事物，如辣椒（红口袋，绿口袋，有人怕，有人爱。打一种蔬菜）。辣椒是赛格德的特产，也是赛格德人的骄傲，赛格德大学的创办人就是从赛格德出产的辣椒中发现维生素 C 的。还有一些灯谜涉及日常用品如手套、玻璃、邮票、桌子、眼镜、鞋等，以及孩子们喜欢的动物如鱼、青蛙、鲸等，以吸引更多的人参加猜灯谜活动并从中获得乐趣。

匈牙利赛格德是一个边境小城，这里的英语普及程度不太高，而我又不懂匈牙利语。所以，所有谜语的谜面都必须简洁——特别是字谜的谜面，力求让猜谜者即使只有初级汉语的水平也能看懂汉字写成的谜面，所有的谜语也都是中匈双语的。由我先将谜语翻译成英语，再请懂英语的匈牙利学生帮忙翻译成匈牙利语。难得的是这名学生不仅通英语，而且是在我们孔子学院学习汉语的研究生。在翻译时，我俩互相讨论、斟酌翻译的语句，力求避免歧义，然后我再请秘书看着翻译成匈牙利语的谜面来试猜，并根据试猜情况进行多次修改，力求语言精准、有趣、明了。最后，由我写中文谜面，由我的匈牙利学生写匈牙利语谜面，将中匈双语谜面漂漂亮亮地写在剪成灯笼形的粉红色纸上。整个挑选、翻译、制作灯谜的过程也成了我在匈牙利教学生涯最美好的回忆之一。

图 1　抽奖现场

图 2　民众猜灯谜

其次，是奖品的准备和猜谜规则的制定。匈牙利民众喜爱阅读，特别是纸质书，城市里到处都是书店和阅读书籍的男女老少。阅读是这里的人们最喜欢的休闲活动之一。可是，因为这里与中国万里之隔，学生们只能从图书馆短期借阅汉语书籍，所以，为了鼓励大家积极参加活动，活跃现场气氛，我们孔院特意准备了汉语书籍作为猜灯谜奖品，分别设立一、二、三等奖。因为是首次举行猜灯谜的活动，为了便于大家了解活动规则，我特地请人事先把猜谜活动的规则写成匈牙利语，配上各类奖所对应的奖品照片，醒目地贴在活动现场的告示板上——请参加活动的民众将答案和对应的谜语的编号写在纸上，投入一个玻璃罐子，猜对多者为胜。未获一、二、三等奖的参加者可参加幸运抽奖。此外，我们还在活动现场请匈牙利学生作志愿者帮忙解释猜谜规则。果然，在活动现场，猜灯谜的活动受到了大家的热烈欢迎，学生、孩子、普通民众，学过汉语的和没学过汉语的，大家济济一堂，兴致勃勃地参与活动。当地电视、报纸等媒体都专门派记者来到活动现场采访录像。这次活动以后，孔子学院在赛格德的知名度大大提高，学生们对汉字的学习热情也更加高涨。

图 3　写写画画找谜底

图 4　领取奖品

思考题：

1. 你觉得哪些因素促成了这次猜灯谜活动的成功举办？
2. 你能说出这次猜灯谜活动中有哪几类谜语吗？除此之外，你能补充一下中国灯谜的类型吗？

专家点评：

　　文化传统通常是一个民族历史沉淀的结果，我国在悠久的历史长河中形成了很多独具特色的传统节日和文化活动，元宵节猜灯谜就是其中之一。元宵节期间，在远离中国、不谙中国国情的西方国家举办这样一场猜灯谜活动，其难度是显而易见的。而对那些初学汉语、不甚了解中华文化、不具备中华历史典故和知识储备的西方当地人来说，要让他们参与、理解并成功猜中谜语更是难上加难。案例中的设计者在总体构思、谜语选择、谜语翻译、规则制定等方面做了大量工作，付出了辛勤努力，使活动得以成功举办，值得称赞。

首先是设计者大胆、周全而细致的策划。猜灯谜是具有鲜明特点和一定难度的文化娱乐活动，灯谜本身有着深厚的文化底蕴，由谜面和谜底两部分构成，谜面是汉字组成的或长或短的一句或几句话，谜底有的需要了解中华文化，有的需要具备历史知识甚至懂得典故。对当地的猜谜者来说，要参与猜灯谜活动，这意味着至少要满足两个要求：一是得看懂汉字，二是得了解汉字背后的文化意义。而当地孔院学生的汉语都属于初级水平，对中华文化的了解不多。但为了增进当地民众对中华文化的了解、促进中外友谊、提升当地孔院的知名度、提高学生学习汉语的积极性，设计者勇于面对挑战，为这次猜灯谜活动进行了细致而周全的策划，不放过每一个具体操作细节，如有针对性地选择谜语并加以改造、确定了具体的活动规则等，使得极具中国传统色彩的猜灯谜活动能够在异国他乡顺利举行。

其次是设计者精心挑选、用心"改造"谜语。精心挑选通俗易懂，文字简洁明了的谜语，这就保证了识字不多的人也能参与。但因为谜语大多具有"脑筋急转弯"特点，从汉字本身是无法直接推出结果的。因此，为了使这些谜语"入乡随俗"，让学生读懂，设计者及其合作者对谜语进行了一番改造——简化和本土化，以减少文化差异带来的负面影响。此外，为了避免理解上的问题，又把汉语谜语译成英语，进而再译成当地语言，通过中匈双语引导学生正确理解并把握谜语的真谛。在选择和翻译谜语上，设计者和她的伙伴们仔细斟酌，反复修改，并请人试猜，直至达到满意的结果，其中付出的辛劳可想而知。

再次是设计者在活动规则方面狠下功夫。孔院举办元宵节猜灯谜活动不只是为了鼓励学生努力学习，更在于希望吸引更多市民通过参与活动来了解中国文化。浅显易懂的谜语需要一定的规则来保障。为了让更多的人参与进来，设计者也是下足了功夫：不仅把活动规则翻译出来让大家了解，而且也把极具诱惑力的奖品展示出来。这不仅仅吸引了许多学汉语的学生踊跃参与，不懂汉语的市民也跃跃欲试，希望能体验一下中华文化，甚至还惊动了当地的电视报纸等媒体。一场小小的元宵节猜灯谜活动在当地产生了不小的社会反响和共鸣。

最后是设计者在汉字教学、体验中华文化方面用心较多。对习惯于拼音文字的西方人来说，汉字简直就像天书。在学生看来，学汉语口语比写汉字容易得多，他们在写汉字、学笔画、记方块字等汉字习得过程中的困难和畏难情绪是显而易见的。孔院如能利用这样的活动让他们体会汉字在了解中华文化中的重要作用，对进一步促进学生学习汉字的积极性是有帮助的。为了鼓励学生们积极参与，设计者在之前的课堂上就"引入了一些汉字谜语"，让他们了解汉字谜语猜谜的基本思路和方法，增加了汉字的趣味性，同时也提高了学生学习汉字的兴趣。汉字谜语引入初级课堂，有助于分解或解析汉字，让学生准确记忆。推而广之，若在国内或异国的汉语课堂上都能经常引入一些汉字谜语或者析字的方法进行汉字教学，应该会收到更好的效果。

这个成功的案例告诉我们：只要不怕困难，勇于挑战，进行周密细致的策划，通过本土化的改造，再复杂难懂的中华文化也能为当地人所理解和接受。

后记

　　汉语国际教育专业近十年间迅速发展，培养具有良好的跨文化交际能力、能够胜任多种教学任务的应用型人才成为这一专业人才培养的核心目标。在汉语国际教育专业人才的培养中，案例教学成为提高实践性、加强应用性的重要抓手。然而，典型案例，特别是来自海外汉语课堂的真实案例的匮乏成为开展案例教学的一大难题。

　　上海外国语大学拥有多年汉语国际教育专业人才培养的经验，在亚洲、欧洲、非洲、美洲等不同地域有多家孔子学院和海外合作院校，有很多一线教师长期赴外从事汉语教学工作，他们拥有丰富的海外教学经验，并掌握了许多鲜活的一手资料。因此，我们萌生了邀请一线教师撰写真实案例、邀请汉语国际教育领域的专家对案例分析点评并结集出版的想法。就这样，《汉语国际教育案例分析与点评》的编撰工作开始启动。

　　而要征集和编撰一本优质的案例集，难度还是非常大的，我们克服了很多困难，花费了大量时间。

　　首先，在日常的教学和海外汉推过程中发现具有疑难和问题的案例并不容易。好的案例在貌似平凡、口语化的故事叙述中要隐含着典型或疑难的问题，这要求撰写的案例必须经过一个细心观察、不断反思、深入挖掘的过程。而参与本案例集撰写的很多教师在海外工作，本身的教学任务也十分繁重，我们只能通过邮件和电话与其交流、讨论，这给案例集的征集和编撰带来了诸多不便。

　　其次，案例的点评也非易事，需要专家从多个角度进行分析。好的案例点评需要简而精，能够切中要害，并对案例中存在的问题进行点拨，所以我们邀请的专家尽量来自不同院校、不同领域。在此，我们特别感谢哥伦比亚大学的刘乐宁院长、新西兰奥克兰孔子学院的姚载渝院长和卡内基梅隆大学的于月明老师，他们都在海外工作，在繁忙的工作之余仍热心参与了案例集的点评，实属不易。

为保证案例集内容的丰富性，案例来自多位教师和海外志愿者、点评来自多位专家，这是本书的优点，但也带来了语言表述风格不统一的问题。为解决这一问题，编写小组的成员付出了大量的时间和心血。

这本案例集自2017年开始，经过案例撰写标准研讨、案例征集、遴选和专家点评4个阶段，在37位具有丰富海外汉语教学经验的一线教师和20多位汉语国际教育领域专家的共同参与下，经过3年，几易其稿，反复修改，终于完成了。

本书的出版得到了上海外国语大学国际文化交流学院领导和上海外语教育出版社领导的大力支持，上海外语教育出版社的杨莹雪编辑和审稿专家付出了辛勤的劳动，在此，表示衷心的感谢。

本书的案例都含有一定的疑难情景并具有启发性，希望它们能给汉语国际教育领域的学习者打开了解海外汉语教学的一扇窗，并帮助汉语国际教育领域的同行进行案例教学和案例研究。当然，尽管我们尽了最大努力，缺点和不足仍在所难免，疏漏之处我们真诚地欢迎读者们批评指正。

张艳莉

2020年6月22日